城乡统筹导向下的农村公路客运发展问题研究

CHENGXIANG TONGCHOU DAOXIANG XIADE NONGCUN GONGLU KEYUN FAZHAN WENTI YANJIU

张丰焰　著

合肥工業大學出版社

图书在版编目(CIP)数据

城乡统筹导向下的农村公路客运发展问题研究/张丰焰著．—合肥：合肥工业大学出版社，2018.6

ISBN 978-7-5650-4028-3

Ⅰ.①城…　Ⅱ.①张…　Ⅲ.①农村道路—客运服务—研究　Ⅳ.①U492.4

中国版本图书馆 CIP 数据核字(2018)第 124426 号

城乡统筹导向下的农村公路客运发展问题研究

张丰焰　著

责任编辑	张择瑞
出版发行	合肥工业大学出版社
地　　址	(230009)合肥市屯溪路 193 号
网　　址	www.hfutpress.com.cn
电　　话	理工编辑部：0551-62903204
	市场营销部：0551-62903198
开　　本	710 毫米×1010 毫米　1/16
印　　张	11.5
字　　数	185 千字
版　　次	2018 年 6 月第 1 版
印　　次	2018 年 12 月第 1 次印刷
印　　刷	合肥现代印务有限公司
书　　号	ISBN 978-7-5650-4028-3
定　　价	36.00 元

前　　言

增强城乡之间尤其是农村内部的客运联系，有利于生产要素的自由流动，促进城乡统筹和乡村振兴，也有利于实现“四好农村路”中的最终目标——运营好。本书针对农村尤其是乡(镇)以下级别的公路客运服务水平低、城乡道路客运基本服务差异大的现状，将农村公路客运模式选择、客运秩序、客运线路布设、客运安全、客运站点设置、客运许可证制度、客运补贴政策、客运如何引导农村发展等纳入分析范围，对在城乡统筹导向下如何构建可持续的、可承担的、可达的、充分可靠的和具有可引导性的农村公路客运服务体系进行了深入研究，以便为如何提高农村客运服务水平、选择农村客运发展方向提供思路和理论基础。本书的主要创新性研究成果、主要工作和形成的主要结论如下。

(1)本书建立了道路客运与城乡发展互动关系的分析理论、城乡道路客运基本公共服务均等化程度评价指标体系及模型，构建了城乡统筹导向下农村公路客运协调发展理论方法体系。①运用系统基模理论研究了农村与农村客运、城市与城市客运、城乡发展与道路客运发展之间的互动关系，明晰了城乡统筹中重视客运发展的意义。系统基模理论能从整体上把握好城乡各子系统之间的互动关系。②利用递阶模糊综合评价法，从城乡道路客运公共属性和基本服务水平两个方面，建立了评价指标体系及模型，对我国城乡道路客运基本公共服务均等化程度进行了定量评价，指出我国目前城乡道路客运基本服务存在的显著差异，提出了城乡统筹导向下的农村公路发展的目标，并确定了它的实现途径。

(2)本书基于出行者需求建立了农村公路客运模式结构分析理论。按照效用最大化、出行费用可承担性原则，利用随机效用理论，采用基于个体出行行为分析的非集计模型，建立了基于出行者需求的农村居民出行模式选择行为模型，并对农村居民6种典型出行模式进行了案例分析。研究结果表明，出行费用和距离是影响农村公路客运模式结构的主要因素。因此，较好的政策选择应是农村客运近期容许低端低廉的三轮车合法存在，随着出行者需求慢慢由功能性转向舒适性，三轮车会逐步由四轮车代替，从而实现农村客运市场的升级。

(3)本书建立农村公路客运秩序改善模型。利用熵和耗散结构理论建立起了农村公路客运系统熵变模型和农村公路客运秩序演变模型，进行了农村公路客运系统的熵变分析和秩序演变过程分析，并运用这两个模型分别对秩序改善方案进行了案例分析和验证。一致认为逐步取缔非正规客运车辆比直接完全取缔非正规客运车辆而带来秩序改善效果好、矛盾少、可实施性强、可持续性好。

(4)建立了城乡统筹导向下的农村公路客运服务体系优化方法理论。①为提高客运服务的可达性和可承担性，基于紧凑度理论和经营成本分析建立了农村公路客运线路优化方法，并结合算例进行了验证；紧凑度是从通达性角度衡量区域内节点交通联系便利程度的指数，能很好反应线路的可达情况；研究表明，循环线模式在三种模式中交通紧凑度最高，且运营成本最低。②为提高客运服务的可靠性，设计了农村公路客运安全审计(RBSA)模式，与其他领域安全审计所不同的是RBSA模式明确了安全审计的重点是人。③为提高客运服务的可持续性，探讨了能满足农村客运最低要求的客运站点的设置模式，提出了一套适合于农村的新型的客运经营许可与管理制度。④为提高客运服务的可承担性，基于经济学原理，从农村公路客运服务的产品属性和外部经济效益等角度，研究了农村公路客运公共财政补贴的必要性和补贴模式，提出了在当前公共财力不够充裕的情况下交叉补贴是最佳补贴模式。

(5)建立了农村公路客运引导农村发展理论。为了提高农村公路客运的可引导性，基于经济势理论提出了以农村公路客运为导向的农村发展(RBOD)模式，借鉴公共交通引导城市发展(TOD)理论和基于提高可达性，设计了以农村公路客运站点为中心的农村单元(村庄)建设模式和基于RBOD模式的村镇体系发展模式。以公共交通为导向的发展模式已在城市有很好的实践，农村公路客运同样可以使分散的村庄集聚起来，依托良好的交通条件形成强势点，引导农村发展。实证分析表明，RBOD模式能更好地推动新农村建设与乡村街镇化，提高基本公共服务的均等化水平，是实现城乡统筹发展和解决“三农”问题的有效途径。

本书在撰写过程中得到了国家交通运输部总工程师周伟教授的悉心指导，在此谨向周教授致以最崇高的敬意和最真挚的感谢！

本书在撰写过程中参阅了国内外大量文献，由于条件所限未能与原著者一一取得联系，引用及理解不当之处敬请谅解，在此谨向原著作者表示由衷的感谢和深深的敬意！

由于作者的时间和水平有限，书中难免有疏漏之处，恳请读者批评指正。

电子邮箱：zhangleike@126.com。

著　者

2018年3月

目　　录

第一章 绪 论

1.1 问题的提出

1.1.1 依托课题

交通运输部应用基础研究项目——浙江省“乡村康庄工程”绩效评价。

亚洲开发银行技术援助项目——农村客运服务改善示范项目(TA 7119－PRC－Part C)。

交通运输部西部交通建设科技项目——公路运输特征及服务改善(西部)研究(2006－312－812－120)。

交通运输部西部交通建设科技项目——农村交通建设与社会变迁(2006－312－812－110)。

1.1.2 背景及意义

目前,在全国范围内,很多农村地区的公路客运服务质量已得到明显改善,但乡镇以下级别的公路客运服务水平仍然很低,如何为乡(镇)至乡(镇)、乡(镇)至村以及村至村之间提供可持续的、可承担的、可达的、充分可靠的和具有可引导性的农村公路客运服务已成为一个重要的议题。

近年来,我国公路事业发生非常大的变革[1]。①公路里程持续增长,村道所占比重较高,见表 1-1。截至 2017 年底,全国公路总里程达 477.35 万公里,2012—2017 年,全国公路里程年均增长 2.41%。②农村公路建设取得新进展,见表 1-2。截至 2017 年底全国农村公路(含县道、乡道、村道)里程达到 400.93 万公里。其中村道 230.08 万公里,占全国公路总里程的比重高达 48.2%。③公路技术等级和路面等级进一步提高。2017 年全国等级公路里程达到 433.86 万公里,占全国公路总里程的 90.89%;等外公路 43.49 万公里,占公路总里程的 9.11%,等外公路比例在逐年降低。④公路密度继续提高，通达水平显著提升，见表 1－2。2017 年全国公路密度为 49.72 公里/百平方公里，全国通公路的乡（镇）占全国乡（镇）总数的 99.99％，通公路的建制村占全国建制村总数的 99.98％[2]。

公路客运量逐步萎缩，见表 1－3。2013—2017 年，全国营业性客车完成公路客运量年均负增长 5.8％、旅客周转量年均负增长 3.5％。但客运运力结构却得到很好的优化，公路运输客车趋于大型化，2013—2017 年，大型客车从 29.9 万辆增加到 30.57 万辆，年均增长 0.56％，每车平均客位数年增长 0.53％。过去五年，私家车年增长率超过了 15％，随着收入的不断提高，还会继续快速增加。

表 1－1　全国公路各行政等级里程及比例

年份	国道		省道		县道		乡道		专用公路		村道		合计（万公里）
	里程（万公里）	分占比	里程（万公里）	分占比	里程（万公里）	分占比	里程（万公里）	分占比	里程（万公里）	分占比	里程（万公里）	分占比	
2012	17.34	4.1％	31.21	7.3％	53.95	12.7％	107.67	25.4％	7.37	1.7％	206.22	48.7％	423.75
2013	17.68	4.0％	31.79	7.3％	54.68	12.6％	109.05	25.0％	7.68	1.8％	214.74	49.3％	435.62
2014	17.92	4.0％	32.28	7.2％	55.20	12.4％	110.51	24.8％	8.03	1.8％	222.45	49.8％	446.39
2015	18.53	4.0％	32.97	7.2％	55.43	12.1％	111.32	24.3％	8.17	1.8％	231.31	50.5％	457.73
2016	35.48	7.6％	31.33	6.7％	56.21	11.9％	114.72	24.4％	6.84	1.5％	225.05	47.9％	469.63
2017	35.84	7.5％	33.38	7.0％	55.07	11.5％	115.77	24.3％	7.21	1.5％	230.08	48.2％	477.35

注：表中数据来源于交通运输部公路水运行业统计公报。

表 1－2　全国公路通达指标

年份	全国公路密度（公里/百平方公里）	全国公路通乡（镇）率	全国公路通建制村率	农村公路总里程（万公里）	等外公路占公路总里程比例
2012	44.14	99.97％	99.55％	367.84	14.8％
2013	45.38	99.97％	99.70％	378.48	13.8％
2014	46.50	99.98％	99.82％	388.16	12.6％
2015	47.68	99.99％	99.87％	398.06	11.6％
2016	48.92	99.99％	99.94％	395.98	10.0％
2017	49.72	99.99％	99.98％	400.93	9.1％

注：表中数据来源于交通运输部公路水运行业统计公报。

表 1-3 全国公路客运指标

年份	营业性载客汽车数(万辆)	客位数(万客位)	公路客运量(亿人)	旅客周转量(亿人公里)	客运平均运距(公里)
2013	85.26	2170.26	185.35	11250.94	60.70
2014	84.58	2189.55	190.82	12084.10	63.33
2015	83.93	2148.58	161.91	10742.66	66.35
2016	84.00	2140.26	154.28	10228.71	66.30
2017	81.61	2099.18	145.68	9765.18	67.03

注:表中数据来源于交通运输部公路水运行业统计公报。

尽管如此,到目前为止我国仍有很多村庄未通公路,或者是通了公路但缺乏正规客运服务[3],城乡客运服务水平差距仍呈现扩大趋势。俗话说,“要致富,先修路”。城乡要统筹发展,交通应首当其冲。然而,目前我国农村交通的现状是,一方面大规模修建农村公路,另一方面修好的路却难以开通客运班车。“农民出行难”这一难题依然没有得到根本解决。实际上,要解决农民出行难的难题,不能仅仅在于修路,而是要使农村客运市场繁荣起来才行[4]。

农村与城市之间不断加剧的收入差距逐渐成为社会的焦点问题。中国农业部副部长陈晓华表示,中华人民共和国成立 60 多年来,农村居民收入得到了持续增长,但这种增长不可过高估计,因为农民收入增长的长效机制还没有真正建立起来,特别是在农民收入增长的同时,城乡之间的收入差距依旧扩大[5]。这种城乡之间不断扩大的差距会引发社会动荡。从中国经济社会发展的实际出发,以科学发展观指导中国发展实践,就是要认真贯彻“五个统筹”,即“统筹经济社会发展、统筹区域发展、统筹城乡发展、统筹国内发展和对外开放、统筹人与自然和谐发展”[6]。其中“城乡统筹”的根本目标是改变城乡二元结构、推动城乡经济社会协调发展、解决“三农”难题。

城乡交通一体化是解决城乡二元问题的一个有效突破口,是城乡统筹发展的必然要求,也是必然结果[7-9]。从国内外交通发展历程看,城乡交通一体化的发展必然是要经历两个重要阶段:一是通过加快公路交通基础设施建设,为城乡协调发展建立快速联系通道,缩短相互间经济社会互动的时空距离;二是通过提高公路等级水平,完善客货运场站等相应的基础设施,改革和健全运输管理体制,实现运输环境质的变化,适应和促进城乡经济社会的快速发展[9-10]。不过,农村基础设施改善是否能够带来质优价廉的客运服务也要取决于客运市场的组织、经营成本的高低以及管理经营许可和费率定价体系的法规结构,因此需要认真对此进行深入研究。

农村地区的大部分出行目的是买卖产品和工作。如果排除村庄内的出行，农村居民的出行大部分都去往县城和乡镇，尤其是后者。广西壮族自治区的调查显示，农村家庭到最近的乡镇年平均出行次数为22次，到最近的中心县的出行仅4次，而贫困人口则远低于这个数字。在没有班车(收费标准为0.09～0.1元每公里)的地区，非正规运输服务非常昂贵，在广西大约为0.40～0.50元每公里，结果导致贫困人口的出行有一半是步行(在山区不适于骑自行车)，即使是远达14公里的出行距离也仍有很多贫困人口无奈选择步行。运输费用平均占家庭总支出的4%～8%，贫困村庄和那些道路通达性较差的地区，这个比例还要更高[3]。近年来，国家交通运输部提出要更加注重交通与经济社会协调发展，城乡、区域交通协调发展，交通与自然协调发展，实现以生产增长为导向的发展向以注重服务质量为导向的发展转变，更加主动地服务于国民经济发展大局、服务于人民群众安全便捷出行、服务于社会主义新农村建设[11]。因此，在城乡统筹导向下如何促进农村公路客运协调发展、解决农民出行难的问题，是新时期交通行业将交通由传统产业向现代服务业转型过程中必须面对的一个全新课题。本文的研究正是基于此而开展的。

目前我国已提出，到2020年要基本建立起城乡经济社会发展一体化体制机制，城乡基本公共服务均等化进程要明显加快，可持续发展能力要不断增强，并明确要求逐步形成城乡公共交通资源相互衔接、方便快捷的客运网络[12]。因此，在此背景下研究农村公路客运协调发展问题具有非常重要的现实意义。

(1)通过分析和评价城乡客运公共服务的差异，可以更清楚地了解农村公路客运发展中存在的问题，并积极寻求与之相适应并行之有效的解决措施和改善方案，为实现农村公路客运可持续发展奠定基础。

(2)可以在改善农村公路客运服务、优化农村公路客运模式的同时，充分发挥客运交通的先导、引导作用，带动、促进和支持农村各项事业的快速协调发展，为推动城乡经济社会发展一体化格局的形成提供指导和参考。

(3)可以在完善农村公路交通基础设施建设的同时，既能够带来质优价廉的客运服务，又能兼顾新农村建设，通过客运统筹城乡协调发展，能有效缓解城乡二元现象问题。

(4)可以从出行者、客运经营者、管理者、政府等角度研究农村公路客运结构、客运秩序、客运网络优化、客运安全优化、客运补贴制度、客运引导农村发展机理等问题，构建可持续的、可承担的、可达的、充分可靠的和具有可引导性的农村公路客运服务体系，服务广大农村地区人民群众安全便捷出行。

(5)农村公路客运既属于区域交通范畴，又是农村运输中最核心的部分，其研究涉及工程、经济、社会、政治等多个领域，提出具有实用性的非投资性措施，可以保证客运服务的可行性和满足农村地区的客运需求，是对区域交通向纵深发展的新的探讨，也能进一步完善和夯实农村运输可持续发展的理论体系，促进交通运输工程学科体系的丰富和发展。

1.2 相关概念明晰及研究范围

1.2.1 相关概念

1. 城镇与乡村

国家统计局《关于统计上划分城乡的暂行规定》及说明中，对城镇和乡村做了比较明确的定义[6]。

(1)城镇：我国市镇建制和行政区划的基础区域，包括城区和镇区。其中，城区是指在市辖区和不设区的市中，街道办事处所辖的居民委员会地域，以及城市公共设施、居住设施等连接到的其他居民委员会地域和村民委员会地域；镇区是指在城区以外的镇和其他区域中，镇所辖的居民委员会地域，镇的公共设施、居民设施等连接到的村民委员会地域，以及常住人口在3000人以上独立的工矿区、开发区、科研单位、大专院校、农场、林场等特殊区域。

(2)乡村：城镇以外的其他区域。其中，乡中心区是指乡政府驻地的村民委员会地域和乡所辖居民委员会区域；村庄是指农村村民居住和从事生产活动的区域，以及未划入城镇的农场、林场等区域。

2. 城乡统筹与城乡一体化

城乡统筹是指统筹城乡社会经济发展。它和城乡一体化一样，都是把城市与农村的发展作为一个整体加以考虑。但它们之间既有联系，又有区别，具体表现在：①城乡一体化是要尽力消除城乡差别，实现城乡共同发展；而城乡统筹发展则更强调在保留农村与城市自然特征的同时，实现城乡的协调发展。②城乡一体化更多的可视为一种长远奋斗的目标，它强调的是城乡融合的结果；而城乡统筹发展则主要是一种工作思路、工作方法，是用统筹的思想来指导发展，它强调的是过程[13-15]。

3. 农村公路客运

农村公路客运是指县内或者毗邻县间至少有一端在乡村的公路旅客运输[16]。

1.2.2 研究范围界定

在目前道路旅客运输服务的法规体系下，长途运输服务的质量(包括县至乡的许多运输服务)已经得到了明显的改善。多数出行者都能以可承担的价格享受到经常性的、定期的和高质量的客运服务,可以满足运输需求。因此,本文不再对乡镇以上级别的公路客运服务进行研究,本文的研究范围界定为乡(镇)至乡(镇)、乡(镇)至村以及村至村之间的农村公路客运发展问题。

1.3 国内外研究概况

1.3.1 国外研究现状与实践

国外一些发达资本主义工业国在基本完成道路网络的基础设施建设之后,随着城市交通拥堵现象的不断升级以及乡村地区人们出行困难等问题的出现,对城乡客运一体化、农村道路客运发展以及城乡发展与交通的关系等方面的系统的研究开始兴起,到目前为止有些方面已形成了相对成熟的理论体系和实践。

1. 城乡客运一体化方面:近 30 年来,美国乡村人口增长很快,都市人口也在增长。由于人们要租到比较便宜的房子,只能把目标定在郊区或者农村,从而影响城乡交通流向以及模式[17]。因此在 21 世纪初,美国学者 Peter Calthorpe 提出了"公共交通社区"的概念,主张在城市边缘或郊区的居民相对聚集点的土地利用中,恢复便于公共交通服务的形态,在这里促成城乡客运一体化。同时这种做法还能使这种用地形态反过来引导客流密集的建设用地进一步集中在公交车站周围,从而培育新的公共交通社区,这就是公交导向发展模式(Transit - Oriented Development,TOD)[18-20]。美国联邦政府 20 世纪 90 年代初颁布了《冰茶法案》,就跨区域交通做了规定,以整合和提升系统运营的整体效益,推动客运交通一体化[21]。美国运输部在《美国运输部 2000—2005 年战略计划》中指出,交通运输贯穿于人们生活的方方面面,发展交通运输是为了满足人们上班、就学、探亲访友、旅游观光以及获得商品和服务的需要,城乡居民都有这种需要,因此美国运输系统发展的战略目标之一是提高所有美国公民的机动性和通达性[21-22]。西欧、日本等国家和地区则采取严格的规划控制,使城乡发展呈现出与公共交通系统互为依存的良性循环状态[23]。比如英国综合运输委员会(Commission for integrated transport)提出要关切不同社会群体的需求、公平、分配和社会排斥问题,通过各种模式,优先发展区域交通投资和管理,着重提高公共交通的可达性,形成城乡、区域客运交通一体化[24-25]。英国学者 Richard Iles(2005)通过调查研究认为:许多发达国家在车辆保有量增加的情况下也面临过农村客运服务下降的问题,它们采取补救的方法是为最基本的农村客运提供补贴,或者引入以需求为导向(随叫随到)的服务，这种服务通常也基本依靠地方政府提供的补贴[26]。英国学者 Angela Hull (2005)提出注重不同客运模式的一体化，同时还应在不同交通方式的票价、时间表、票务和体制之间也要实现一体化[27-28]。May(1991)在研究伦敦等地的城乡客运问题后指出：一体化就是一种通过对基础设施、既有设备的管理以及基础设施的价格等因素的协调来解决交通问题的方法[29]。Kiriazids · T(1994)则将区域公共交通分大中小城市间公共交通和县域范围内公共交通，认为区域间的公共交通合作应以市场化运作为导向，而对县域范围内公共交通政府需要给予补助，对公交公司的补助则按县域规模、人口数量等进行分摊[30]。塞尔维亚学者 Svetlana Bašić、Slobodan Jevtić(2005)等人将交通系统一体化定义了一个 JGPP 系统来提高城乡交通系统质量。JGPP 系统内包括路线、站(包括中转站)和时间表。时间表和时间间隔是成功的交通系统的关键因素，尤其是在旅客换乘和过境交通上。JGPP 系统用道路、时间、价格作为评价标准，实现对象的一体化，即城市和乡村交通网络整合的主要目标是合理组织交通，提高城市和乡村的交通网络的质量，并在特定的区域增加交通的可达性来达到一个更高质量的运输[31]。

不同的发展历程及发展背景造就了城乡客运发展模式不一，发达国家城乡客运的发展模式对中国农村并不一定能适用[23]。由于发达国家基本不存在城乡二元结构，他们所说的城乡客运往往被纳入区域交通、城市公交、社区公交的大范畴来考虑，城乡客运内涵并不是很明确。

2. 农村道路客运发展方面：世界各国农村客运问题各异。在客运服务可达性方面，一般发达国家运输的私有化程度比例要远高于发展中国家，并有继续提高的趋势，这就导致对公共运输服务的需求逐渐下降，即使运输服务能够得到补贴，服务水平也明显下降，许多农村地区根本没有定期的公共运输服务，这对于那些主要依靠公共运输服务的群体来说是不利的[25-26]。英国学者 Richard Iles(2007)认为通过改善农村客运条件，农民能够得到更好的信息、医疗卫生、教育和社会服务，因享受优质服务，减少孤立感，增加收入来源，从而使贫困人口摆脱贫困，而村庄总体收入也会全面增加[3]。《英国政府运输白皮书》(1998)指出：运输决定生活，运输丰富生活，人们每天都要出行，哪怕是在本地也需要出行，政府要应确保人们出行的便利性，改善乡村地区的交通接驳，提高流动性，减少社会隔离感；交通可达性能够体现社会的公平和公正，因此应注重妇女、残疾人、乡村家庭和低收入家庭对公共交通的依赖和需求，为大众提供高质量的公交服务[32]。有些国外学者为了提高农村客运的可达性，推崇把非正规客运服务作为农村客运必要的组成部分。在英国的偏远农村地区，就曾经开展过一次试验，并取得了一些成效，它利用邮局的载人车辆，在收发信件的同时也搭载数量有限的旅客。这种方法在瑞士也得到了大范围的推广[3]。另外，印度尼西亚的“premen”，斯里兰卡的“runners”，也都属于这种非正规客运服务形式。文献[24]指出英国将农村客运规划和投资权力下放给区域政府,使规划、投资更注重本地公共交通模态的整合,更能满足本地农村居民出行需求。南澳大利亚州的旅客运输委员会(Passenger Transport Board)(1994)为了满足乡村地区人们出行的需要,主张与当地社区合作,建立城乡客运一体化模式,以运输资源、服务满足社区人们出行需求为要点,提高农村和偏远山区乘客的交通服务水平,增长农村和偏远地区的整体经济[33]。在农村道路客运安全方面,英国的安全执法程序和步骤在欧洲国家中比较有代表性,指出除了常规的部检和COF检验之外,政府部门还应聘请车辆检查人员对车辆进行抽查,以保证车辆保养合理[26]。在农村道路客运法规方面,文献[34]指出发达国家(许多发展中国家也如此)在采用非常规方法来解决农村运输问题中的一个障碍就是法规限制过严,但近年来一些国家越来越趋向于开放的政策,如加纳的道路运输行业在很大程度上实现了自我调节,汽车和货车经营者协会通过管理客货枢纽站,担负起调节和管理运输经营活动的大部分职责,它负责制订服务质量和安全标准,从这方面讲,该协会替代了经营许可制度。在农村道路客运补贴方面,Richard Iles(2005)认为在没有政府补贴的情况下,利用内部的交叉补贴形式,可以推动农村地区非盈利客运服务的发展,这种方式已在马拉维共和国实践多年,使得该国的农村客运网相当发达、服务质量高;而在加纳共和国没有直接的道路运输补贴,它采取的是一些间接补贴或暗补,其表现形式是为运输经营者提供优惠的金融政策[26]。

3. 城乡发展与交通的关系方面:马克思提出,城乡的分离对立就是社会的不协调,是社会进一步发展的障碍,未来的社会不是固化城乡的分离,而是实现城乡的融合,达到城乡融合是一个漫长的社会历史过程,要通过大力发展社会生产力以及伴随着工业化、现代化的发展而发展的城市化来最终实现城乡融合,实现城乡一体化的最高境界[35]。Straszheim(1972)认为,交通密集度越高,意味着成本越低,由此导致的低价格,往往刺激需求的增长,从而导致产出的增加,尤其是结成网络的交通运输,随着运输幅员和运输密度方面的变化,能带来运输生产规模、运输产品和运输成本的变化,交通成本与生产率和消费水平一样影响着所有商品的价格,而商品的价格决定了地区的盈利和收入水平,以及下一阶段对商品的需求能力[36-37]。法国经验证明,城市化、城乡一体化的前提是有高度发达的交通网,交通设施是城乡发展中最重要的基础设施之一[38]。正如英国专家汤姆逊所指出的那样“城市的结构、用地范围的扩展,城市生活的方式和特点以及城乡差别之消灭,等等,全都跟交通系统的性质和质量有关”[39-40]。法国巴黎大区的发展,也很好地印证了这位英国专家的观点。罗杰·特兰西克在图底关系理论及相关理论中认为,乡村及生态空间是“底”,城市空间是“图”,“图”与“底”则通过一些“联系线”组织成一种网络和一种关联系统,这些“线”可以是交通线等实体要素,也可以是技术、信息、资金等虚体要素[41]。在20世纪90年代,美国杰夫等专家对大都市的空间扩展进行了较为深入的分析研究,用大量的证据表明,城市化区域的集散主要沿交通干线进行[14]。Fan等人将道路投资对经济增长和贫困减弱的影响,按城市和农村进行了细分研究,他们认为低质量道路(大部分在农村地区)的效益成本比是高质量道路的四倍[37]。因此要加快城乡之间交通动脉的建设,形成便捷的联系渠道。交通运输网络的形成,既有利于城乡之间多方位的联系,又能提高城乡经济发展水平。空间决定论的代表人物弗里德曼曾经强调"空间一距离一可接触性"在区域发展及城乡发展中起先决作用[42]。通过便捷的交通,可以大大缩短城乡之间的时空距离,实现城乡之间经济发展的整合。交通通达性的提高,可以增强城乡经济运行的机动性,保证城乡联系的密切性和快速性,为城乡居民远距离就业提供便利条件,改善乡村居民生活消费行为[27,43]。韩国于20世纪70年代初调整了国家的建设政策,把农村发展放在重要位置,开展了"新村运动",在运动初期,政府重点发展农村基础设施,无偿向全国3.3万个行政村提供水泥,用于道路等基础设施的建设,通过改善交通运输条件引导新村建设和发展[44]。

由此可见,一些发达国家的城乡关系所处的阶段与其社会经济发展阶段相适应,农村经济在工业化、城镇化的同时实现农业现代化,使城乡之间交通具有发达的路网,并采用高度机动化的交通工具,开创与城乡空间发展相适应的发展模式[44-45]。

1.3.2 国内研究现状与实践

国内对于农村公路客运问题的研究随着国家对"三农"问题的重视和社会主义新农村建设而日益引起人们的重视,研究领域比较宽泛,涉及农村道路客运发展、小城镇公交规划、城乡道路客运一体化与城乡统筹以及促进新农村建设的关系等方面,对实际的城乡尤其是农村的客运工作具有很好的指导意义。

1. 农村道路客运发展方面:国内专家和学者对农村道路客运要不要公交化持有几种意见。郭晓林认为不宜过多提倡"农村客运公交化",农村客运在很多方面既不能与班线客车相比,也不能与城市公交相比,许多农村客运或效益差,或长期亏损,或微利,企业积极性不高,车辆经营者的兴趣不大,发展后劲匮乏。虽然政府和行业管理部门一直在呼吁和引导"车头向下",但响应者甚少,未能形成共鸣,致使农村客运长期低迷,根本不敢与任何一条城市公交线路相比。因此,所谓"农村客运公交化"是一个片面的口号和不切实际的说法,很有可能是一个错误的导向[46]。黄莉、李旭宏等(2006)认为如果仅靠市场调节,农村公路客运很难实现公交化,也很难实现城乡公交一体化。在同一经营区域内,即便农村公路客运可以提供和城市公交相同的服务,它也无法与后者抗衡,因为两者所处的外界环境完全不平等[47]。翁明杰提出突破农村客运经营方式,根据农民走得好、走得快的运输需求,要打破农村客运经营的固有模式,实行灵活多样的经营形式去解决农村客运运力与运量的矛盾,采取农村公路专线专车经营方式,但不主张公交化[48]。刘晓萌(2007)根据市场营销理论,从旅客出行时间、出行目的、出行方式等细分变量对农村客运市场进行了市场细分,因农村客运表现出很不稳定的客流波动性,难以实现定点、定线、定班运营,在市场定位时暂不能考虑公交化[49]。王建军、过秀成等(2006)认为不同层次的农村客运线路应采用不同的经营管理方式和运作模式来适应该线路客运需求。对于县城连接周围乡镇的客流量大且稳定的干线上采取公交化方式运营;对客流量较小的线路组织小型客车定点运行,采取每天定班、定时的方式,把农村旅客送到干线乘车点,再采取支线小客车与干线班车对接方式运行[50]。而汪江波、陈翠萍(2008)认为农村公交是农村客运公交化的一种方式,随着农村居民对农村客运的需求日益增大,农村公交必将成为未来农村客运的发展趋势[51]。陈晓峰(2001)提出应以全新的视角审视农村客运市场,用市场机制重新配置资源,认为农村客运应采用公交化模式,推行“五定”管理,即“定线、定点、定车、定时、定价”,适应运输市场新形势需要[52]。冯正霖(2008)表示要完善扶持农村公共交通发展的政策措施,改善农村公共交通服务,推进农村客运网络化和线路公交化改造,推动城乡客运协调发展[53]。蒋斌(2005)指出,当前农村公路客运交通存在的问题是运力结构配置不合理,行车安全缺乏保障,经营行为不规范,营运成本较高。通过统一发展规划、统一管理机制、统一税费政策、统一资源配置、统一公交服务标准和票价标准,实行城乡公交一体化是改善农村客运交通现状的有效途径[54]。

在农村客运站点和线路设置方面,刘艳(2007)认为农村客运站建设要以农村公路建设规划为依托进行统筹安排,要按照“路、站、运”一体化的思路,将农村公路建设规划、农村客运网络规划以及农村客运站点规划合在一起,综合规划。在规划农村客运站点时,应当结合农村公路沿线农牧民密集程度及建制村辐射程度,合理确定各乡镇客运站点数量。即在班车较少、人口稀少的乡镇或农村不必建站,可用候车亭或招呼站替代;在农牧民较密集的、班车较多的乡镇或建制村则应建设农村客运站[55]。范季平(2007)指出,目前尚没有农村公交线网规划的理论方法。他认为,虽然城市常规公交线网规划方法已发展比较成熟,但由于农村经济特征、地域结构、居民出行特征的不同,城市常规公交线网规划方法也不适于农村公交线网的规划,因此有必要研究适合于农村的线网规划方法[56]。

Richard · Iles、董静等(2007)在中国通过大量调查得知客运公司倾向于那些盈利能力较强的线路,例如客运站和重要的县至乡以上的线路,而忽视了地方乡至乡、乡至村以及村至村的客运服务;而且,由于县城离乡镇以下的农村地区较远,客运公司无从了解地方的运输需求。另外，他们按照固定时刻从县里的主要客运站出发，为每个承包人提供公平的收入机会，而这种做法无法灵活地满足需求变化[3]。滕文建(2006)呼吁打破“定班、定点、定线”和一辆车只能经营一条客运班线的限制，让农村客运经营者灵活经营，以提高经营效益，同时制定农村客运方面的交通规费优惠政策，充分调动社会投资和经营农村客运的积极性[57]。

2. 小城镇公交规划方面：“小城镇”是建制镇和集镇的总称[6]，在谈到镇、乡、村之间的客运交通时，就不可避免地要涉及小城镇的问题。小城镇作为农业地区内以非农业为主要职能的城镇化地区，可以说是城乡联系的纽带、农村剩余劳动力的蓄水池和区域经济的增长点，是实现农村城市化、现代化的重要载体。解决小城镇客运交通问题既是小城镇经济社会可持续发展的重要保证，也是农村可持续发展的需要。因此，国内已有一些学者和交通工作者开始关注城镇客运交通问题。关中美、王韶辉(2007)指出，由于小城镇的经济基础薄弱，其公共交通系统建设不完善，场站设施缺乏、线路少、站距长、直达性差，居民大多转而购置助力车、自行车作为交通工具，致使小城镇公共交通分担的客运量很小。他们认为发展公共交通是解决小城镇交通问题的重要途径，发展和完善以公共汽车为主的客运交通理应成为小城镇发展交通的重点工作[58]。相伟(2006)对城镇公交进行功能定位，改进适合城镇公交特点的四阶段需求预测方法，提出客流集散中心这一概念，并探索出相应的选设方法[23]。罗剑(2006)通过对城镇客运交通系统的特征分析，提出了以城乡一体化为理念的城镇公交发展模式，即从经营和管理两方面出发，建立统一管理、分层规划、竞争投标的城乡一体化公交运营模式，并对TOD模式在我国城镇中实施的适应性进行了阐述[59]。纪立虎(2001)认为小城镇用地规模小，集中度高，居民出行距离短，出行方式以自行车、步行、摩托车为主，在城镇内部的出行中，公共交通比例不到10%。在镇域的出行中，则以公共交通和私人摩托车为主。公共交通在日常出行中所占比例较低，而在长距离出行中才有优势，如到县城，到其他城市、其他乡镇以及由镇到通公共交通的村等，而在城镇内部出行中使用比较少。随着城镇规模的扩大和镇域经济发展以及联系的加强，公共交通的比例将有所上升，镇域和镇际私人经营车辆增长快，需加强政策引导[60]。武睿、陆建(2008)对城镇公交规划方案评价指标体系做了研究，认为城镇居民聚居点与市区相比在空间分布上相对分散得多，常规的公交站点覆盖率指标难以科学地评价线网的覆盖水平，故在评价中采用线网人口覆盖率来代替公交站点覆盖率。另外还提出了两个新的指标，即各镇及主要居民居住地相互之间公交通达情况、各镇之间的公交出行时间。这三个新指标与公交线路密度、公交线网密度、公交线路非直线系数、公交车辆拥有率、平均等车时间共同构成城镇公交规划方案的评价指标体系[61]。

3. 城乡道路客运与城乡统筹的关系方面：交通作为社会生产发展的必要条

件，是保证国民经济正常发展的主要环节[62]。城乡道路客运作为城乡之间主要的交通方式，在城乡统筹发展中必将受到人们的重视。宋倜(2004)将城乡道路客运一体化定义为通过对城乡道路客运各元素的合理配置，将车辆运行、场站建设、网络布设、经营结构、管理体制等有机结合成为一体，实现市场的有序运行和旅客的有序流动，最终达到方便旅客出行、促进城乡经济社会统筹发展的目的[63-64]。陈引社、宋金鹏(2004)认为城乡道路客运一体化发展是一个国家城乡经济发展到一定水平，道路客运发展到一定阶段所必然要达到的发展目标，它的基本模式可以是站场设施、政策法规、管理主体、市场建设的一体化[65]。高成(2005)指出，城乡道路客运一体化是城乡一体化的基础，也是加快城市化进程的重要保证[66]。朱燕惠(2003)认为城乡道路客运一体化是构成城乡一体化的主要内容和循环系统。城乡一体化包括政治、经济、人口、文化等的一体化。从某种意义上讲，只有简单的物资流通而没有人员的流动，是不可能实现城乡一体化的。城乡一体化以实现城乡共同繁荣为目标，这一目标难以在短期内实现，在这一目标的长期实现过程中，城乡道路客运一体化将会对城乡统筹发挥重要的作用。这也是各地在做经济发展规划时认为城乡道路客运一体化有助于城乡一体化的主要原因。城乡道路客运一体化对于城乡一体化的意义与“经济发展，交通先行”的意义具有异曲同工之处[67]。但陈锁祥(2006)认为，城乡交通一体化与城乡一体化的关系不是很大，实行城乡交通一体化与实现城乡一体化相比要简单一些，随着社会经济发展水平的提高，城镇化达到一定程度后，也会促使城乡交通一体化更快地发展[68]。李纪恒博士(2003)把发展路桥经济作为城乡发展的重要推动力来研究，这在我国经济界具有创新的性质。他从交通与经济在发展中结合的过程，结合当前城乡发展的实际，分析了路桥经济与交通意识、路桥经济发展与农业发展的关系[69]。孟兆国(2005)认为城乡交通一体化应顺应城镇化进程的一体化，应随着社会要素的扩散而扩散、极化而极化，在城镇化不同阶段有不同的表现形式。同时，城乡交通一体化也应非常重视区域规划中的经济社会效益最大化的原则，通过科学合理的布局，以期达到社会经济综合效益最大化、基础设施建设投入成本最小化、最大共建共享化三大目标[7]。国务院参事任玉岭(2006)充分认识到农村道路建设在社会主义新农村建设中的重要地位，尤其要把欠发达地区农村道路建设提到统筹区域发展和统筹城乡发展任务的高度上来，发展好农村道路运输事业[70]。刘绍文、王立新(1999)认为，随着交通业的发展，不同地域之间往来的方便、快捷、频繁，对农村地区会产生较大的影响，从而影响到农村经济发展，将由分散的、自给自足的封闭式结构向生产专门化、产业化方向发展，农村劳动力结构也随之发生变化[71]。陈川、赵妮娜(2007)则以湖北省宜昌市为例，分析了交通环境变化对农村经济社会发展的影响，认为这种影响会给农村社区带来机会[72]。

1.3.3 总结

综上所述，关于农村及城乡道路客运发展的研究，国内外开展较多，但主要集中在城乡之间的客运一体化发展上，涉及客运模式、客运管理、客运与城乡发展关系等方面。至于城乡道路客运基本公共服务均等化如何评价、农村公路客运模式结构如何满足出行者需求和农村公路客运秩序如何完善等，上述文献基本没有提及，也很少有学者对如何优化农村公路客运服务体系做过较为系统性的和理论性的研究。国外发达国家由于乡村人口很少，农村客运可以采用较为灵活甚至是非常规方式来解决，而我国农村人口众多，乡村之间的客运一直受到经济条件和道路条件的制约，发展较慢，客运方式单一、落后，因此，发达国家的农村道路客运发展模式难以直接用于我国，但其很多发展理念、方法可以借鉴到我国农村公路客运发展研究中。关于农村道路客运与城乡统筹发展方面的研究则主要集中在城乡交通一体化推动城乡一体化和农村公路建设对农村经济社会的影响等方面，对农村公路客运如何推动城乡统筹，以及农村公路客运与农村土地利用、农村社会变迁之间关系研究很少，缺乏对乡与乡、乡与村、村与村之间的公路客运如何引导农村发展、实现乡村城市化的研究。基于此，本书在借鉴前人研究成果的基础上，在城乡统筹导向下，对农村公路客运发展问题进行系统的理论性探讨。

1.4 研究内容与思路

本书在对城乡统筹进程中农村公路客运现状和城乡道路客运基本服务均等化程度进行审视和分析的基础上，以满足农村居民出行需求和推动乡村街镇化为目标，遵循“可持续、可承担、可达、充分可靠、可引导”的农村公路客运发展原则，对当前农村公路客运发展问题进行剖析，探讨农村公路客运在城乡统筹导向下的基本原理，研究基于出行者需求的农村公路客运模式结构分析理论、农村公路客运秩序改善理论、农村公路客运服务体系优化理论、农村公路客运引导农村发展机理，以期实现农村公路客运可持续发展以及推进乡村街镇化，实现城乡一体化。具体研究内容如下。

1. 城乡统筹导向下的农村公路客运基本原理与要求

运用城乡统筹理论来分析城乡协同发展和乡村城市化发展的机理，探讨客运交通与城乡发展的互动关系；通过对城乡道路客运服务现状的对比分析，剖析农村公路客运发展存在的问题；运用公共产品理论对城乡道路客运基本服务的公共属性和差异性进行界定和评价，提出城乡统筹导向下的农村公路客运发展的目标和理论框架。

2. 基于出行者需求的农村公路客运模式结构分析

分析农村的客流特性和客运出行结构，从个体出行的角度，以农村典型交通出行模式为例，剖析农村客运交通出行时间和成本；充分考虑人本因素和出行者需求，基于随机效用理论，建立农村客运交通模式结构分析的理论模型，从而得出与农村不同发展阶段相对应的农村公路客运模式结构。

3. 基于熵理论和耗散结构论的农村公路客运秩序改善研究

运用熵理论和耗散结构理论分析农村公路客运秩序的发展变化规律以及秩序紊乱的原因，并通过建立干扰演变模型来分析各种秩序改善策略及其优劣。

4. 城乡统筹导向下的农村公路客运服务体系优化研究

运用紧凑度理论和运营成本理论对农村公路客运线路方案进行优化研究；结合农村的现实需求和特点，分析农村客运站建设的必要性、规模大小及其基本配置，并提出相关建议；运用经济学理论对农村公路客运补贴进行研究，提出农村公路客运较为可行的补贴方式；分析农村公路客运事故发生的原因，探讨如何将安全审计法应用到农村公路客运安全优化中；为促进农村客运市场繁荣，对客运经营许可与管理制度进行重新设计。

5. 农村公路客运引导农村发展机理研究

基于经济势理论分析农村公路客运引导农村发展的基本原理，借鉴 TOD（公共交通引导城市发展，transit - oriented development，简称 TOD）理论，探讨农村公路客运引导农村发展的机制、机理，提出农村居民点围绕农村公路客运站点建设的社区发展模式，并分析农村公路客运引导农村社会变迁后对农村土地利用和农村经济社会的影响。

在研究过程中，将系统分析、理论模型和实例验证相结合，以确保研究成果的实用性和有效性。

具体研究思路如图 1 - 1 所示。

1.5　预期目标与突破点

(1)运用系统基模理论明晰客运交通与城乡发展的互动关系，建立城乡道路客运公共属性和基本服务均等化程度评价模型和评价指标体系，从可持续发展的角度提出城乡统筹导向下农村公路客运发展的基本原理和理论框架。

(2)结合农村经济社会发展和农村居民客运消费的特点，从个体出行选择的角度，建立基于出行者需求的农村公路客运交通模式结构分析理论及模型。

(3)将耗散结构理论与熵理论相结合，构建农村公路客运秩序改善模型及理

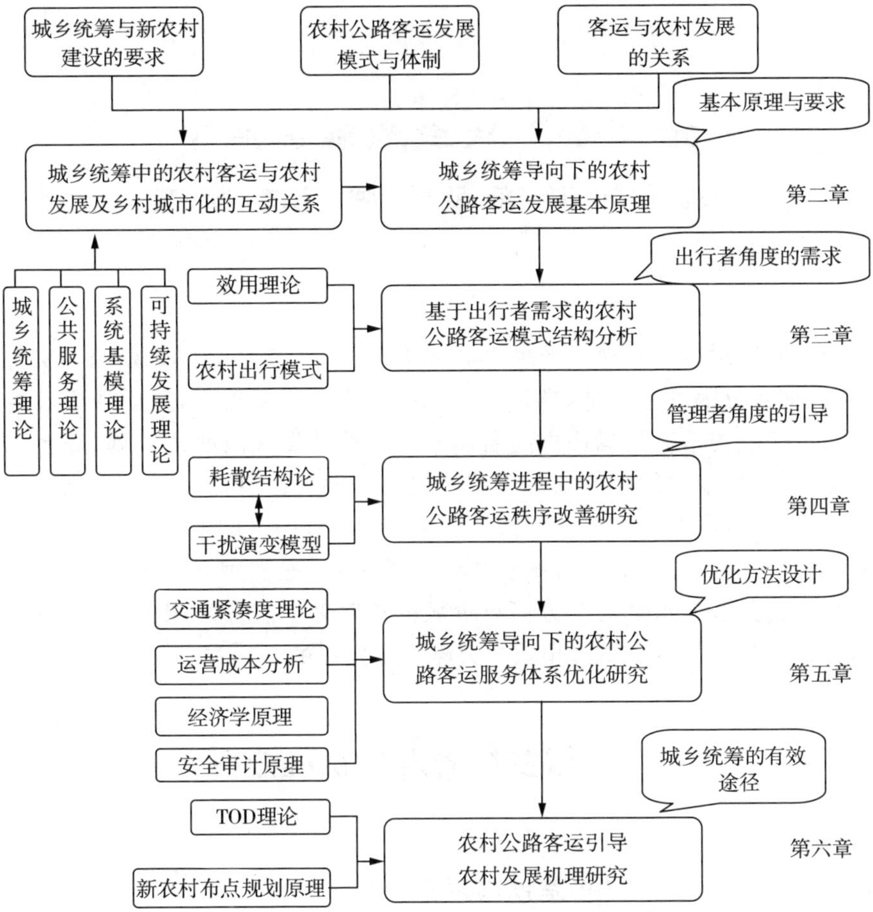

图 1-1 本书的研究内容与思路

论，为制定农村公路客运秩序改善策略提供分析依据。

(4)建立农村公路客运服务体系优化理论。将紧凑度理论和运营成本分析相结合，结合农村地区客运需求特点，建立农村客运线路方案的优化理论；提出客运站点设置的规模控制和基本配置控制及布局原则；从经济学和公共财政学角度，构建农村公路客运公共财政补贴体系；建立农村公路客运安全审计的理论基础和应用方法；探索出一套新的农村公路客运经营许可与管理制度。

(5)提出农村公路客运引导农村发展的基本原理，基于经济势理论建立农村公路客运引导农村发展(RBOD)的基本理论，提出以农村公路客运为导向的农村社区发展模式，即构想以农村公路客运站点为中心的农村单元(村庄)建设模式和基于 RBOD 的村镇体系发展模式，为依托便捷交通促进乡村街镇化和城乡一体化提供充分的理论依据。

第二章　城乡统筹导向下农村公路客运发展基本原理

城乡道路客运协调发展是城乡统筹发展的客观要求。我国长期以来实行城乡二元体制，城乡分隔现象严重，导致城乡之间的沟通联系很少，从而造成农村公路客运一直处于较为落后的局面。随着国家城乡统筹发展战略的实施，城乡二元体制正逐渐解体，城乡之间以及农村内部已迫切需要自由、便捷、经济的流通方式来加强联系。由此，本章主要在分析城乡统筹发展机理的基础上，剖析客运交通与城乡发展之间的互动关系，通过对城乡二元体制下农村公路客运现状的分析，从公共产品属性和公共服务水平两个方面评价城乡道路客运服务之间的均等化程度，最后在城乡统筹发展的导向下提出农村公路客运发展的目标和实现的途径。

2.1　城乡统筹发展机理分析

2.1.1　城市与乡村的差别与联系

人类两次社会大分工形成了农村聚落和城市聚落。城市和乡村作为两个相对的概念，它们之间存在着一些基本的差异。其差异具体表现如下[6]。

(1)集聚规模上的差异。城市与乡村的首要差别体现在空间要素的集中程度上。

(2)生产力结构上的差异。城市是以非农业人口为主的居民点，因而在职业构成上是不同于乡村的。

(3)职能上的差异。城市基本上是工业、商业、交通、文教的集中地，也是一定地域的政治、经济、文化的中心，在职能上不同于乡村。

(4)生产效率上的差异。城市的经济活动是一种社会化的生产、消费、交换的过程，是高效率的，充分拥有交通、文化、工商、政治和军事等机能，属于高级生产或服务性质；而乡村经济活动则还依附于土地等初级生产要素。

(5)文化观念上的差异。城乡不同的社会关系，使得两者之间产生了很多文化内容、风俗习惯、传统观念、意识形态等差别。

(6)物质形态上的差异。城市具有比较完善的市政及公共设施，在物质空间形态上不同于乡村。

(7)制度和政策性差异。在我国，这方面差异比较大，对于城市，人口主要是城市户口，城市建设是在国有土地上进行；而乡村居民基本上都是农村户口，村庄内的建设基本上属于集体用地。

虽然城乡之间有着一些差异，但它们之间并不存在截然的界限，反而存在着连续变化的城乡聚落景观(图 2-1)，尤其是随着社会经济的发展及交通条件的支撑，城乡间联系日趋加强，城乡统筹发展的现象越发明显。实际上，城乡联系包含的内容非常丰富，从宏观上讲城乡间有着阻隔不断的空间联系和功能联系[73](图 2-2)，微观上城乡间具体有物质联系、技术联系、经济联系、政治联系、社会作用联系、人口移动联系、服务联系等[74](见表 2-1)。

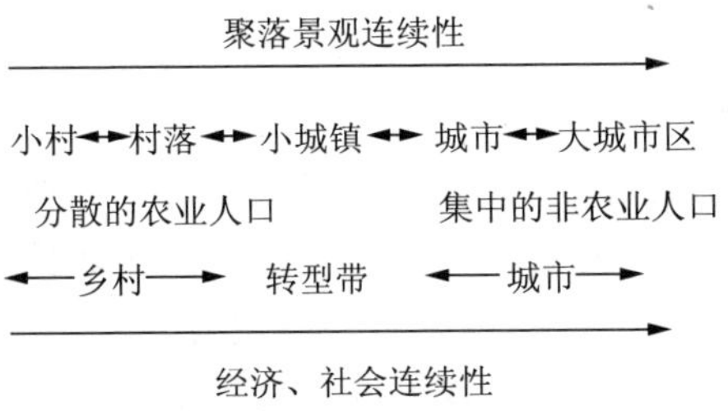

图 2-1　城乡聚落景观及经济社会变化连续性

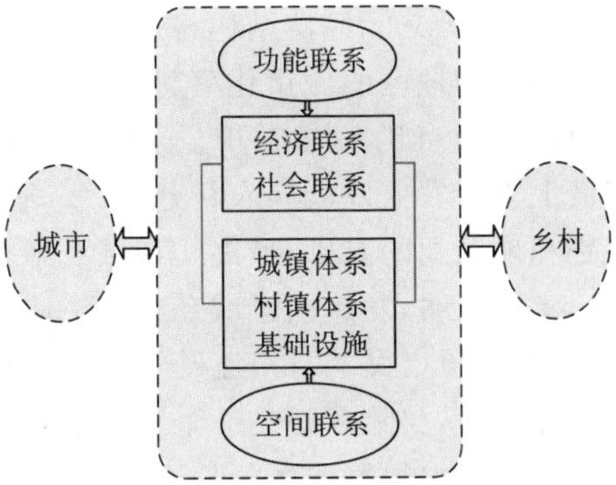

图 2-2　城乡联系的宏观类型

表 2-1　城乡联系的微观类型与要素

联系类型	物质联系	技术联系	经济联系	政治、行政组织联系	社会作用联系	人口移动联系	服务联系
要素	水运网、公路网、铁路网、生态相互联系	交通系统、通信系统、技术相互依赖	资本流动、市场形势、消费和购物形式、原材料和中间产品流动、收入流、生产联系、行业结构和地区间商品流动	政府预算流、组织相互依赖性、结构关系、行政区间交易形式、权力监督形式、非正式政治决策联系	亲戚关系、访问形式、宗教行为、仪式、社会团体相互作用	通勤、永久和临时性人口流动	交通服务形式、信用和金融网络、能量流和网络、教育培训、医疗、职业、商业和技术服务形式

2.1.2 城市与乡村的基本关系

实现城乡统筹发展的根本前提是正确认识和处理好城乡关系问题。因为城市和乡村是社会发展的两大群体,它们之间既是矛盾体又是统一体。只有发挥它们各自的功能和作用,才能推动社会的全面进步与繁荣。城市和乡村从地域上看属于不同的空间范畴,存在着明显的地域分工。按弗里德曼的核心边缘理论的理解,城市与乡村的关系就是核心区域与边缘区域的关系,它可以是控制与被控制的关系,也可以是互补、带动、相辅相成、经济利益一体化的关系。这就出现了城乡之间是"一体化"发展还是"二元结构"发展的两种状况。

发展经济学认为,经济发展的过程是一个经济社会结构不断转换的过程。在经济发展初期,城乡二元经济结构存在是普遍现象,也是发展中国家实现工业化过程中的必然现象。而随着城市化、工业化水平的快速提高,生产要素在城乡之间自由流动加速,二元经济结构将逐渐向一体化的经济结构转变。从国际经验上看,当一个国家和地区的城市化率超过 50%以后,社会开始向城乡融合即城乡一体化方向迈进。而当其人均 GDP 达到 3000 美元左右的经济发展水平时,就有条件更大程度上支持农业发展和农村建设,实现"工业反哺农业",逐步缩小城乡差别、工农差别和地区间的差别,最终实现城乡融合、协调发展和全面现代化的目标[14]。

实践证明,发达国家城乡经济一体化的发展,促进了农业同工业的交融与协调发展,农民与市民的自由流动,同时也促进了整个国家的现代化进程。大多数国家现代化进程,实际上就是一个逐渐消除二元经济结构实现城乡一体化的过程。

而发展中国家城乡分割的现实是由城市化程度低所致。城市化程度低意味着工业化滞后,特别是农村工业化进程尤其滞后。这是目前许多发展中国家城乡分离的根本原因。比如印度作为发展中的大国,城乡差别促使其大力推进农村工业化政策。一般来说,社会分工的演进与交易效率的动态变化是城市形成和城乡关系演变的内在推动力。在城市化和社会分工的发展过程中,由于城市居民之间的交易距离比农村居民要短很多,其交易效率就高得多,造成城市居民的专业化水平和生产力水平也就比农村居民提高要快很多,由此以生产力差别和收入差别表示的城乡二元结构就会发生。

同样在工业革命早期,英国和其他西欧国家也出现了城乡差距加大、工农对立、阶级矛盾尖锐的现象。从西方国家关于城乡发展理论的演化过程可以看出,城乡协调发展的思想最早发端于解决由城市急剧扩张带来的社会问题,在此基础上慢慢地认识到农村问题的重要性,随之西欧各国均采取对农村发展给予扶持政策,促进了城乡的协调发展。

而发展中国家尤其是我国,长期以来实行的是城乡分割的发展模式,导致农业发展和农村建设严重滞后，农村问题严重影响城乡协调发展。因此要解决农村问题，必须统筹城乡发展[75-76]。这一思路与西方国家城乡协调发展的思想出发点不同。它们是由于城市问题而提出城乡协调，而我国则是因三农问题而提出城乡统筹。

城乡关系需要经历从生产力水平低下的一元结构到生产力水平有所发展的二元结构，再进而整合到生产力水平大发展的一元结构等不同阶段。城乡一体化是城乡关系发展的最高阶段。在这一阶段，城乡形成职能一体化和空间一体化，城乡之间互为资源、互相服务，城乡两个异质系统在经济、文化、生态等要素上优化组合、交融协同、和谐发展。一般来说，不同阶段的经济社会发展特征，决定了其城乡关系和经济社会结构是向二元方向分化，还是向一元方向融合，本身并不由人们的意愿为转移[14]。例如英国，随着生产力水平的提高，从中世纪到近代资本主义工业化时期，城乡关系的演变过程遵循：城乡分离（乡村为主，城市为辅）→城乡一体化（城乡经济社会联系加强）→城乡分离（城市为主，乡村为辅）。

2.1.3 我国城乡关系的发展历程

城乡关系是我国国民经济和社会发展中最重要的一对关系。中华人民共和国成立后，我国现代工业几乎一片空白，生产力水平极端落后，所以资本积累只能靠农业来提供，通过工农业产品价格的“剪刀差”，在产品交换中获得积累。为了保证城市和工业能够长期获得这种巨额利润，国家在不同阶段逐步制定并实施了一整套城乡有别的组织管理政策、制度和体制[15]。可以说，在改革开放前，我国农村在为工业化提供积累的同时又被排除在工业化过程之外。这种城乡分割体制不断被强化，最终把农村居民和城市居民分割为社会身份和经济待遇完全不同的两大社会群体，使城乡关系陷入了严重失衡状态，城乡差距也越来越大。改革开放后，我国经济社会发展进入了新的历史时期，城乡关系发生了较大变化。因此，自 1949 年以来，我国城乡关系经历了 60 多年的历史演变，在各个历史阶段城乡之间的流动也都具有不同的特点[77]。

1. 1949—1978 年的城乡关系

1949—1978 年中国最根本的问题就是如何解决农业快速发展并为工业化奠定基础和提供保障。由此，我国逐步建立起农业支持工业、农村支持城市和城乡分隔的“二元经济”体制。在此阶段，由于建立了“政社合一”的人民公社和严格的城乡户籍制度，不仅城乡之间的生产要素自由流动被完全禁止了，农村内部、农业内部甚至农民家庭经营内部的生产要素配置，也受到国家行政手段和政策的严格控制，失去自行流动的自由。在 1953—1978 年的 25 年间，国家通过严格的户籍管理、单一公有制下的计划招工，基本杜绝了城乡之间人口的自由流动，同样，农村地区内部的人口流动也由于单一的集体所有制而受到了严格的限制。

2.1979—2003年的城乡关系

1978年党的十一届三中全会以后，城乡关系有了很大的突破，过去完全由政府控制的城乡关系开始越来越多地通过市场来调节，但是农业支持工业、乡村支持城市的趋向并没有改变。在此阶段，随着城乡壁垒被打破，城乡之间人口流动性不断增强。1997—1999年人口变动调查结果表明，离开户口所在地半年以上人口规模逐年扩大[78]，由1977年估计的6100万增加到1999年的8200万。在上述人口中，离开县所在地人口占80%。

3.2004年以来城乡关系

从1949年到2003年的54年里，城乡关系的实质基本上是农业和农村支持工业和城市的发展。改革开放以来，我国经济经过近30年的持续高速增长，国家已经有能力将过去长期实行的农业支持工业、乡村支持城市的城乡关系，转变为工业反哺农业、城市带动乡村的新型城乡关系。正基于此，2005年我国对城乡关系做了具有历史性转折意义的重大调整，废止了在我国延续了2600多年的农业税。现在我国城乡分隔制度已在逐步解构，城乡统筹发展动力机制也已经形成，城乡之间流动的限制也越来越少，总体上已到了以工促农、以城带乡的发展阶段，城乡之间的沟通需求越来越旺，社会主义新农村建设也带动了农村地区内部的流动需求。尽管如此，我国的城乡差异还依然存在。

2.1.4 我国城乡差异的基本现状

长期以来，我国城乡分隔，人才、信息、资本单向流动，城乡差距越拉越大，城乡关系呈现不和谐、不均等的发展状况。具体表现为以下几个方面。

(1)城乡"二元结构"依然存在。我国一直实行"一国两策，城乡分治"的二元经济社会体制和"城市偏向，工业优先"的战略、政策，要根本消除二元结构还需要一个相当长的时期[6]。

(2)城乡公共产品供给制度的严重偏颇。交通基础设施供给体制明显不均衡，农村公共服务体系尚未建立，城市居民与农民享受的公共服务仍然有很大差距[79-80]。

(3)城乡收入差距越来越大。目前我国城乡居民实际收入差距已达6∶1～7∶1，农民收入增长缓慢，已成为制约整个国民经济良性循环的障碍。

(4)优势发展资源向城市集中。城市一直是我国各类生产要素聚集的中心，优势资源向农村流动量少、进程慢，城乡资源流动不均衡现象十分严重。

我国的城乡发展历程表明：城乡之间良性互动和相辅相成，必然促进国民经济的全面发展；相反，城乡之间分隔甚至对立，则会造成国民经济发展的失衡。如今我国正处在从城乡二元结构向城乡一体化发展迈进的历史转折点上，应统筹城乡经济社会协调发展，促进城乡之间各个领域的良性互动和相辅相成[81]。而统筹城乡经济社会协调发展的重点应是对农村社会经济、政治等领域进行深层次变革和战略性调整[82]。

2.1.5　城乡统筹的内涵与基本原理

1. 城乡统筹的内涵

“城乡统筹”的内涵很丰富，从宏观上讲是统筹城乡经济社会各方面发展，实质上就是要把城市和农村的经济社会发展作为一个整体来考虑，使城乡二元经济结构向城乡一元经济结构转变，使农村和城市经济社会协调发展[83-84]；从微观上讲是统筹城乡规划、基础设施建设、产业布局、公共财政投入等方面，促进生产要素在城乡之间自由流动、公共资源在城乡之间均衡配置，促使城乡经济社会发展融合。从我国城乡关系发展历程中看出，城乡统筹的关键应是如何促进城乡之间生产要素的自由流动，尤其是人员的自由流动。从表 2－1 可知，城乡间具体有物质联系、服务联系、技术联系、经济联系、政治和行政组织联系、社会作用联系、人口移动联系等。近年来由于我国大力推动“村村通公路”工程建设，农村公路发展很快，城乡间的物质联系已基本改善，但由于农村“路、站、运”一体化没有真正落实，城乡间尤其是农村内部的服务联系、技术联系仍很弱。虽然近年来城市客运服务取得了长足的发展，但农村公路客运服务仍很落后，严重影响了城乡之间人员和其他生产要素的自由流动，削弱了城乡联系。因此，应从政策体制、管理制度、组织保障、财政支持、经营机制等方面统筹考虑，着力推动农村公路客运全面协调发展，从而能实现提供可持续的、可承担的、可达的、充分可靠的和具有可引导性的农村公路客运服务的目标。当然，城乡之间也只有建立较为完善的物质与服务等基础性联系后，城乡之间人员和其他生产要素才能自由流动起来，从而才有可能更好地建立经济联系、政治和行政组织联系、社会作用联系、人口移动联系等，进而实现城乡全面融合、协调发展。

2. 城乡统筹的基本原理

在我国的城乡关系中，与农村保持着直接联系的城市聚落称为镇。镇在我国是一级行政单元，镇以上是城市，镇以下是乡村。镇和乡一般是同级行政单元，但传统意义上的乡是属于农村范畴的，而镇区则具有城镇的特性。同时也与农村有千丝万缕的联系，是农村的中心社区，可以认为镇是城乡的桥梁与纽带，具有为农村服务的功能，也是农村地区城镇化的桥头堡。镇和乡的下级单位是行政村，它可以是一个村落，也可以包含多个村落或自然聚落[6]。从镇在城乡关系中所处的地位来看，实施以镇带动乡村、实现乡村城市化将是城乡统筹发展的重要环节。

目前，在我国镇上面的城市相对发达，而镇下面的乡村发展则相对落后，城乡差距正逐步拉大。根据缪尔达尔的理论，为了避免"循环积累因果关系"的影响，防止区域发展中出现两极分化，不能消极地等待市场力量发生作用，必须由政府制定相应的政策和措施，刺激和帮助落后地区快速发展。托达罗认为发展中国家农业发展相对落后的主要原因是20世纪50年代和60年代片面强调对城市工业部门的投资，忽视了农业部门。因而，他提出发展农村的政策性建议，就是要加强农村的综合发展与综合建设。但在我国，解决"三农"问题已不单纯是建农、支农的问题，而是城乡统筹发展的问题，要求必须把乡村城市化作为中间环节，通过发展小城镇来提高城市化水平，从而解决城乡发展不协调、不平衡问题。因此，利用发展小城镇来推进城市化，实质上是为了更好地建设现代农业、增加农民收入、发展农村经济，它对促进农业生产的发展，推进城乡经济一体化，缩小城乡经济发展差距，有着不可低估的意义和作用[85]。因此，城乡统筹的基本路线图应该是"乡村城市化→城乡一体化→城乡融合"。

当然，乡村城市化并非要将所有的乡村都变为城镇，不赞同为刻意追求城市化指标而忽视农村发展，而是提倡通过理性选择，促使城乡公平发展，保持城乡社会稳定，这也与可持续发展和"以人为本"的新发展观一致。

传统城市化中只追求集聚经济效益的线性产业布局，但目前城乡发展已从线性因果发展理念转变为城乡网络化协调发展理念，城乡规划理念也已从关注"空间变化过程"和"空间集聚过程"转到关注"空间关联过程"和"空间重组过程"（图2-3）。因此，城乡统筹发展是在承认非均衡发展规律的同时谋求城乡协调发展，改善城乡发展中的空间结构关系，重视调控城乡发展的协同关系，使人们增强城乡网络化发展意识[86]。而城乡网络化，作为一种发展观念和发展模式，是将小城镇与农村地区结合起来，在尊重城乡经济发展差别性和互补性规律的基础上，以求实现开放性、协同性、关联性和整体优化的网络型发展格局。其实施途径就是城乡之间均由不同容量、便捷的现代化交通、通信等设施连接在一起，形成和谐的网络型城乡复合系统，使城乡居民在这个系统中共享现代文明[74]。由此可见，城乡网络化发展能促进城乡协调发展，因此它被视为一个地区城乡有序化发展的前提条件，也被作为指导城乡统筹发展全过程的基本模式。

城乡网络化旨在使一定地域内的城乡之间的网络设施完备、组织服务功能完善、要素流转通畅，城、镇、乡、村网络系统共长共生，并最终实现城乡一体化[74]。由于大量的网络关联作用，城乡间相辅相成的关系就会日益加深。网络一般由节点、轴线和域面三部分构成。在城乡网络系统构成里，节点是指村镇；轴线是指能产生各种联系的通道，如客运交通线路等，在一个健全的网络，没有轴线的联系功能（包括物质联系、服务联系、技术联系等），就不能实现城乡之间的物流、人流、信息流的相互交往，也就不能形成相互间的经济社会联系；域面是指匀质区的乡村地区。城乡网络化发展，就是这些网络系统生成、发展、完善与优化的演进过程。该模式既从理论上合乎逻辑地得出网络化发展规律，也为城乡协调发展指明了一条具体的操作途径。另外，要发挥网络的功能，必须提高节点的位势和扩张力以及可达性，从而产生经济势形成经济能，大力发展小城镇和乡村城市化，提高域面的承接能力、消化能力和反馈能力，促进城乡更好地融合。

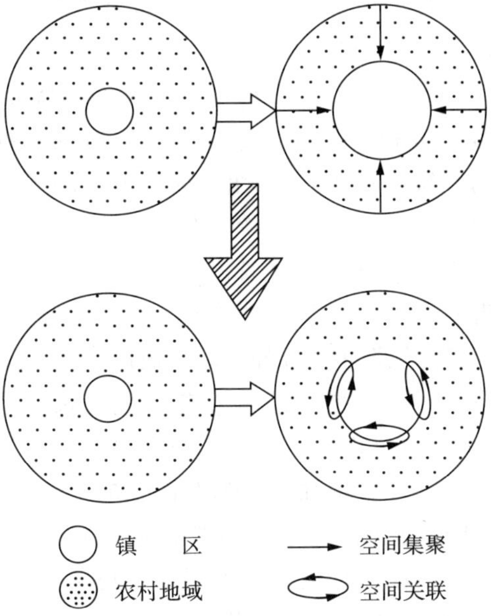

图 2-3　城乡发展模式演变图

2.2　道路客运与城乡发展的互动关系

城乡统筹发展、城乡网络化发展的本质在于加强城乡之间的联系。统筹城乡发展，有良好的交通支撑至关重要，尤其是道路客运。我国近 80%的人口在农村，随着农村人口生活的日益改善，对旅行的需求量将继续大幅度增长[87]。2008 年，全国道路客运量 268 亿人次，其中 60%属于农村客运量，并且随着城市化、城乡一体化进程的加快，城乡居民的交往日益增多，城乡客运将会更快发展，农村公路客运服务当然也亟待改善[66]。

城乡统筹发展是一项宏伟的系统工程，其中包括城乡之间、农村内部道路客运交通系统的协调发展。我国城乡发展严重失衡集中表现为明显的“二元”特征，道路客运交通也不例外，政府对城市客运服务提供了大量补贴和支持，而对农村客运服务照顾的很少，“一品两制”政策长期存在，这样必然造成城乡客运系统发展差距越来越大，市民与农民所得到的客运服务差距也越来越大，严重阻碍城乡协调发展。因此必须从系统的角度思考道路客运与城乡发展的互动关系。若能识别出这种互动关系，就可对农村道路客运服务进行持久的改善。那么如何搞清这种互动关系便是问题的关键所在，本文将运用系统思考法来分析研究。

系统思考是一个整体性的方法，能看出经常重复发生的各种复杂现象背后的结构形态，而系统基模是学习如何看见这一结构形态的关键所在。系统思考法就是应用系统基模来解决问题的[88-89]。系统基模是美国当代杰出管理大师彼得·圣吉创建的一种系统思考语言和系统分析工具[90-91]。所谓系统基模（Archtype），就是用来阐释相似问题的系统关系图，是一个系统的基础模型，它帮助观察行为和行动将如何影响到系统内的不同要素。系统基模的目的是重新调整认知，以便更能看清结构的运作和结构中的杠杆点。系统基模包括“成长上限”“舍本逐末”“目标侵蚀”“恶性竞争”“富者愈富”“共同悲剧”“饮鸩止渴”“成长与投资不足”等。所有基模都是由增强环路、调节环路与时间滞延所组成的[88,92-93]。

增强环路：类似雪球效应，它指的是两个变量之间的变动呈同方向变动，互相之间的影响可以是正面的，也可以是负面的。正面是指同时增强，而负面则是指同时减弱。用“＋”来表示。每一个增强环路都有潜在的上限。

调节环路：即平衡环路，类似天平秤的效应。它是指两个变量之间呈反方向运动，是一种反复调节的反馈，能够促使系统趋向自我稳定。用“—”来表示。

时间滞延：类似于一种缓冲器。它是指结果与行动之间有时间差距，往往会引起不稳定与运作失调。用“‖”来表示。因此不能以静态的观点来处理问题，而应该特别注重所处环境及组织内部所有事物的动态变化。

本文运用系统基模的理论来分析道路客运与城乡发展的互动关系。在此，可将农村道路客运、城市道路客运视为共处于整个城乡大系统之中的两个子系统，子系统内部各要素相互作用，两个子系统也相互作用，共同推进城乡大系统的有序运行和协调发展。接下来绘制城乡关系发展各阶段的道路客运系统与城乡系统关系图，这对分析道路客运与城乡发展的互动关系很有启发意义。

目前，我国仍处于城乡二元经济结构阶段，“城市偏向”政策依然存在，城乡客运服务投入资源量明显不均衡，导致城乡客运服务水平差距越来越大，符合“富者愈富”基模结构（图 2－4）。

实际上，运输在国民经济中的作用已普遍得到世界各国的重视，各国均认可运输业是社会经济发展的一个基础性和先导性产业。尤其是道路客运，它是整个客运体系的重要组成部分，在提高人民生活质量、增进人员交往、沟通区域间的联系与合作、促进地区经济发展等方面发挥着越来越重要的作用。因此，道路客运能引导发展。一个地区的道路客运服务水平的高低会直接影响到该地区的经济社会发展水平。由于我国向城市投入的客运公共服务的资源较多，使得城市公共客运的服务水平较高，这能很好地提升城市管理和运行效率，促进城市快速发展。相反，在我国农村地区，由于道路等基础设施的投入不足，限制了道路客运的发展，尤其是实行城乡有别的道路客运行业管理政策，致使农村客运税费偏多，运行成本相比更高。农民出行难、出行成本高等问题一直很难解决，导致农村管理及运行效率低下，农村发展缓慢，如图 2－5 所示。

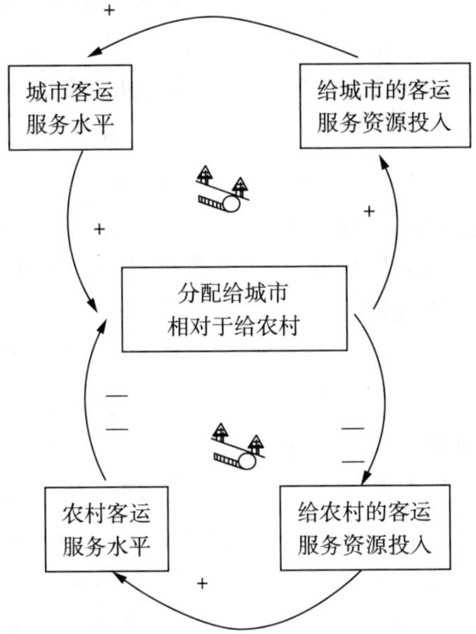

图 2－4　城乡道路客运服务富者愈富（不均衡发展）基模结构

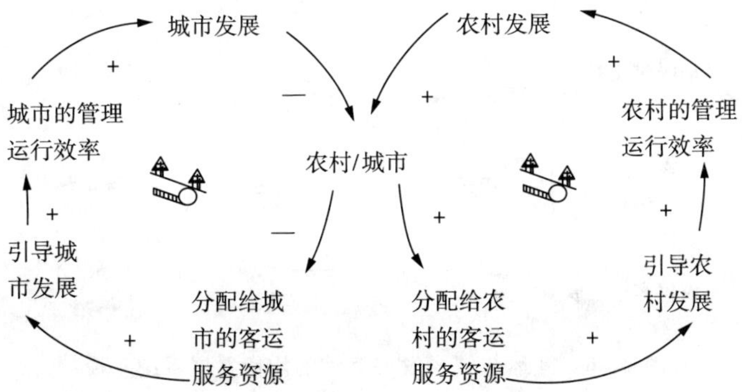

图 2－5　道路客运与城乡差距关系的富者愈富基模结构

据图 2－5 所示，在我国，由于历史的原因，再加上城市具有良好的经济基础，享受不少的国家公共交通发展的政策优惠与资金扶持，因而城市道路客运获得了优先发展的良好机会，城市运行效率比农村高，城市相对农村来说发展就会较好些，于是城市便会占有较多的优势去争取更多的资源，无意中形成了一个“增强环路”，城市发展越来越好；而农村却陷入资源不断被挤占，发展也越来越慢的反方向的“增强环路”，最终造成城乡发展不均衡、不协调的局面，严重影响城乡关系的和谐发展。在富者愈富基模中，城乡分别形成两个增强环路：城市增强环使城市飞速发展，而农村增强环却加剧了农村的贫困。然而，在“城市偏向”的政策偏好下，城市发展与城市客运形成了增强回路，会在早一段时期内加速成长，那么在实际情况中城市以及城市客运的发展能否在增强环路中不断加强？其增量是否会不断增加？其实不然，任何一种成长都有停止，即存在“成长上限”。这是因为，城市增强环路产生的快速成长，却在不知不觉中触动了一个抑制成长的调节环路（由于农村落后、资源限制等）开始运作，使成长减缓、停顿，甚至停止。因此，要统筹城乡发展，就需要扶持农村公路客运系统发展，合理配置城乡客运资源，缩小城乡公共客运服务的差距，实现城乡客运网络化和城乡客运服务均等化，以此带动农村经济社会发展，促进城乡关系和谐发展。

目前随着现代化建设的推进，一方面，乡村人口的非农化和乡村地域向综合化方向发展，这种动态的、不断演进的变化使得乡村与城市之间的界限越来越模糊；另一方面，随着城市化战略的快速推进，城市与乡村之间的关联性日趋增强，有大量的乡村农民涌入城市里，乡村里也有越来越多的城市生活方式和生产活动。因此，城乡之间的交往、沟通很频繁，城乡客运服务应通过城乡统筹均衡发展，反过来经过一定时间（客运发展与城乡发展之间会存在一定的时滞，但很快会趋向一致）的客运引导发展后也能更好地推动城乡统筹，促进城乡相互融合。这就在城乡统筹的导向下，形成城市和乡村两边都是正面的“增强环路”，最终达到城乡均衡和谐发展的目的（图 2－6）。

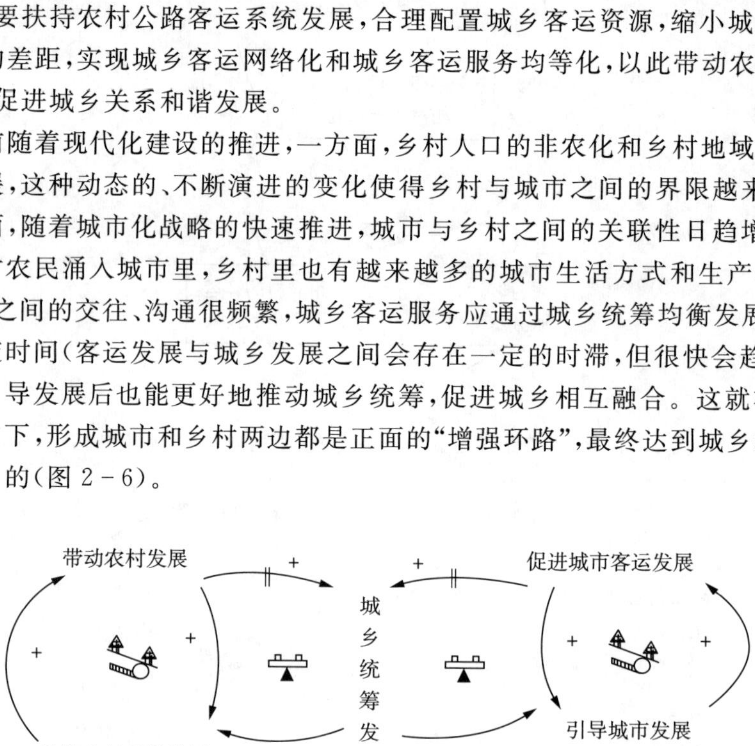

图 2－6　客运与城乡发展互动的均衡发展系统基模

2.3　我国城乡二元体制下的城乡道路客运基本服务差异分析

我国城乡二元结构体制长期存在，在这种历史原因的影响下，政府在提供客运服务方面对城乡长期实行了分而治之的政策。近些年来，随着城乡差距的增大，我国客运公共服务在城乡之间的差异也呈扩大之势。“衣、食、住、行”是人类生存最基本的条件，客运就是为出行提供基本服务。目前，在财政实践中提出了一个基本公共服务均等化的概念，它要求政府为全体国民提供最起码的基本均等化的公共服务[94-97]。均等化程度的不同，必然导致城乡客运基本公共服务水平之间存在着差异，本书就城乡客运基本公共服务水平差异性做相关的分析，并通过建立合理的数学模型来对服务指标和均等化程度进行评价。

2.3.1　城乡客运基本公共服务水平差异成因分析

城乡客运基本公共服务是政府向社会公众必须提供的最基本的公共客运服务，客运基本公共服务应由公共财政承担，由政府负责提供，应由全社会普遍分享，惠及全体人民。城乡客运基本公共服务均等化是指政府要为社会公众提供基本的、在不同阶段有着不同标准的、最终会大致均等的基本公共服务，但不是简单意义上的平均主义[96]。然而，目前受各区域内城乡政治、文化、经济、社会、生态等因素的发展水平不同以及城乡客运建设、管理体制的二元化等因素的制约，导致城乡客运基本公共服务均等化程度的不同，从而使得两者之间存在着很大的差异。

2.3.2　城乡客运基本服务水平的差异表现

在道路交通城乡二元管理体制下，城市公共交通与乡村客运形成了两套法规政策、服务于两大群体的两个相对独立的市场体系。这种格局，在农村经济社会落后、农民客运需求不多的情况下还能基本满足需要。但随着近些年来国家出台很多有关惠农的政策，推动了农村的发展，尤其是城乡统筹发展战略的实施，促进了城乡之间人员、信息等要素的流通，农村客运需求也就随之增长。但由于受农村道路条件和经济发展水平等因素的制约，农村客运服务水平还很低，与机动化进程日益加快的城市公共客运交通还存在着相当大的差距，农民出行不方便问题已日益突出。目前，城乡客运服务差异主要表现在以下几个方面：

1. 客运基础设施建设方面

(1)城市公共交通

中华人民共和国建设部 2006 年 288 号文提出：“城市公交是与人民群众

生产生活息息相关的重要基础设施，是关系国计民生的社会公益性事业。城市公交投入要以政府投入为主，城市公交要纳入公共财政体系，建立健全城市公交投入、补贴和补偿机制，统筹安排，重点扶持。"可见城市公共交通是一种公益性的事业，其基础设施的建设、养护管理以及运营管理都被纳入了公共财政体系。

(2)农村客运交通

2008年中华人民共和国国务院办公厅11号文指出："各地区要对从事农村客运服务以及岛屿、库区、湖区等乡镇渡口和客运经营服务等方便农民出行的运输行业，比照城市公交客运政策，给予政策扶持。"但由于管理体制的分割，大部分地方城区公共交通由建设部门管理，农村客运则由交通部门管理，造成大部分城市交通重大项目主管部门甚至认为城市财政资金只能支持建设部门申报的城区交通建设项目，而一般不安排交通部门申报的有关本市公路水路建设或运输项目。经有关部门调查，目前乡村公路建设资金的筹集是由交通部门补助一部分(每公里补助10万元左右)，当地政府筹集一部分，乡村的村民筹集其余的一部分，农村公路地方投入有的仅占投资总量的5%～10%。农村客运场站基木上集中在乡镇中心，村庄里很少有客运站，沿途有一些招手站也是极其简陋，几乎是插上一块站牌了事，政府投入相对较少，交通部门对农村站场建设投资只补贴40%左右。这样，农村居民和农村客运经营者在客运基础设施建设时期就需要负担一部分资金投入。相较城市居民来说，乡村居民使用道路资源的成本大为提高。表2-2为城乡客运交通基础设施建设资金来源渠道情况。

表2-2　客运基础设施建设资金来源渠道

分类＼资金来源	交通部门承担	当地政府承担	经营者	当地居民捐资
城市公共交通	基本没有	全部或大部分	基本没有	无
乡村客运交通	部分	部分	部分	部分

2. 客运车辆配置方面

(1)城市公共交通客运车辆配置

公共交通车型选择基本上综合考虑了城市的经济发展水平和居民的消费水平。城市公共交通车辆种类繁多，不同的交通方式有不同的车辆形式。同种交通方式中车辆形式也有多种选择。根据《营运客车类型划分及等级评定》，城市公交车辆运营车辆可以分为大型客车(>9m)、中型客车(6～9m)和小型客车(≤6m)三种。车型中还有豪华和普通之分，电车有铰接车和单车之分。

城市公共交通车辆均为政府财政出钱或者财政出一部分补贴，车辆上牌照时，车辆购置附加费、车船使用税享受免缴或优惠政策，并且城市公共交通还有不少的运行补贴。

(2)农村客运车辆配置

县至乡镇、乡镇至乡镇的主干线农村客运线路上营运车辆基本车型为19座以上的中型客车，在平日运力已经能够满足运量的需要。而乡镇至行政村、行政村至行政村之间的支线农村客运线路，受农村道路等级、路面宽度和线路几何条件等限制，基本上都是11座以下的车辆，更多的是一些非正规营运的车辆，如三轮车、摩托车等，同时农用车载客的现象也是屡见不鲜。这些营运车辆都是经营公司或者车主出资购置，很少享受优惠政策，只有正规的乡村客运车辆能享受政府很少的运行补贴。为了维持正常运行，乡村客运企业必然会把这些费用分摊在乘客身上，这也就加重了乡村居民的出行负担。表2-3比较了城乡客运车辆配置情况。

表2-3　城乡客运车辆配置情况表

分类＼项目	车型	车内配置	车辆新度系数	正规营运比率
城市公共交通	大型、中型、小型	好	0.9	0.99
乡村客运交通	中型、小型、非正规	较差	0.5	0.11

注：数据来源于相关统计网站。

3. 客运线路覆盖方面

(1)城市公交线网覆盖情况

根据《城市道路交通规划设计规范》中的规定，在城市市中心区规划的公交线路网的密度，应达到3～4km/km²；在城市边缘地区应达到2～2.5km/km²，500m半径公交站点覆盖率均要求在90%以上，300m半径公交站点覆盖率均要求在50%以上，现在大部分城市的中心城区公交线网指标基本上接近或超过规范要求，而且公交线路编织成网，换乘方便，基本满足城区市民公交出行需求，当然也还有一些需要进一步改善的地方。表2-4是国内一些城市的城市公交线网覆盖情况。

表2-4　国内部分城市公交线网覆盖情况

城市	北京	上海	大连	沈阳	宁波	太原	廊坊
线路网密度(km/km²)	4.4	6.07	4.54	5.68	5.88	2.94	5.95
公交站300m覆盖率(%)	75	83	66	80	72	56	79

(2)农村客运线网覆盖情况

由于城乡地理位置的不同,经济发展水平以及政府在城乡建设投资方面均等化程度的不同,在道路基础设施建设方面也有很大差异。目前我国农村各地都在加快农村公路网的建设步伐,农村客运网络也得到了进一步的调整与完善,改善了农村客运基础条件,提高了农村客运覆盖面和通达深度,在某种程度上解决了农民的出行问题。但农村公路网络还没有完全形成,目前还只是以城镇为中心向乡村辐射,村与村之间的衔接不够方便,连通性不强。农村公路线网密度小,绝大部分农村地区公路网密度不超过 $50km/100km^2$,而且大部分农村公路的等级低甚至有些不够等级的简易公路,其中等外公路要占到 30%左右,路面质量差,特别是边远山区的路况更差,很难实现村村通客运的目标,导致农民乘车难,阻碍了农村经济的发展。农村公路客运线路也是以乡镇为中心向外辐射为主,很少形成网络化的客运体系。具体城乡客运线网现状模式比较见图 2-7。

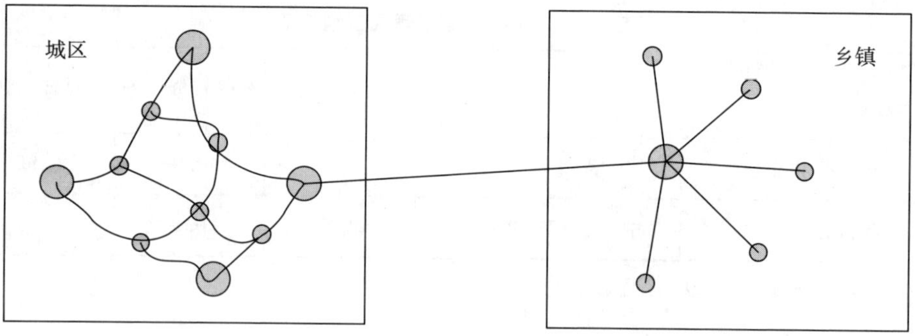

图 2-7 城乡客运线网现状模式比较

4. 客运安全性方面

近年以来发生的交通事故中,无论是事故次数,还是死亡人数、受伤人数,农村人口都高居榜首,其中农用车违法载客、摩托车无证驾驶是最普遍的现象。诱导交通事故发生的因素是多方面的,受行车速度、道路条件、车辆状况、驾驶员行为和社会及交通环境等因素的综合影响。

(1)城市公共交通安全性分析

① 人

为了保证城市公共交通运输生产和运输质量,城市公共交通驾驶员都必须经过严格的技术培训和考核、安全及法律法规教育,以便能保证驾驶员的技术理论和实际操作水平,增强驾驶员的责任感,确保城市公共交通的安全性。驾驶员一般都是轮流值班,站内还可休息并且线路运行时间不长,这就大大降低了疲劳驾驶的可能性。而且驾驶员在遇到突发事件时有较强的心理素质及应变能力，一旦发生交通事故时，会尽量把损失降到最低程度。另外作为交通参与者的另一个群体——乘客，基本上也都通过各种途径接受过不同程度的交通安全教育，有很强的交通安全意识。

② 车

城市公共交通非正规营运者比例极小，用于公共交通的车辆均是由政府出全资或部分资金购置，所以车辆性能都能够得到保障。随着政府对城市公共交通投入力度的加大，各地公共交通车辆配置方面也得到了很大的改善，相应的车辆更新的速度也随之加快，除一些欠发达城市外，大部分城市公交车辆都得到有效的更新。政府及公共交通运营企业在车辆养护方面的投入力度也在不断加大，定期对营运车辆进行检测、养护、维修、管理，消除了安全隐患，大大降低了安全事故发生的可能性。

③ 路

城市道路交通安全设施以及交通信号设施建设基本上与道路建设同步进行，交通运行能够实现不同车辆及人群的时空分离，降低了交通事故发生的概率。同时城市道路路面标准化比例以及路面实施路灯照明比例也在不断提高，城市中85%以上的道路都实现了路灯照明，各城市也在积极倡导并实施优先发展公共交通的策略，开辟公交专用道以及快速公交 BRT。这使路况变好，也给公交运行提供了良好的运行环境，减少了公共交通与其他交通方式之间冲突的可能性，提高了公共交通的行车安全性。遇到特殊天气时，交通主管部门会迅速采取相应措施，确保公共交通正常安全运行。

(2)农村客运交通安全性分析

随着我国农村经济的迅猛发展，乡村公路不断扩建与延伸，同时乡村客运需求也在不断增长，农民出行频率也随之提高，由于运力与运量的严重不平衡，使得乡村客运方式变得更加复杂，农村客运安全问题也逐渐显现出来。从近几年道路交通事故发生的情况来看，农村道路交通事故占总道路交通事故比例越来越大，农村客运交通安全问题不容乐观。

① 人

农村客运交通方式比较复杂，驾驶员技术水平和素质有较大差别。首先是农村客运有一部分驾驶员"半路出家"，刚放下锄头便握着方向盘，无证驾驶现象严重。只有少数驾驶员进行过技术培训和考核及安全教育，有一定的驾驶经验，能在紧急情况下采取相应措施，以避免造成过多人员伤亡。但大部分的驾驶员都没有经过正规的技术培训，而是通过亲朋好友等人传授的，技术水平可想而知，由于有些驾驶员驾龄比较低，经验不足，在遇到突发情况时，不能采取紧急措施,以致造成严重后果。据有关数据显示,乡村道路交通事故发生的原因,有75%以上的交通事故是因为驾驶员自身因素。而作为交通参与者的另一个群体乘客——道路沿线居民,交通法律法规知识相对匮乏,交通安全意识相对不强,不少村民受传统习惯的影响,不知交通安全设施为何物,有何用途,标志、标线看不懂,对交通安全设施视而不见,不注意避让来往车辆,任意横穿公路,我行我素;甚至有的在公路上打粮晒谷,任意堆放木头、砖石,没有意识到这样做会对行车安全造成严重危害。

② 车

农村客运网络覆盖不全,大多数不能实现“点对点”“门到门”的服务。农村群众出行受到道路条件的限制,出行的交通工具五花八门,农用车、拖拉机、机动三轮车、摩托车等非客运经营车辆普遍存在。在安徽省怀宁县石牌镇调查的农村客运路线上运营的客运车辆总数约为200辆,其中就有156辆三轮车从事客运经营,占客运车辆总数的78%[98]。由于存在大量的非正规客运经营者,农村客运安全得不到应有的保障,拖拉机、低速载货汽车和三轮汽车违法载人交通事故时有发生。这些车辆没有营运资格、无人监管,基本上不经过检审,大多数营运者也不愿意多出资来对车辆进行维修养护,车辆性能比较低下、车辆状况不达标,经常带病上路载客;车辆超员严重[99]。

③ 路

目前我国大部分农村道路等级比较低、路况较差,不够等级的道路占有很大的比例。甚至有些道路设计不合理,公路建设不符合安全标准,交通标志、标线、安全防护设施设置不足,机非混行、人车混行现象非常普遍;夜里路面照明比例较低,道路中桥梁比较多,且多危桥,导致交通安全事故时常发生。由于体制不顺、责任不清、机制不活、投入不足、管理不善等原因,农村群众随意在路边堆放东西,严重影响行车安全,给交通安全埋下隐患。另外农村公路养护经费不足、养护不及时导致路面破损严重,安全性受到严重危害[100-101]。

5. 客运经济性方面

这里所讲的经济性主要是指居民在交通消费方面的支出比重情况。随着国家经济的发展和国民生活水平的提高,交通需求不断增长,人们的交通消费十分旺盛。2005年全国城镇居民家庭平均每人全年交通消费性支出为499.63元,“十五”期间保持了平均45.3%的增速,即交通消费支出比2000年增加了5.35倍。目前国内外对农民交通消费这个问题的研究还处于起步阶段,对城乡居民交通消费进行的对比研究已有一些成果。从农民的消费情况来看,家庭年收入和年家庭交通消费支出之间存在正相关关系,居民家庭年收入越高,交通消费支出越大[102]。

(1)城市居民交通消费

随着城市经济的快速发展以及居民生活水平的提高，城市交通需求也在不断膨胀，居民在交通方面的消费也日益增长。城市公共交通是一项公益性事业，道路基础及配套设施建设均由国家财政负担，城市居民不用出资负担基础设施建设就可享受到交通服务。撇开轨道交通不谈，就大多数城市而言，公共汽车是大部分城市居民代步的工具，在票制票价的制定与管理方面对居民乘坐公交提供了很多优惠便利的条件。据统计显示，目前城市居民乘坐公共交通工具的票价大致在0.06～0.1元/(人·公里)，如果把城市特殊群体乘坐公交车免费以及刷卡优惠政策考虑在内，平均票价还要低。据国家统计局有关资料显示，城市居民在交通方面的年消费支出占人均年消费支出的比重在7.2%左右。

(2)农村居民交通消费

由于农村公路在修建时，农村居民已经拿出一部分资金用于农村公路基础设施的建设，所以农村居民相比城市居民已经多出了一部分支出。由于受到农村道路条件的限制，从事农村客运的车辆多是一些个体经营的三轮车或7座以下的小型巴士(中型巴士占的比例很小)，非正规营运的车辆占有相当大的比例。政府对这些非正规性的营运者没有运行补贴，正规的运营者每年也只有很少的运行补贴，一般每座位每年600～1000元左右。这些营运者为了能够收回成本以及取得更多利润，自然在运营时会把票价定得比较高，比政府制定的正常指导价要高出很多。据调查结果显示，农村客运票价平均为0.4～0.66元/(人·公里)，各地区因经济发展情况不同而有所变化，相比同区域城市内公交票价要高出几倍。由于出行成本太高，抑制了大部分农村居民的出行需求，致使农村居民出行率相对于城市居民要小得多。据广西壮族自治区的调查表明，农村家庭到最近的乡镇年平均出行次数仅为22次，到最近的中心县的出行仅4次，不足一个城市家庭一个月的出行量[3]。农村居民在交通方面的年消费支出占人均年消费支出的比例平均在4.6%左右，但在贫困农村和那些道路通达性较差的地区，这个比例还要高些(数据来源于国家统计局网站)。

6. 客运便捷性方面

乘客乘车的便捷性主要从道路的网络化程度、客运车辆的发车频率、居民的出行时耗以及客运车辆的运行速度等方面来表现。

(1)城市公共交通的便捷性

城市公交网络随着政府优先发展公共交通政策的落实，各地在公共交通硬件投入方面做出了不少努力，公交线路基本上实现上网络化(图2-7)。居民的乘车环境也有了很大的改善，同时也享受着政府的一些优惠政策，公共交通的吸引力随之增高，公共交通的出行比例有所上升。城市公共交通站点300m覆盖率比较高，大都超过 50%，居民步行到站距离短、时间省；发车频率高，乘客等车时间少，这就大大减少了乘客的出行时间，这些因素在一定程度上都反映了公共交通的方便程度，也在一定程度上决定了公共交通的吸引力大小(国内部分城市公交便捷性可以具体通过表 2-5 来反映)。另外，城市公共交通换乘系数一般不超过 1.5，直达性好，出行便捷。

表 2-5　国内部分城市公交方式通勤时耗情况

城市	北京	上海	大连	沈阳	宁波	太原	廊坊
主干道平均车速(km/h)	13.6	15	25.7	21.2	20.6	26.4	32.1
公交平均通行时耗(min)	44.22	46	29.42	41	22.46	28	19.78

(2)农村客运交通的便捷性

受到经济发展水平的限制，乡村道路网密度仍然处于很低的水平，同时农村家庭居住比较分散，乡村客运班线覆盖率有限。由于农村居民的出行次数较城市来说很小，客流较分散，客运经营者为了控制成本，延长了发车间隔，准时性不高，农民群众乘车等候时间比较长，平均等车时间为 30～40 分钟；而且有时候要走很远的路才能到达客运班线经过的线路。另外农村客运线路大多数是以县或乡镇为中心向外辐射，乡与乡、村与村之间很少有直达线(图 2-7)，经常需要换乘。这些说明了目前乡村客运交通的方便性和可达性都比较差，还有待于进一步的提高。

7. 客运舒适性方面

(1)城市公共交通的舒适性

城市公共交通的舒适性主要通过高峰和平峰满载率反映。随着生活水平的提高，人们对公交出行的要求也越高，这就要求车厢内的拥挤不能超过一定限度。有些城市的部分公交线路出现高峰时段车内比较拥挤的现象，但是随着优先发展公交政策的开展，这些线路都将会通过增加客运车辆的投入以及增加发车频率或者通过其他快速公共客运交通方式分流等方法来改变现状。此外，城市公共交通车型配置比较好、驾驶员驾驶技术娴熟、路面质量较高，这也增加了居民乘坐公共交通方式的舒适程度。唯一不足的就是城市道路交叉口比较多，车辆运行过程当中会经常转弯或者停车，降低了乘客的舒适性。

(2)农村客运交通的舒适性

随着农村经济的发展，农民生活的改善，农村居民出行频率的增加，乘客对出行安全性要求增加的同时，也增加了对乘车舒适性的要求，但客运现状已不能满足农村居民日益增长的乘车舒适性的需求。农村客运运力与运量出现了严重的不平衡，由于受利益驱动，农村客运监管难度大，农村客运车辆严重超载，车况老化，车内拥挤不堪。另外，农村道路由于等级不高，甚至很多都是等外道路，养护与管理不到位，路况比较差，车辆在行驶过程中非常颠簸，严重降低了农民出行的舒适程度。从国家规范要求的每平方米容纳人数进行对比分析看，由于城市道路路况较好，而且乘客出行距离不长、车速不快，城市公交每平方米可容纳6～8人，但农村客运由于道路条件状态不稳定，乘客出行距离较长，要求每人都得有座位，但农村客运监管力度不够，经常存在超载现象。另外，由于农村居民出行大部分需要带上很多行李，实际上，这些行李也挤占了乘客的乘车空间，降低了舒适性。

8. 客运政策方面

由于城市公交与农村公路客运在行业管理政策上的差异，致使农村公路客运税费偏多，运行成本相比较高。对合肥农村客运班车中占营运车辆比例最大的19座中巴客车进行测算，每月需缴费用为2537元，合肥市郊县交通部门每年征收农工班车(包括微型面包车)各种费用合计高达4000多万元。作为发达地区浙江省金华市，其农村客运班车(19座)月交费用平均也为1904元，城市公交月交费用平均仅为230元。城区公交享受减免城建维护税的政策并享受财政补贴。高昂的农村公路客运成本必然会转嫁给乘客，导致农村居民出行费用会高出城市居民好几倍(图2-8)。

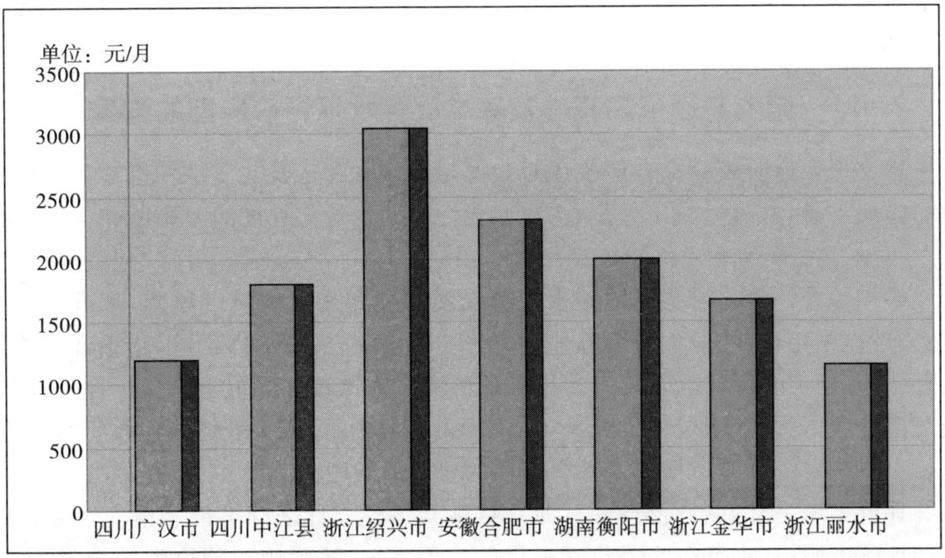

图2-8　部分地市农村公路客运与城市公交税费缴纳差额

2.4 我国城乡道路客运基本服务均等化程度评价

公共服务非均等化导致农村居民无法享受和城市居民均等水平的公共产品和公共服务，因此，城乡客运基本服务之间的差异性主要从公共产品属性和基本服务水平两个方面来进行比较与评价。公共属性主要是从公共部门投资城乡客运基础设施建设力度来比较分析两者之间的差异；而基本服务水平则主要是从城乡客运为乘客提供的客运公共服务情况方面来分析是否均等化。

公共服务均等化是指政府要为社会公众提供基本的、与经济社会发展阶段相适应的、体现公平公正原则的大致均等的公共物品和公共服务。在基本的公共服务领域政府应尽可能地使人们享有同样的权利，尽可能地满足人们的基本物质需求[103]。学者们认为，实行基本公共服务均等化是体现以人为本和弥补市场公共品供给失灵的重要制度安排[104]。城乡非均等化的公共服务是城乡差距扩大的重要因素。公共需求的快速增长与公共服务的不到位和公共产品的严重短缺在农村尤为凸显，这一点同样表现在客运服务领域[105-106]。因此，有必要对现有的客运基本服务均等化程度进行分析评价，为寻找缩小它们之间的差异、实行均等化的策略和措施提供依据。以往对城乡客运基本服务之间的差异性基本上是定性分析，差异到底有多大，很少有人做定量研究。本书将探讨选用合适的评价模型对此做定量分析和评价。

2.4.1 城乡客运公共属性及基本服务水平评价模型的构建

本文选用递阶模糊综合评价法对我国目前城乡客运公共属性和基本服务水平进行定量评价，并通过对比分析，找出两者之间的均等化程度的差距所在。

1. 递阶模糊综合评价法的原理

模糊综合评价方法是一种基于模糊变换原理和最大隶属度原则，来分析和评价具有“模糊特性”的对象的系统分析方法。模糊综合评价可以分单指标和多指标两种情形，但大多数情况下用于多指标评价情形的比较多。对于多指标评价，问题要复杂一些，因为对于被评价方案，从不同的指标着眼可以得到明显不同的结论，这就存在确定一个各单指标对综合目标的权重的问题[107]。

评价系统是具有层次结构的，即总目标与评价指标之间可能相隔有一层或多层的评价准则层，本节在此要建立三层的评价系统，故采用递阶模糊综合评价法。其原理与模糊综合评价法基本相似，但相对要复杂一些[107]。

设综合目标：

$$\mathbf{V}=(V_1, V_2, \cdots, V_n)$$

首先对评价 **V** 中的单指标 $V_i(i=1,2,\cdots,n)$ 做单指标评价，从指标 V_i 着眼确定被评价方案对评价等级 $U_j(j=1,2,\cdots,n)$ 的隶属度 i_{ij}，这样就可以得出第 i 个指标 V_i 的单指标隶属度向量：

$$\boldsymbol{H}_i=(h_{i1}, h_{i2}, \cdots, h_{im}) \tag{2-1}$$

用 n 个评价指标的隶属度向量构造出一个隶属度矩阵 H：

$$\boldsymbol{H}=\begin{bmatrix}\boldsymbol{H}_1\\ \boldsymbol{H}_2\\ \boldsymbol{H}_3\\ \boldsymbol{H}_4\end{bmatrix}=\begin{bmatrix}h_{11} & h_{12} & \cdots & h_{1m}\\ h_{21} & h_{22} & \cdots & h_{2m}\\ \vdots & \vdots & \vdots & \vdots\\ h_{n1} & h_{n2} & \cdots & h_{nm}\end{bmatrix} \tag{2-2}$$

设指标向量的权重向量为 $\boldsymbol{F}=(f_1, f_2, \cdots, f_n)$。权重向量的确定可以采用两种方法，即层次分析法和专家调查法。

(1)层次分析法

在层次分析法中，首先针对准则 C_k 而言，对指标层内各指标相对重要程度进行比较(表 2-6)，构建两两比较判断矩阵 **D**，指标用 $D_{ki}(i=1,2,\cdots n)$表示：

$$\mathbf{D}=(d_{ij})_{n\times n} \tag{2-3}$$

判断比较矩阵具有以下性质：

$$① \ d_{ij}>0$$

$$② \ d_{ij}=1/d_{ji}$$

$$③ \ d_{ii}=1 \tag{2-4}$$

表 2-6　各指标重要度比较表

标度值	表示两个元素相比，一个元素比另外一个元素的重要程度
1	同等重要
3	稍微重要
5	明显重要
7	强烈重要
9	极端重要
2,4,6,8	为上述相邻判断的中值

对权重计算的有效性需要进行一致性检验。即比较矩阵必须满足下式：

$$d_{ij}=d_{ik}\cdot d_{kj}$$

对 n 阶比较矩阵，其最大特征根 $\lambda_{\max}\geqslant n$，当矩阵具有一致性时，$\lambda_{\max}=n$，为检验比较矩阵的近似一致性，需计算一致性指标 CI。

$$CI=(\lambda_{\max}-n)/(n-1) \tag{2-5}$$

当矩阵具有一致性时，$CI=0$。另外还要计算一致性比例 CR。

$$CI=CI/RI$$

当 $CR<0.1$，判断矩阵的一致性一般是可以接受的。其中，RI 为平均随机一致性指标，下表列出了 1～15 阶比较矩阵重复计算 1000 次所得到的平均随机一致性指标。

表 2-7　*RI* 的取值

维数 n	1	2	3	4	5	6	7	8	9	10
RI	0	0	0.58	0.90	1.12	1.24	1.32	1.41	1.45	1.49

判断矩阵建立以后，就可计算指标的权重。设权向量为 $F=(f_1,f_2,\cdots,f_n)^{\mathrm{T}}$，求判断矩阵 $\boldsymbol{D}$ 的最大特征根C_1,C_2,C_3,C_4。特征根满足：

$$\boldsymbol{DF}=\lambda_{\max}\boldsymbol{F} \tag{2-6}$$

可以证明，$\lambda_{\max}$ 存在且唯一，$\boldsymbol{F}$ 由正分量组成，除了差一个常数倍数以外，$\boldsymbol{F}$ 也是唯一的，即对 $\boldsymbol{F}$ 进行归一化后，它是唯一的。令

$$\boldsymbol{F}'=\left(f_i/\sum_i f_i,\quad\cdots\quad,f_n/\sum_i f_i\right) \tag{2-7}$$

$\boldsymbol{F}'$ 就是$\boldsymbol{F}$ 的归一化权向量，故 $\boldsymbol{F}'$ 是唯一的。它就是所要求的各指标相对于准则 C_k 的权向量[107]-[109]。

(2) 专家调查法

请若干专家，让他们独立评定各指标相对于综合目标的权重，将指标 V_i 所得的权重求平均值，设为 $d_{i,}$，d_i 就是指标 V_i 对综合目标的权重，向量 $\boldsymbol{D}=(d_1,d_2,\cdots,d_n)$ 就是要求的权重向量[107]。

隶属度矩阵 $\boldsymbol{H}$ 是综合目标 $\boldsymbol{V}$ 到评价论域 U 的一个映射。当权重向量 $\boldsymbol{F}$ 已知时，作映射得出方案关于综合目标 $\boldsymbol{V}$ 的隶属度向量 $\boldsymbol{B}$。注意，$\boldsymbol{B}$ 中各元素 b_j 是 $\boldsymbol{F}$ 与 $\boldsymbol{H}$ 进行广义模糊合成运算的结果。

$$\boldsymbol{B}=(b_1,\quad b_2,\quad \cdots,\quad b_m)=\boldsymbol{F}\cdot\boldsymbol{H}=(f_1,f_2,\cdots,f_n)\cdot\begin{bmatrix} h_{11} & h_{12} & \cdots & h_{1m} \\ h_{21} & h_{22} & \cdots & h_{2m} \\ \cdots & \cdots & \cdots & \cdots \\ h_{n1} & h_{n2} & \cdots & h_{nm} \end{bmatrix} \tag{2-8}$$

最后，将 $\boldsymbol{B}$ 与评价向量 $\boldsymbol{U}$ 的转置向量相乘，即：

$$\boldsymbol{W}=\boldsymbol{B}\cdot\boldsymbol{U}^{\mathrm{T}} \tag{2-9}$$

其结果 $\boldsymbol{W}$ 就是该系统的模糊评价结果[107,109]。

2. 递阶模糊综合评价方法的步骤[107]

(1) 定义数值化的评价向量 $\boldsymbol{U}$；

(2) 构造(总目标 — 准则 — 指标)评价指标体系，设共有 k 个准则：$V_1,\cdots,V_k$，其中第 t 个准则 $\boldsymbol{V}_t$ 含有指标：$V_{t1},V_{t2},\cdots,V_{tn}$；

(3) 确定底层指标相对于准则的权重向量 $\boldsymbol{F}_t(t=1,2,\cdots,k)$ 和各准则相对于总目标的权重向量 $\boldsymbol{F}$；

(4) 对一个待评价的系统确定它关于每个指标的隶属度向量 $\boldsymbol{H}_{tj}(t=1,\cdots,k,j=1,\cdots,n_t)$

(5) 对每一个准则，由其所属的各指标的模糊向量隶属度向量构造其隶属度矩阵：

$\boldsymbol{H}_1=[\boldsymbol{H}_{t1},\boldsymbol{H}_{t2},\cdots,\boldsymbol{H}_{tn}]^{\mathrm{T}}(t=1,2,\cdots,k)$，并求该系统关于各准则的隶属度向量 $\boldsymbol{B}_t=\boldsymbol{F}_t\cdot\boldsymbol{H}_t$；

(6) 由 B_t 构造各准则关于总目标的隶属度矩阵：$\boldsymbol{H}=[B_1,B_2,\cdots,B_K]^T$，并求该系统关于总目标的隶属度向量 $\boldsymbol{B}=\boldsymbol{F}\cdot\boldsymbol{H}$；

(7) 最后，求该系统的模糊综合评价值：$\boldsymbol{W}=\boldsymbol{B}\cdot\boldsymbol{U}^{\mathrm{T}}$。

2.4.2　城乡客运公共属性及基本服务水平评价指标体系的构建

1. 评价指标体系的建立原则

城乡客运公共属性及基本服务水平评价指标体系的建立要遵循以下原则。

(1)科学性原则：指标体系建立在科学基础上，指标概念明确，并且有一定科学内涵，能够反映城市公共交通与农村公路客运交通公共属性以及城乡客运基本服务水平的差异程度。

(2)全面性原则：单一指标只能从某一个侧面反映评价对象的性能，而不能反映系统的整体性能，而一个系统评价指标体系就应该力求包括所有各方面的评价指标,以全面地反映评价对象的性能。具有较强的全面性和较广的覆盖面,包括大量的信息量。

(3)简明性原则:选择的指标简单明了,并具有代表性,能准确清楚地反映问题。

(4)系统性原则:将道路客运交通系统作为一个整体,通过所设计的指标体系,系统地反映现象中的内在本质。

(5)可比性原则:要求指标以及数据的选取和计算过程要尽量采取比较通行的口径。

(6)可操作性原则:在城乡客运发展均等化基本内涵的前提下,选取的指标应尽可能少,并避免含义相同或相近的指标重复出现,保存各指标间的独立性;同时做到使指标的含义明确,有一定的现实统计作为基础,可以对数据进行计算分析。

2. 城乡客运服务公共属性评价指标体系的建立

根据古典经济学的公共产品理论,产品可分为两大类:公共产品和私人产品。这种分类是根据产品的消费方式,即根据产品消费的排他性和竞争性的有无来划分的。但现实生活中存在大量处于公共产品和私人产品之间的产品,即准公共产品。周天勇、张弥在《现代公共财政与税收学》一书中也对产品分类进行了研究。他们指出,产品按其性质来分类,可以分为公共产品、准公共产品和私人产品。公共产品是具有非排他性和非竞争性特点的产品,但事实上并非所有的公共产品都具有这两个特点。在这类准公共产品中,有的产品的直接消费收益具有私人性,但同时也使他人或社会受益;有的在消费上不具有竞争性,但具有排他性[110]。

由此可见,公共服务也可以看作是一种产品,它按照产品性质可以分为公共产品、准公共产品和私人产品,其主要的区别在于政府对产品的投入所占的比重大小。城乡客运服务从某种意义上说应该是政府向社会提供的一项最基本的公共服务,应属于公共产品。但是在道路交通城乡二元管理体制下,城市公共交通与乡村客运形成了两套法规政策、分别服务于两大群体的两个相对独立的市场体系,对城乡客运服务投入的力度有所偏差,导致城乡客运服务均等化程度不同,所以目前我国城乡客运服务水平存在很大差异。如今我国城市公共交通设施已属于公共产品范围,农村公路客运服务也是满足农村社会公共消费需要的产品,然而它的投资主体又不是政府,因此在此应分析农村公路客运是属于哪一类产品,以及城乡客运公共属性的差异程度。

建立一套层次清晰、关系合理的指标体系,是保证系统评价成功的前提。城乡客运公共属性主要是从政府投资所占比重的大小来体现,但具有外部效应的产品也不应由政府财政全部包揽下来,而应采取政府提供与市场提供相结合的方式,这样会更有利于这类公共产品的有效提供[110]。当前现实而可行的做法是,以政府供给为主，逐步建立起其他供给主体共同参与的“一主多元”的公共产品或服务体制[111]。因此，本书主要是从政府直接投资、政府间接投资、客运经营者提供以及乘客自身承担四个方面分别选定评价指标，对城市公共交通以及农村公路客运交通的公共属性进行评价。见图 2-9。

下面分别介绍四个方面所包括的指标的情况。

(1)政府直接投资方面

政府直接投资这个子系统主要通过道路及场站基建投资率、道路养护率、道路照明率、交通安全设施设置率以及路面硬化率这几个指标来反映。

道路及场站基建投资率：反映政府在道路及场站规划、建设时资金直接投入的力度大小。

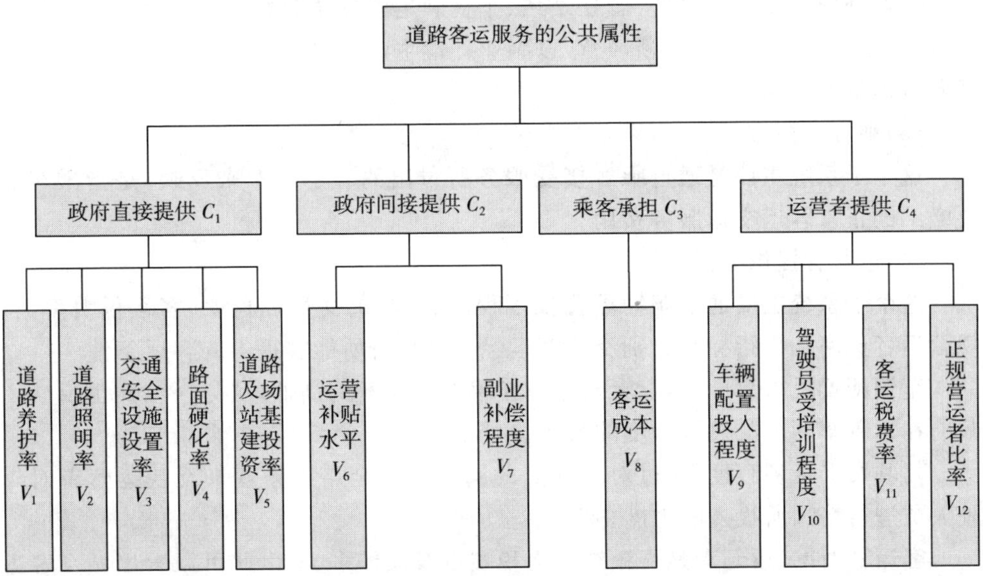

图 2-9 城乡客运公共服务的公共属性指标体系

道路养护率：道路养护是指为了延长路面寿命、提高路面性能、减少行车延误、确保养护措施的效益成本比而对现有道路进行的养护投资和养护活动，使之能为道路使用者提供更好的服务。养护率的大小反映道路投入使用后政府在道路实行后期养护管理方面投资力度的大小[100,112]。

道路照明率：道路照明是为了使各种车辆的驾驶者在夜间行驶时能辨认出道路上的各种情况，且不感到过分疲劳，以保证行车安全。此项指标主要是从道路照明设施设置的情况来反映政府在这方面的投资情况。

交通安全设施设置率：为了防止交通事故，保证交通顺畅，确保路面行车安全，全面发挥道路的功能,必须设置交通安全设施。交通安全设施一般情况下都是在道路投入使用前就应该设置完毕,但是有些农村公路因为建设资金不足,道路安全设施设置率就相对比较低。

路面硬化率:道路路面硬化率,就是道路路面中已硬化面积与总面积之比。硬化路面就是在已经形成的道路路面上面覆盖硬化层,如沥青、混凝土等。

(2)政府间接提供方面

政府间接提供这个子系统主要是通过运营补贴和副业补偿情况来反映的,它们不是从道路建设方面直接投资而是在运营期间给予使用者一些优惠条件。

运营补贴水平:这个指标主要是对交通客运经营者提供的优惠等补贴水平,减轻经营者的运营负担。

副业补偿程度:客运经营者在站场、车辆满足服务功能的基础上许可进行综合开发的程度,政府允许其垄断经营,以副业补偿主业,比如车身广告等,反映政府对经营者提供的优惠政策。

(3)乘客承担方面

这个子系统主要是通过乘客接受服务所付出的客运成本来反映,是指乘客需要缴纳的正常客运交通服务费用。

(4)运营者提供方面

这个子系统主要通过车辆配置投入程度、驾驶员受培训程度、客运税费率、正规营运者比率几个指标来分别反映客运经营者自身所能够提供的客运条件。

车辆配置投入程度:运营者对运营车辆投资份额的高低,从另一方面也反映了政府在运营车辆上的投资力度的大小。

驾驶员受培训程度:通过对驾驶员的岗位及安全培训频度来反映运营者对驾驶人员进行培训所投入的力度。

客运税费率:运营者是否缴纳客运税费以及缴纳多少,以此可以看出城乡客运经营者在从事客运活动时所要支出的额外费用多少方面的差别。

正规营运者比率:反映运营者提供正规客运服务的水平,正规营运者的比率越高,提供正规客运服务的水平就越高,反之就越低。

3. 城乡客运交通基本服务水平评价指标体系的建立

城乡客运交通基本服务水平的高低决定着它们是否满足人们出行需求,是否能可持续发展。评价目前城乡客运交通基本服务水平的差距可以发现农村客运交通营运中的薄弱环节,有利于指导农村客运线网布局的调整、保持运力与运量综合平衡、客运市场的开发以及更好地吸引乘客,确保城乡客运交通的长远发展。客运交通基本服务水平的评价对认识、建设、发展客运交通产业非常必要、对进一步完善客运综合服务体系具有重要意义。分析城乡客运服务水平的差异,目的是在城乡统筹导向下，为寻求城乡客运尤其是农村客运协调发展对策提供理论支持。

评价体系中应选取尽量少的指标，反映最主要和最全面的信息，每项指标应具有独立性、可量化和通用性。由于这里只探讨城乡居民自身享受客运服务水平的差异性，选择评价指标时主要从舒适性、经济性、安全性以及便捷性四个子系统分别选定评价指标来对城乡客运服务水平进行评价，从这四个方面反映客运交通的运营特征、管理水平，同时也是公共交通发展水平的最直接的体现。图 2－10 是城乡客运交通基本服务水平评价指标体系。

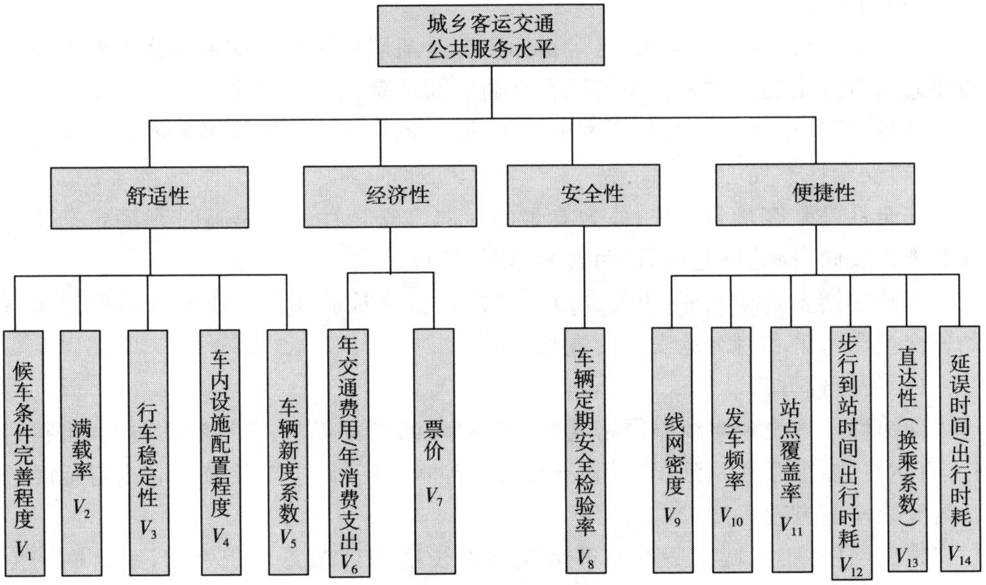

图 2－10　城乡客运交通基本服务水平评价指标体系

四个子系统内所包含的指标从不同侧面显示了客运交通基本服务水平的情况，下面对各指标分别具体描述。

(1)舒适性方面

舒适性子系统包含候车条件完善程度、满载率、行车稳定性、车内设施配置程度、车辆新度系数等五个指标，反映了乘客在候车、乘车过程所得到的舒适水平。

候车条件完善程度：乘客在等车地点是否有候车廊亭等设施，使得乘客在等车过程中免于遭受恶劣天气带来的影响。

满载率：从车内乘客所占的个人空间的大小来衡量的，满载率越高，个人舒适度就会越低。

行车稳定性：从车内乘客角度来感受的，跟道路路面情况、道路上交叉口多少以及行人任意横穿马路等情况有关，同时也跟驾驶员驾驶技术有一定的联系。

车内设施配置程度:车内设施配置的好坏以及是否齐全也直接关系到乘客的舒适度的高低。

车辆新度系数:表示营运车辆总体新旧程度的指标,车辆新度系数应当保持在一定的范围内,并确定一个警戒系数作为更新和淘汰老旧车辆的依据,以保证车辆的储备行驶里程和良好的技术状况。

(2)经济性方面

经济性子系统含有年交通费用/年消费支出、票价两个指标,反映乘客出行成本的高低和承担能力。

年交通费用/年消费支出:这个指标主要是从居民每年在交通方面的消费支出占年总消费支出的比例来反映居民在交通方面的费用支出的多少。

票价:票价水平是由运营成本决定的,同时也根据当地的经济发展水平而定。

(3)安全性方面

安全性是乘客最为关注、最为看重的问题。安全性主要是通过车辆定期安全检验率来反映,检验率越高,说明安全越有保障。

车辆定期安全检验率:主要通过车辆定期安全检验率的大小来反映客运系统的安全生产水平和对客运安全的重视程度。

(4)便捷性方面

便捷性子系统包含线路网密度、发车频率、站点覆盖率、步行到站时间/出行时耗、直达性(换乘系数)、延误时间/出行时耗等六个指标,主要反映乘客出行耗时的长短和乘车的方便程度。

线路网密度:区域中所有的客运线路总长度与区域总面积之比,线路网密度高,客运车辆通达性就高,居民的出行就更加方便。

发车频率:是体现客运交通供给和服务水平的重要指标,发车频率的高低也就决定了乘客候车时间的长短,同时也会影响到对乘客的吸引力的大小。

站点覆盖率:反映了城乡客运线网站点覆盖面的大小,也反映了站点附近居民乘坐交通班车的方便程度。

步行到站时间/出行时耗:这个指标表示的是步行到乘客站点所用的时间占出行总时耗的比重,其值的大小也显示出乘客居住地距离乘车站点的远近。

直达性(换乘系数):客运线网直达性的高低,反映出人们出行方便程度的高低,直达性高,表示可以不通过换乘或者次数较少的换乘就可以到达目的地,乘客在时间以及费用上都会节省很多。

延误时间/出行时耗:反映乘客在乘车去目的地的过程中,由于各种因素的干扰,车辆受到延误的时间所占本次出行时耗的比重,也反映了出行效率的高低。

2.4.3　城乡客运公共属性评价指标的指标值及无量纲过程

公共财政资源更多的投向城市，造成城乡公共服务的非均等化，表 2－8 为我国城乡客运服务产品属性各项指标的平均水平情况。

表 2－8　城乡客运服务产品属性指标的实际值

目标	指标	城市公共交通	农村客运交通
政府直接提供	道路养护率(%)	98	42
	道路照明率(%)	≥85	≤5
	交通安全设施设置率(%)	90	15
	路面硬化率(%)	97	46
	道路及场站基建投资率(%)	100	40
政府间接提供	运营补贴水平[元/(年・车)]	10,000～25,000	1,000～1,200
	副业补偿程度	有允许的广告、物业等收入	基本没有
乘客承担	客运成本[元/(人・公里)]	0.06～0.1	0.4～0.66
运营者提供	车辆配置投入程度	大部分由政府补贴	自己全额提供
	驾驶员受培训程度	经常接受培训	很少培训
	客运税费率[元/(车・月)]	180～230	1,400～2,200
	正规营运者比率(%)	98	22

附注：表中数据来源于《中国中心城市可持续交通发展年度报告》(2007)、《农村客运服务改善示范项目报告》(2009)。

表 2－8 中各指标由于各自单位及量级的不同而存在着不可测度性，难以进行比较。因此在进行客运结构评价之前，为尽可能反映实际情况，排除由于各项指标的单位不同以及其数量级间的悬殊差别所带来的影响，需要对指标进行无量纲化处理[113]。对于定性指标，首先将评价结果分成一定的等级，如“好”“较好”“一般”“较差”“差”5 个等级，本文中采用评价论域集 $\boldsymbol{U}=(0.9,0.7,0.5,0.3,0.1)$。根据专家调查的结果，采用统计分析方法确定了各项指标评价标准的区间值(表 2－9)。

表 2－9　指标值的评价标准

评价等级	好	较好	一般	较差	差
取值区间	1.00～0.80	0.80～0.60	0.60～0.40	0.40～0.20	0.20～0

而对于定量指标，可以采用下列两种无量纲化标准函数进行无量纲化，l_i，L_i

分别评价指标 V_i 的最小、最大值[113]。

① 越小越优型无量纲化的标准函数

$$h_i = ud_i(x_i) = \begin{cases} 1 & (x_i \leqslant l_i) \\ \dfrac{L_i - x_i}{L_i - l_i} & (x_i \in d_i) \\ 0 & (x_i \geqslant L_i) \end{cases}$$

② 越大越优型无量纲化的标准函数

$$h_i = ud_i(x_i) = \begin{cases} 1 & (x_i \geqslant l_i) \\ \dfrac{x_i - l_i}{L_i - l_i} & (x_i \in d_i) \\ 0 & (x_i \leqslant L_i) \end{cases}$$

其中车辆配置投入比例与客运税费率属于越小越优型指标，进行无量纲化时可采用 ① 中式子来计算。其余定量性指标均采用 ② 中式子来计算。

2.4.4 城乡客运公共属性评价指标及准则的相对权重

首先计算城乡客运交通公共属性四个子系统相对于总目标的权重，从最上层要素开始，以最上层要素“公共属性”为依据，结合专家经验，对第二层的要素准则层$\{C_1, C_2, C_3, C_4\}$（即政府直接提供，政府间接提供，乘客承担，经营者提供）两两比较，建立判断矩阵，如表 2-10 所示。

表 2-10 四个子系统重要度比较表

公共属性	C_1	C_2	C_3	C_4
C_1	1	3	6	5
C_2	1/3	1	3	2
C_3	1/6	1/3	1	3/2
C_4	1/5	1/2	2/3	1

故其判断矩阵为

$$\boldsymbol{D} = \begin{bmatrix} 1 & 3 & 6 & 5 \\ 1/3 & 1 & 3 & 2 \\ 1/6 & 1/3 & 1 & 3/2 \\ 1/5 & 1/2 & 2/3 & 1 \end{bmatrix}$$

求得判断矩阵 $\boldsymbol{D}$ 的特征向量

$$\boldsymbol{F}=(f_1,f_2,\cdots,f_n)^{\mathrm{T}}=(0.9082,0.3548,0.1617,0.1518)^{\mathrm{T}}$$

最大特征根 $\lambda_{\max}=4.0758$，则 $CI=(\lambda_{\max}-n)/(n-1)=0.0253$

$CI=CI/RI=0.0253/0.90=0.0281<0.1$，判断矩阵满足一次性检验。

故认为总目标相对于四个子系统的判断矩阵的一致性较好，是可以接受的。同理可求得的其余几个子系统相对于各自所属指标的判断矩阵的一致性也较好，也是可以接受的。

然后，对特征向量进行归一化处理，得：

$$\boldsymbol{F}'_{\text{公共属性}}=\left(f_i/\sum_i f_i,\quad\cdots\quad,f_n/\sum_i f_i\right)=(0.5761,0.2251,0.1026,0.0963)$$

$\boldsymbol{F}'_{\text{公共属性}}$ 便是 $\boldsymbol{F}$ 的归一化权向量，即准则 C_k 相对于总目标的权重。同理，四个子系统内各个指标相对于准则层的权重分别为：

$$\boldsymbol{F}'_{\text{政府直接提供}}=(0.0946,0.0653,0.2206,0.1157,0.5037)$$

$$\boldsymbol{F}'_{\text{政府间接提供}}=(0.3890,0.6110)$$

$$\boldsymbol{F}'_{\text{乘客承担}}=(1.0000)$$

$$\boldsymbol{F}'_{\text{运营者提供}}=(0.4991,0.1312,0.1074,0.2624)$$

故利用层次分析法，分别求出城乡客运服务产品属性各指标及准则的相对权重值见表 2-11。

表 2-11 城乡客运服务产品属性各指标及准则的相对权重值

准则	政府直接提供					政府间接提供		乘客承担	运营者提供			
权重	0.5761					0.2251		0.1026	0.0963			
指标	U_1	U_2	U_3	U_4	U_5	U_6	U_7	U_8	U_9	U_{10}	U_{11}	U_{12}
权重	0.0946	0.0653	0.2206	0.1157	0.5037	0.389	0.611	1	0.4991	0.1312	0.1074	0.2624

2.4.5 城乡客运公共属性模糊评价值的计算

首先通过统计分析专家调查结果，分别建立起城乡客运服务的公共属性的隶属度判断矩阵。针对指标层的 12 个主要因素，邀请专家对其相对重要性进行打分，每一指标所对应相应等级的数据为所有对此项指标选择相应等级的专家数与邀请专家总人数的比值，以 V_1 指标对应 0.9 等级的数字 0.35 为例，它所代表的意义是 35％的专家认为 V1 指标的重要性为 0.9，即“好”，表中其余数据意义相同，如表 2－12、2－13 所示。

在此简述城市公共交通公共属性模糊评价值的计算过程。先求政府直接投资准则的隶属度向量 B_1：

表 2－12　城市公共交通公共属性各指标隶属度矩阵

城市公共交通												
等级	政府直接提供					政府间接提供		乘客承担	运营者提供			
	V_1	V_2	V_3	V_4	V_5	V_6	V_7	V_8	V_9	V_{10}	V_{11}	V_{12}
0.9	0.35	0.45	0.5	0.6	0.5	0.5	0.5	0.6	0.6	0.5	0.8	0.4
0.7	0.25	0.2	0.2	0.2	0.5	0.2	0.1	0.2	0.2	0.25	0	0.3
0.5	0.1	0.15	0.15	0.2	0	0.2	0.25	0.2	0	0.15	0.1	0.2
0.3	0.15	0.1	0.1	0	0	0.1	0.05	0	0.1	0.1	0.05	0.05
0.1	0.15	0.1	0.05	0	0	0	0.1	0	0.1	0	0.05	0.05

表 2－13　农村公路客运交通公共属性各指标隶属度矩阵

农村客运交通												
等级	政府直接提供					政府间接提供		乘客承担	运营者提供			
	V_1	V_2	V_3	V_4	V_5	V_6	V_7	V_8	V_9	V_{10}	V_{11}	V_{12}
0.9	0.3	0.1	0.15	0.1	0.2	0.25	0.2	0.1	0.4	0.25	0	0.1
0.7	0.15	0.15	0.05	0.14	0.3	0.15	0.2	0.1	0.1	0.15	0	0.15
0.5	0.15	0.15	0.45	0.21	0.15	0.18	0.3	0.1	0.2	0.35	0.25	0.25
0.3	0.2	0.25	0.2	0.35	0.2	0.22	0.15	0.3	0.2	0.1	0.25	0.25
0.1	0.2	0.35	0.15	0.2	0.15	0.2	0.15	0.4	0.1	0.15	0.5	0.25

$$\boldsymbol{B}_1 = (b_1, b_2, b_3, b_4, b_5) = \boldsymbol{F}_1 \cdot \boldsymbol{H}_1 = (f_1, f_2, f_3, f_4, f_5) \cdot \begin{bmatrix} h_{11} & h_{12} & h_{13} & h_{14} & h_{15} \\ h_{21} & h_{22} & h^{23} & h_{24} & h_{25} \\ h_{31} & h_{32} & h_{33} & h_{34} & h_{35} \\ h_{41} & h_{42} & h_{43} & h_{44} & h_{45} \\ h_{51} & h_{52} & h_{53} & h_{54} & h_{55} \end{bmatrix}$$

$$= (0.0946,0.0653,0.2206,0.1157,0.5037)\cdot\begin{bmatrix}0.35 & 0.25 & 0.10 & 0.15 & 0.15\\0.45 & 0.20 & 0.15 & 0.10 & 0.10\\0.50 & 0.20 & 0.15 & 0.10 & 0.05\\0.60 & 0.20 & 0.20 & 0 & 0\\0.50 & 0.50 & 0 & 0 & 0\end{bmatrix}$$

$$=(0.49411,0.35584,0.07550,0.04279,0.03176)$$

其中$\boldsymbol{B}_1$、$\boldsymbol{F}_1$、$\boldsymbol{H}_1$分别表示政府直接投资这个子系统的隶属度向量、指标权重向量和隶属度矩阵。同理可求出政府间接提供、乘客承担与运营者提供三个子系统的隶属度向量。它们的结果：

$$\boldsymbol{B}_2=(0.50000,0.13890,0.23055,0.06945,0.06110)$$

$$\boldsymbol{B}_3=(0.60000,0.20000,0.20000,0,0)$$

$$\boldsymbol{B}_4=(0.55589,0.21132,0.08289,0.08151,0.08151)$$

故总目标隶属度矩阵$\boldsymbol{H}$为：

$$\boldsymbol{H}=(\boldsymbol{B}_1,\boldsymbol{B}_2,\boldsymbol{B}_3,\boldsymbol{B}_4)^{\mathrm{T}}=\begin{bmatrix}0.49411 & 0.35584 & 0.07550 & 0.04279\\0.50000 & 0.13890 & 0.23055 & 0.06945\\0.60000 & 0.20000 & 0.20000 & 0\\0.55589 & 0.21132 & 0.08289 & 0.08151\end{bmatrix}$$

则隶属度向量：

$$\boldsymbol{B}=\boldsymbol{F}\cdot\boldsymbol{H}=(0.5761,0.2251,0.1026,0.0963)\cdot\begin{bmatrix}0.49411 & 0.35584 & 0.07550 & 0.04279\\0.50000 & 0.13890 & 0.23055 & 0.06945\\0.60000 & 0.20000 & 0.20000 & 0\\0.55589 & 0.21132 & 0.08289 & 0.08151\end{bmatrix}$$

$$=(0.51243,0.27712,0.12387,0.04813,0.0399)$$

由此可求出城市客运服务现状公共属性的模糊评价值$W_{城市}$。

$$W_{城市}=\boldsymbol{B}\cdot\boldsymbol{U}^{\mathrm{T}}=(0.51243,0.27712,0.12387,0.04813,0.0399)\cdot\begin{bmatrix}0.9\\0.7\\0.5\\0.3\\0.1\end{bmatrix}=0.736$$

同理可求出农村客运服务现状公共属性的模糊评价值 $W_{乡村}=0.489$。

由此可见，城市客运服务公共属性的模糊评价值要远远高于农村客运。设定不同产品的公共属性评价标准如表2-14所示。对照该表，城市客运服务产品公共属性属于较高，说明它更多是偏向于公共产品；而农村客运服务产品公共属性则为一般，说明它更多是偏向于私人产品。评价结果表明城市客运服务的公共性现状明显要比农村客运服务高出很多，导致城乡客运服务存在很大的差异。虽然由于有城乡性质所决定的必然存在的城乡差异，城乡客运服务之间也很难有等同的公共性，但是政府还是应从满足农村民生需求和公共需要角度考虑，在农村客运服务方面加大财政投入力度，适当提升农村客运服务的公共性，尽量缩小与城市客运服务的差距。

表2-14　城乡客运交通服务产品公共属性评价等级标准

评价等级	高	较高	一般	较低	低
取值区间	1.00～0.80	0.80～0.60	0.60～0.40	0.40～0.20	0.20～0

2.4.6　城乡客运交通基本服务水平评价指标的指标值

受各种因素影响，我国各地城乡客运交通基本服务水平之间存在着很大的差异。表2-15数据基本反映了我国城乡客运交通各指标的特征值的现状平均情况。其指标值的量化和无量纲过程与前面所述的城乡客运服务基本属性评价指标的量化方法和过程一致，在此不再赘述。

表2-15　城乡客运基本服务水平实际指标值

目标	指标	城市公共交通	农村客运交通
舒适性	候车条件完善程度	较好	较差
	满载率	≥80%	60%～80%
	行车稳定性	一般	较差
	车内设施配置程度	较好	较差
	车辆新度系数	0.7～0.9	0.5
经济性	年交通费用/年消费支出	7.2%	4.6%
	票价(元/每人公里)	0.06～0.1	0.4～0.66
安全性	车辆定期安全检验率	100%	30%

（续表）

目标	指标	城市公共交通	农村客运交通
便捷性	线路网密度（km/km²）	2～4	0.1～0.3
	发车频率（分钟/班次）	3～12	30～40
	站点覆盖率（500m）	90%～100%	33%
	步行到站时间/出行时耗	14%	30%
	直达性（换乘系数）	1.3	1.02
	延误时间/出行时耗	35%～40%	15%～20%

2.4.7　城乡客运交通基本服务水平评价指标及准则的相对权重

首先计算城乡客运交通基本服务水平四个子系统相对于总目标的权重，从最上层要素开始，以最上层要素“服务水平”为依据，结合专家经验，对第二层的要素准则层$\{C_1, C_2, C_3, C_4\}$（即舒适性、经济性、安全性、便捷性）两两比较，建立判断矩阵，如表 2－16 所示：

表 2－16　四个子系统重要度比较表

服务水平	C_1	C_2	C_3	C_4
C_1	1	3/2	1/4	1/2
C_2	2/3	1	1/5	1/3
C_3	4	5	1	1.5
C_4	2	3	2/3	1

故其判断矩阵为

$$\boldsymbol{D}=\begin{bmatrix} 1 & 3/2 & 1/4 & 1/2 \\ 2/3 & 1 & 1/5 & 1/3 \\ 4 & 5 & 1 & 3/2 \\ 2 & 3 & 2/3 & 1 \end{bmatrix}$$

① 先求出两两比较矩阵每一列的总和。

$$\sum_{k=1}^{4} d_{k1}=1+\frac{2}{3}+4+2=7.67$$

$$\sum_{k=1}^{4} d_{k2}=\frac{3}{2}+1+5+3=10.5$$

$$\sum_{k=1}^{4} d_{k3} = \frac{1}{4} + \frac{1}{5} + 1 + \frac{2}{3} = 2.12$$

$$\sum_{k=1}^{4} d_{k4} = \frac{1}{2} + \frac{1}{3} + \frac{3}{2} + 1 = 3.33$$

② 再将两两比较矩阵的每一个元素除以其相应列的总和，所得的商组成新的标准两两比较矩阵。

$$\boldsymbol{D}' = \begin{bmatrix} 0.13 & 0.143 & 0.118 & 0.15 \\ 0.087 & 0.095 & 0.094 & 0.099 \\ 0.522 & 0.476 & 0.472 & 0.45 \\ 0.261 & 0.286 & 0.316 & 0.3 \end{bmatrix}$$

③ 按行相加。

$$\bar{F}_1 = 0.13 + 0.143 + 0.118 + 0.15 = 0.541$$

$$\bar{F}_2 = 0.087 + 0.095 + 0.094 + 0.099 = 0.375$$

$$\bar{F}_3 = 0.522 + 0.476 + 0.472 + 0.45 = 1.92$$

$$\bar{F}_4 = 0.261 + 0.286 + 0.316 + 0.3 = 1.163$$

④ 将向量归一化。

$$\sum_{i=1}^{4} F_i = 0.541 + 0.375 + 1.92 + 1.163 = 3.999$$

则

$$F_1 = 0.1351$$

$$F_2 = 0.0941$$

$$F_3 = 0.4807$$

$$F_4 = 0.2902$$

故特征向量 $\boldsymbol{F} = [0.1351, 0.0941, 0.4807, 0.2902]^{\mathrm{T}}$。

⑤ 计算判断矩阵的最大特征根。

$$\lambda_{\max} = 4.008$$

⑥ 检验矩阵的一致性。

计算一致性指标 CI：

$$CI = (\lambda_{\max} - n)/(n - 1) = 0.0027$$

计算随机一致性比例 CR：

$$CR = CI/RI = 0.0026/0.9 = 0.003 < 0.1$$

因此，可以认为该判断矩阵满足一致性要求，其相应求得的特征向量有效。

同理，经计算，四个子系统相对于各自的指标的判断矩阵的一致性也较好，都是可以接受的。计算可得四个子系统内各个指标相对于准则层的权重：

$$\boldsymbol{F}'_{舒适性} = (0.0849, 0.305, 0.129, 0.1438, 0.3373)$$

$$\boldsymbol{F}'_{经济性} = (0.6000, 0.4000)$$

$$\boldsymbol{F}'_{安全性} = (1.0000)$$

$$\boldsymbol{F}'_{便捷性} = (0.2718, 0.1205, 0.2583, 0.1002, 0.1741, 0.0750)$$

故利用层次分析法，分别求出城乡客运交通基本服务水平评价各指标及准则的相对权重值见表 2-17。

表 2-17 城乡客运交通基本服务水平准则及指标权重值

准则	舒适性					经济性		安全性	便捷性					
权重	0.1351					0.0941		0.4807	0.2902					
指标	U_1	U_2	U_3	U_4	U_5	U_6	U_7	U_8	U_9	U_{10}	U_{11}	U_{12}	U_{13}	U_{14}
权重	0.0849	0.3050	0.1290	0.1438	0.3373	0.6000	0.4000	1	0.2718	0.1205	0.2583	0.1002	0.1741	0.0750

2.4.8 城乡客运交通基本服务水平模糊评价值的计算

同理，首先通过统计分析专家调查结果，分别建立起客运交通基本服务水平的隶属度判断矩阵，如表 2-18、2-19 所示。

表 2-18 城市公共交通基本服务水平各评价指标隶属度矩阵

等级	城市公共交通													
	舒适性					经济性		安全性	便捷性					
	V_1	V_2	V_3	V_4	V_5	V_6	V_7	V_8	V_9	V_{10}	V_{11}	V_{12}	V_{13}	V_{14}
0.9	0.3	0.2	0.2	0.35	0.4	0.15	0.35	0.35	0.5	0.35	0.5	0.2	0.15	0.15
0.7	0.2	0.1	0.15	0.2	0.25	0.2	0.2	0.2	0.25	0.25	0.3	0.25	0.25	0.2
0.5	0.2	0.15	0.2	0.2	0.1	0.25	0.2	0.25	0.15	0.2	0.1	0.2	0.3	0.3
0.3	0.15	0.3	0.2	0.15	0.15	0.15	0.1	0.1	0.1	0.1	0.05	0.15	0.2	0.15
0.1	0.15	0.25	0.25	0.1	0.1	0.25	0.15	0.1	0	0.1	0.05	0.2	0.1	0.2

表 2-19　农村客运交通基本服务水平各评价指标隶属度

等级	农村客运交通													
	舒适性					经济性		安全性	便捷性					
	V_1	V_2	V_3	V_4	V_5	V_6	V_7	V_8	V_9	V_{10}	V_{11}	V_{12}	V_{13}	V_{14}
0.9	0.05	0.5	0.15	0.1	0.05	0.1	0.05	0.05	0.08	0.1	0.05	0.1	0.2	0.25
0.7	0.05	0.2	0.2	0.15	0.1	0.2	0.1	0.1	0.12	0.08	0.1	0.1	0.15	0.2
0.5	0.3	0.1	0.25	0.15	0.25	0.15	0.3	0.1	0.15	0.35	0.15	0.2	0.25	0.25
0.3	0.2	0.1	0.2	0.4	0.35	0.3	0.25	0.25	0.2	0.22	0.3	0.25	0.2	0.15
0.1	0.4	0.1	0.2	0.2	0.2	0.25	0.3	0.5	0.45	0.25	0.4	0.35	0.2	0.15

在此简述城市公共交通服务水平模糊评价值的计算过程。先求舒适性准则的隶属度向量 $\boldsymbol{B}_1$：

$$\boldsymbol{B}_1=(b_1,b_2,b_3,b_4,b_5)=\boldsymbol{F}_1\cdot\boldsymbol{H}_1=(f_1,f_2,f_3,f_4,f_5)\cdot\begin{bmatrix}h_{11} & h_{12} & h_{13} & h_{14} & h_{15}\\ h_{21} & h_{22} & h^{23} & h_{24} & h_{25}\\ h_{31} & h_{32} & h_{33} & h_{34} & h_{35}\\ h_{41} & h_{42} & h_{43} & h_{44} & h_{45}\\ h_{51} & h_{52} & h_{53} & h_{54} & h_{55}\end{bmatrix}$$

$$=(0.0849,0.3050,0.1290,0.1438,0.3373)\cdot\begin{bmatrix}0.30 & 0.20 & 0.20 & 0.15 & 0.15\\ 0.20 & 0.10 & 0.15 & 0.30 & 0.25\\ 0.20 & 0.15 & 0.20 & 0.20 & 0.25\\ 0.35 & 0.20 & 0.20 & 0.15 & 0.10\\ 0.40 & 0.25 & 0.10 & 0.15 & 0.10\end{bmatrix}$$

$$=(0.2975,0.1799,0.1510,0.2022,0.1694)$$

其中 $\boldsymbol{B}_1,\boldsymbol{F}_1,\boldsymbol{H}_1$ 分别表示舒适性这个子系统的隶属度向量、指标权重向量和隶属度矩阵。同理可求出经济性、安全性与便捷性三个子系统的隶属度向量。它们的结果分别为：

$$\boldsymbol{B}_2=(0.23000,0.20000,0.23000,0.13000,0.21000)$$

$$\boldsymbol{B}_3=(0.35000,0.20000,0.25000,0.10000,0.10000)$$

$$\boldsymbol{B}_4=(0.36466,0.25916,0.18549,0.11326,0.07742)$$

故总目标隶属度矩阵 $\boldsymbol{H}$ 为：

$$\boldsymbol{H}=(\boldsymbol{B}_1,\boldsymbol{B}_2,\boldsymbol{B}_3,\boldsymbol{B}_4)^{\mathrm{T}}=\begin{bmatrix}0.2975 & 0.1799 & 0.1510 & 0.2022\\0.2300 & 0.2000 & 0.2300 & 0.1300\\0.3500 & 0.2000 & 0.2500 & 0.1000\\0.3647 & 0.2592 & 0.1855 & 0.1133\end{bmatrix}$$

则隶属度向量为：

$$\boldsymbol{B}=\boldsymbol{F}\cdot\boldsymbol{H}=(0.1351,0.0941,0.4807,0.2902)\cdot\begin{bmatrix}0.2975 & 0.1799 & 0.1510 & 0.2022\\0.2300 & 0.2000 & 0.2300 & 0.1300\\0.3500 & 0.2000 & 0.2500 & 0.1000\\0.3647 & 0.2592 & 0.1855 & 0.1133\end{bmatrix}$$

$$=(0.3359,0.2145,0.2160,0.1205,0.1132)$$

由此可求出城市客运交通现状基本服务水平的模糊评价值 $W_{城市}$

$$W_{城市}=\boldsymbol{B}\cdot\boldsymbol{U}^{\mathrm{T}}$$

$$=(0.3359,0.2145,0.2160,0.1205,0.1132)\cdot\begin{bmatrix}0.9\\0.7\\0.5\\0.3\\0.1\end{bmatrix}=0.608$$

同理，可求出农村客运交通现状基本服务水平的模糊评价值 $W_{乡村}=0.356$。

设城乡客运交通基本服务水平评价等级标准如表 2－20 所示：

表 2－20　城乡客运交通基本服务水平评价等级标准

评价等级	好	较好	一般	较差	差
取值区间	1.00～0.80	0.80～0.60	0.60～0.40	0.40～0.20	0.20～0

对照表 2－20，目前城市客运交通基本服务水平属于较好级别，农村客运交通基本服务水平属于较差级别。结果表明：一方面城乡客运交通服务水平都不高，还有很大的发展空间，仍需要有关部门采取相应措施来提高城乡客运服务水平；另一方面农村客运交通基本服务水平与城市客运交通基本服务水平存在着很大的差距，这就需要从各方面来改善和提高农村客运交通基本服务水平，逐步缩小城乡客运交通基本服务水平之间的差距。

2.4.9 城乡道路客运基本公共服务水平模糊评价结果的启示

公共服务是指政府为满足社会公共需要而提供的产品与服务的总称。它是以政府机关为主的公共部门生产的、供全社会所有公民共同消费、平等享受的社会产品[103,110]。

当前，我国城乡基本公共服务的发展是极其不均衡的。国家实施优先发展城市战略，公共财政资源更多地投向城市，造成城乡公共服务非均等化，农民的公共需求难以得到满足。我国长期实行城乡分割的二元经济体制和“一品两制”政策（“一品”是指同一公共品，“两制”是指对农村和城市采取不同的政策制度，即在城市基本上是由政府支付其成本，在农村则基本上是由农民支付成本）[80]，公共品供给偏向城市、公共财政在农村缺位。因此，城市基本公共服务发展迅速而农村发展相对缓慢，城乡差距过大。从上面的城乡道路客运基本公共服务水平模糊评价的结果可知，我国目前城乡之间的道路客运公共服务水平及其公共属性存在着很大的差距（图 2－11）。城市道路客运服务公共属性的评价值要高出农村道路客运服务的 50%以上，而城市道路客运服务水平的评价值要比农村道路客运服务高出 70%，可见现状的城乡道路客运服务存在着很大的非均衡性，均等化程度相对较低。

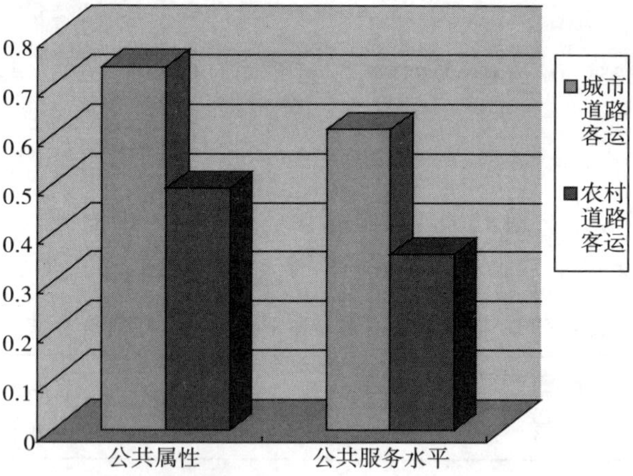

图 2－11 城乡道路客运基本公共服务水平模糊评价值对比

坚持城乡统筹，缩小城乡发展差距，就必须要注重实现基本公共服务均等化[114]。公共服务均等化已是我国公共财政制度改革的基本目标之一，它指的是政府要为社会公众提供基本的、体现公平公正原则的、与经济社会发展阶段相适应的、大致均等的公共物品和公共服务。即在基本的公共服务领域政府应尽可能地使人们享有同样的权利和保障，尽可能地满足人们的基本物质需求等。“一品两制”已成为束缚农村经济社会发展的财政经济根源，拉大了城乡差距，必须要对其进行改革，还权于农村居民——在制度安排上使农村居民与城市居民享有同等的公共品消费权，享受同等的国民待遇，逐步实行基本公共品城乡居民消费的均等化和一体化[80]。

然而，所谓的均等化是相对性的，“均等化”就字面理解包含均衡、相等的意思，这里的相等，只能是大体相等，不可能绝对相等；而均衡有着调节、平衡的过程，最后达到大致相等。均等的内容包含两个方面：一是居民享受公共服务的结果均等，二是居民享受公共服务的机会均等[103]。具体到城乡道路客运服务领域，也就是要实现农村居民与城市居民均有同等的机会去享受均等的道路客运公共服务的成果。当然，由于城乡差异、地域差异、个人差异等原因，道路客运公共服务的消费也是有差异的、有偏向的；由于出行者需求不一样，道路客运公共服务消费的结构和内容也必然有所不同。因此，均等化绝对不是相等化、相同化，它只是相对的、大体上的一致性，所提供的机会和结果也不是绝对的平等、绝对的公平，更不是绝对的平均主义。综上所述，在城乡统筹导向下注重实现城乡道路客运公共服务均等化，一定要与经济社会发展阶段相适应，促进城乡道路客运交通协调发展，而不是不切实际地对农村客运交通进行拔苗助长。

2.5　城乡统筹导向下的农村公路客运发展的目标

目标代表着未来的发展趋势和努力方向。美国学者 Michael D. Meyer 等人指出交通规划与管理的目标及其评价指标体系的建立应该按照价值（Values）—目的（Goals）—目标（Objectives）—指标和标准（Criteria and Standards）的逻辑思路来建立。从它们的逻辑关系来看，价值是项目的根本意义，目的是最终要达到的效果，目标是目的实现的手段，指标是评价目标的尺度和标准，以及目标效果的客观反映。简单地说，指标反映目标效果，以通过实现目标来达到目的，从而体现出项目的价值[115-116]。

基于此，本文对城乡统筹导向下的农村公路客运发展目标的分析，完全可以借鉴上述思路。在分析当前社会主流发展理念的基础上，结合城乡道路客运交通服务的特性，确定实现城乡统筹导向下农村公路客运公共交通服务协调发展应遵循的价值观，即体现公平、发展、服务、和谐等的价值原则，达到城乡道路客运基本公共交通服务均等化、城乡之间人员及其他生产要素能自由流动的目的，并以此为指引，确定城乡统筹导向下农村公路客运发展的目标就是要提高农村公路客运服务水平，增强城乡以及农村内部的客运服务联系，满足农村居民不同阶段的客运出行需求，实现农村公路客运的可持续性、可达性、可靠性、可承担性和可引导性。再根据目标来明晰它的实现路径，即需要从农村公路客运结构、农村公路客运秩序、农村公路客运线路、农村公路客运站点、农村公路客运安全、农村公路客运许可证及管理制度、农村公路客运公共财政补贴政策、农村公路客运引导农村发展模式等方面着手，全面优化和完善农村公路客运服务体系。具体思路见图 2-12 所示。

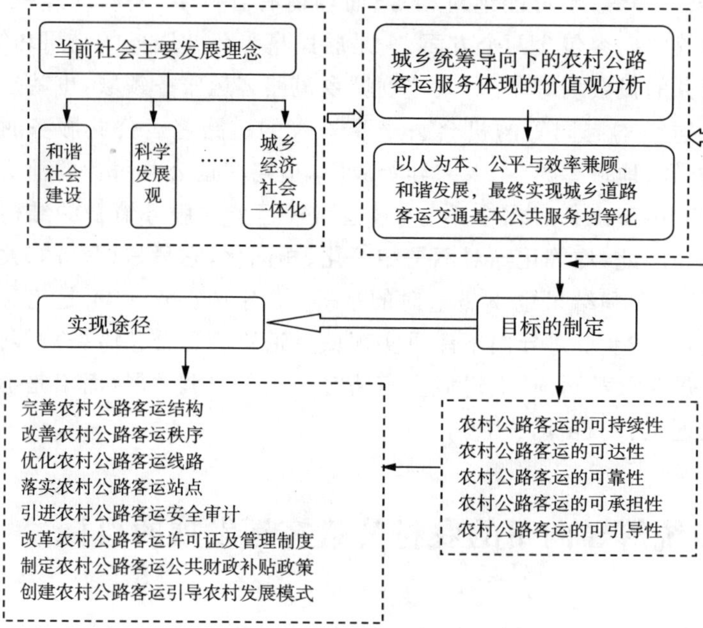

图 2-12　城乡统筹导向下的农村公路客运发展的目标

从上面分析可知，城乡统筹导向下的农村公路客运发展应坚持“以人为本、全面、协调和可持续”的基本原则。发展应是以人为本的综合发展，所以发展和改善农村公路客运服务的首要任务就是要提高农村居民的交通可达性、交通可靠性和交通的可承担性，要在城乡统筹导向下，与城市居民一样享受客运交通的便利性和公共性，这就要求我国的公共财政政策要统筹兼顾，像阳光一样既能照耀城市也能普洒农村[80,117-119]。发展也应是可持续发展，要在“全面、协调”的原则下提高农村公路客运发展的可持续性。“全面、协调”指考虑的因素要全面，同时不同因素间要协调。在农村公路客运发展中我们要全面协调好技术、体制、功能、效益等因素(图 2-13)，实现农村公路客运服务可持续发展。

正如城市的发展需要公共交通引导和支撑一样，农村的发展同样也离不开交通。俗话说“要想富先修路”，由此可见道路所扮演的角色多么重要。但光有路还是不行的，路上要通车才能带动人们发展。光有路不通车就等于是给农村修打谷场，毫无意义，只有通车尤其是通客运后，才能给农村带来活力，才能方便人们出行，才能促进城乡流通，才能带动农村发展。因此，农村公路客运还要求具有可引导性，在城乡统筹导向下引导"农村、农业、农民"发展，缩小城乡差距，最终形成城乡经济社会一体化发展格局。

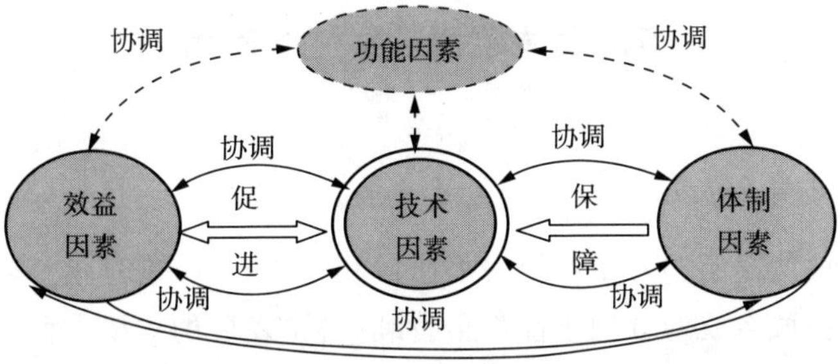

图 2-13　城乡统筹导向下农村公路客运发展不同因素间的协调关系

2.6　本章小结

本章主要分析了城乡统筹导向下农村公路客运发展的基本原理与要求。在分析我国城乡统筹发展机理的基础上，运用系统基模的理论研究了道路客运交通与城乡发展的互动关系，得出城乡客运服务应通过城乡统筹来均衡发展，反过来经过一定时间的客运引导发展后也能更好地推动城乡统筹，促进城乡相互融合。在对城乡道路客运服务现状对比分析的基础上，利用递阶模糊综合评价法从城乡道路客运服务公共属性和基本服务水平两方面，对城乡客运公共服务的均等化程度进行了评价，结果表明城乡客运服务存在显著差异，由此提出在城乡统筹导向下要注重实现城乡道路客运公共服务均等化，并对"均等化"概念做了阐述。以此为基础，本章还对城乡统筹导向下的农村公路协调发展的目标和分析框架进行了深入研究，以此指导后续研究内容。

第三章　基于出行者需求的农村公路客运模式结构分析

客运模式结构是否与经济社会发展阶段相适应、是否满足出行者需求，是决定农村公路客运在城乡统筹导向下能否可持续、协调发展的重要方面，因为农村公路客运结构合理与否，直接关系到农村居民出行的可达性、可承担性和可靠性。城乡统筹导向下的农村公路客运协调发展必须遵循“以人为本”的基本原则，因此，有必要从出行者的角度去分析农村居民客运需求的规律和特性，从而研究出合理的农村公路客运模式结构，为优化农村公路客运组织、改善农村公路客运秩序、完善农村客运管理制度、繁荣农村客运市场等提供理论依据。经济发展是推动交通运输发展的重要因素，经济发展的阶段性决定着交通运输发展的阶段性，故本章将主要分析现阶段的农村出行者需求和农村公路客运模式结构。

3.1　我国农村公路客运模式结构现状问题分析

农村地区因受其地域特征、风俗习惯、经济基础及农村居民客运出行费用可承担能力等多方面的影响，造成农村住户分散，客流量小，且出行时间没有规律，客运企业难有利润，因而一些正规的客运经营者不愿意从盈利线路调配资源来经营这些农村公路客运线路。另外，道路运输管理部门对于路况恶劣的道路或等外路考虑到安全因素或经济因素，一般不允许在其上进行客运，不会颁发客运许可证。但目前我国等外路约占公路总里程长度的25%，等外公路约占乡道、村道总里程的35%；路况很差的道路也大量存在于农村地区。在这种情况下，农用车辆或其他车辆就会乘虚而入，开展农村客运非正规营运。它们在整个农村客运结构中占有很大的比重，见表3-1。由于各地道路运管部门对待非正规经营者的态度模糊不清，市场管理力度有限，造成参与客运的个体车辆数量过多，客运满载率低，运营效率低下，经常发生抢客、甩客等现象；另外也存在组织化程度低、经营竞争无序、服务质量低下等问题[3,98]。

表 3-1　我国部分地区参与农村公路客运车辆构成情况

地　区	农用运输三轮车比重	三轮面包车比重	微型四轮面包车比重	其他车型比重	农村客运平均满载率
云南省文山壮族苗族自治州	29%	37%	21%	13%	31%
甘肃省	31%	38%	21%	10%	24%
安徽省青阳县	29%	33%	23%	15%	37%
新疆维吾尔自治区	44%	31%	18%	7%	27%
浙江省	24%	29%	31%	16%	53%
平均值	31.4%	33.6%	22.8%	12.2%	34.4%

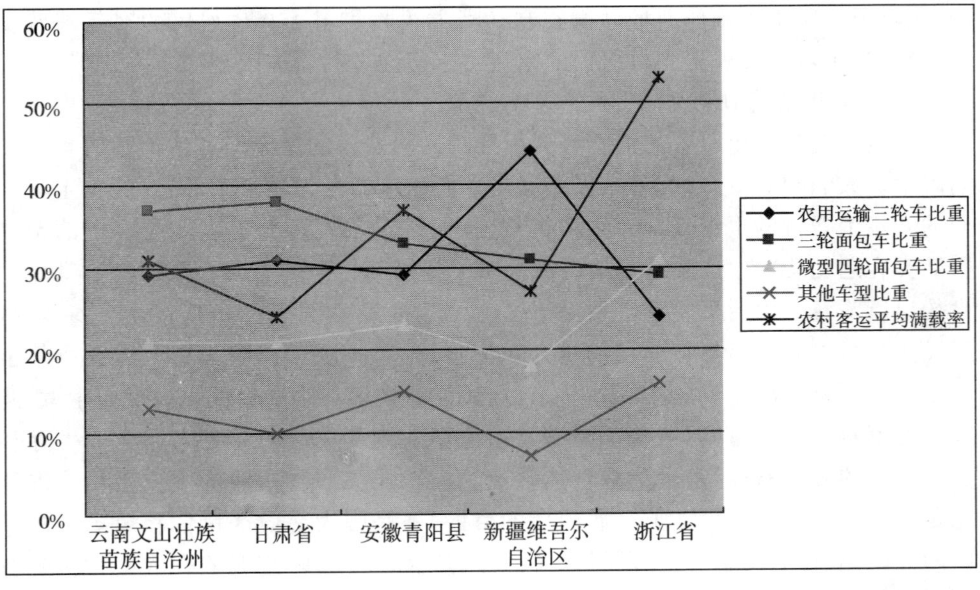

图 3-1　我国部分地区农村公路客运车辆组成结构

从表 3-1、图 3-1 中可以看出，我国部分地区的农村客运中，农用运输三轮车和三轮面包车所占比重过大，平均占到总的 65%，而四轮面包车等比重过小，平均只占 22.8%，说明农村地区低等的非正规车辆从事客运较多。且客运平均满载率偏低，大多地区满载率不到五成，反映了农村客运经营效益差，运力浪费严重。其实这些情况在全国大多地区都具有普遍性。实际上，三轮车在经济相对落后的农村地区常常是最经济的客运交通工具，但就因为经营许可问题，一直有着三轮车在农村客运市场上存废问题的争论。本章将从农村出行者实际需求角度出发，进行农村客运模式结构研究，探讨三轮车客运存在的合理性以及与不同阶段相适应的农村公路客运模式结构。

3.2 我国农村居民出行需求特性分析

一般来说，人们出行总会消耗一些体力或财力，因此可以将“出行”称之为交通消费行为，本文将在此主要研究农村居民客运消费特性。客运交通是人类实现自身位移的行为过程。客运消费就是在一定经济和社会条件下，人们为实现人的空间位移而发生的购买、使用交通工具以及享用客运服务主体提供的位移服务的行为。客运消费是人们日常消费领域的重要内容之一，在“衣、食、住、行”等基本生活消费中占重要地位。谷中原、李浩平等人曾在2008年对张家界永定区新桥居委会的1367位居民中采用偶遇抽样调查和访谈方法收集了100位居民的客运消费实证资料，从中可以反映出农村居民的出行需求特性[102]，具体表现如下。

1. 在客运消费目的方面

客运消费是由出行者的消费目的引导的。消费目的是人们客运消费的重要影响因素。人们的需要多种多样，因而满足人们需求的行为是复杂的，这就决定着人们的客运消费目的也很复杂。按照消费目的，客运消费可分为生产类客运消费和生活类客运消费。生产类客运消费就是为了提高其行为能力或谋取社会财富而发生的出行消费。生活类客运消费是平常生活中所发生的消费。经调查发现，农村居民生产类不同客运出行的目的排列顺序：做生意＞求学＞购买生产资料＞外出打工＞上下班＞出差，见表3-2。农村居民生产类客运消费目的主要是做生意、购买生产资料和外出打工，这些都是满足农民职业需要的。职业是人们获取生存和发展资料的必需路径，客运消费自然会成为农村居民履行职业的主要手段。求学也是农村居民的重要生产类交通消费的目的，一是因为交通区位偏和教育资源短缺的原因，农村居民子女就学要付出较大的客运消费成本；二是农民大多数接受教育程度低，由于现代职业体系对知识和技能要求越来越高，农民自身对求学的需求也很强烈，愿意为求学付出较多的客运消费支出[102]。

表3-2 农村居民生产类客运消费目的统计

出行目的		做生意	求学	购买生产资料	外出打工	上下班	出差
发生频率	是	53%	51%	47%	40%	13%	4%
	否	47%	49%	53%	60%	87%	96%

而农村居民的生活类客运消费目的排列顺序：走亲探友＞购物＞看病＞旅游＞文体娱乐，见表3-3。调查样本中96％的农民认为走亲探友是生活类客运出行的主要目的，其原因是农村居民的社会资本主要是地缘关系和亲缘关系，需要经常走动才能更好地维护和加强这种关系。农民在为走亲探友、购物、看病等物质生活的客运消费比在为文体娱乐和旅游等精神生活的交通消费方面的比例要高，这是因为农民的收入水平还比较低，要先考虑满足物质生活需求之后，才有可能考虑人的精神需求[102]。

表3-3 农村居民生活类客运消费目的统计

出行目的		走亲访友	购物	看病	旅游	文体娱乐
发生频率	是	96％	83％	68％	21％	13％
	否	4％	17％	32％	79％	87％

2. 在客运工具消费方面

客运工具消费是人们为利用和购买各种客运交通工具出行而需付出的费用。客运工具可以分为私人客运工具和公共客运工具。经调查，在农村私人客运工具消费者只占10％，而利用公共客运交通工具出行者达到90％。这说明农村居民出行对公共客运工具的依赖性很高。农民购买私人客运工具的占比情况为：摩托车占45％；自行车占28％；而农用车、电动车、小轿车都不到1％，当然随着汽车下乡政策的实施，小汽车占比会有所提高[102]。这种比例结构清楚地说明农民购买私人客运工具时着重考虑价格实惠和高性价比，这与他们的经济状况有关。

3. 在客运消费空间分布方面

客运消费空间是指以本人的住所为中心向外拓展的位移水平，即日常活动范围。客运消费的空间结构是人们以工作或生活地点为出发点向不同地理空间位移的比例构成。研究客运消费空间分布和结构有利于客运服务提供者认识人类活动与客运空间的内在规律，有利于政府制定客运资源配置政策。比如旺德舒伦（2002）等对荷兰居民日常活动进行调查研究得出一个规律，即他们90％以上的日常活动是在30公里范围内进行的。经调查，我国农村居民客运消费的空间结构分布情况为：乡镇为38.6％、县城为27.3％、市内为20.1％、省内为8.6％、省外为5.4％[102]。数据表明，农村居民的主要客运活动范围在本县（市）境内，这符合“邻近可达性”原则，即当所需要的物品和其他需求都在附近时，人们就会采取就近原则出行。

通过对农村居民客运消费特性的分析，对他们的出行需求有了一个基本认识：①农村居民客运消费能力与其自身经济状况高度相关。目前由于绝大部分农村居民经济状况不佳，导致他们的客运消费单一化和低端化。②农村居民客运消费与当地经济状况有关。当地经济状况越好，生意越好做，农民客运消费需求就越高。

③农村居民空间活动场域决定他们的客运消费空间的拓展范围。农村居民生活的中心是在乡镇以内,其空间活动也大部分是在乡镇以内,因此应为他们提供符合他们客运消费特性的理性的乡(镇)至乡(镇)、乡(镇)至村、村至村的客运服务模式。

3.3 农村客运模式结构分析

在农村地区,客运消费模式是多种多样的,提供客运服务的模式也是多种多样的,即使在正规客运车辆触及不到的地方也是如此。但从上面基本认识里可以看出,农村居民出行模式的选择与其收入(经济状况)及其他自身条件紧密联系。不同收入水平的农村家庭在对是否选择机动交通模式以及何种机动交通模式上存在着一定的差异性。这种差异性导致了农村交通出行需求的差异性,即出行个体在考虑自身因素和可选客运模式特性的基础上,会根据自身的原则和利益来选择对自己效用最大的出行方式。客运模式结构是人们在出行时所选用的不同客运模式的比例构成[116]。在对农村客运模式结构进行分析时,可以随机效用理论为基础,突出“以人为本”的理念,在对农村个体交通出行模式选择行为进行分析的基础上,研究基于农村出行者需求的农村客运模式结构。

3.3.1 客运模式选择行为的效用模型介绍

决策者对于利益和损失所特有的兴趣、感觉或反应,叫作效用。效用值是用来衡量人们对同一期望值在主观上的价值,一般以 1 表示最大的效用值,0 表示最小的效用值[120]。随机效用模型设定出行者是交通行为意志决定的最基本单位,即出行者决定用何种方式出行、何时出行、选择何路线出行等是决策的最小单元,出行者在特定的选择条件下,选择他所想到的所有选择方案中效用最大的方案[121]。本文采用非集计模型作为效用模型来分析基于农村出行者需求的农村公路客运模式选择行为。非集计模型(Disaggregate Model),也称为离散选择模型,它以效用最大化原则为基础,用于模拟决策者在几个互斥的选项中所进行的选择[121-122]。假定作为行为决策单位的个人、家庭或某种组合在一个可以选择的、且选择分支是相互独立的集合中,会选择对自己效用最大的那个选择支,而且决策单位关于每个选择支的效用值是由自身的特性和选择支的特性共同决定的。这一假定也称之为效用最大化行为假说,它是所有非集计模型的理论基础和必须服从的前提条件[107]。若令 $\boldsymbol{V}^{in}$ 为个人 n 选择分支 i 时的效用,C_n 为与个人 n 对应的选择肢集合,则当 $\boldsymbol{V}^{in} > \boldsymbol{V}^{jn}$,$\forall j \neq i \in C_n$ 时,个人 n 将选择分支 i。根据以随机效用理论为基础的非集计模型,$\boldsymbol{V}^{in}$ 可以表示为:

$$V^{in} = U_{in} + \varepsilon_{in} \quad (3.1)$$

式中：U_{in} 为可观测到的要素向量 Y_{in}（包括选择支 i 的特性值向量、个人 n 的社会经济特性向量等）的效用；ε_{in} 为不可观测到的要素向量 Y_{in} 以及个人特有的喜好导致的效用的概率变动项，即效用函数是由反映效用的确定项和不确定项构成的[107]。

效用确定项函数在具体形式上可以由一种或多种函数形式表达，考虑到系数标定和结果分析时的方便，通常采用线性函数作为效用函数的表达形式，即

$$U_{in} = \theta Y_{in} = \sum_{k=1}^{K} \theta_k Y_{ink}, i \in C_n, n = 1, \cdots, N \quad (3.2)$$

式(3-2)中：Y_{in} 为对个体 n 而言出行模式 i 的特性向量，Y_{ink} 为个人 n 的选择支 i 的第 k 个变量值，θ_k 为待定系数。

3.3.2　基于农村出行者需求的非集计模型应用

非集计模型具有所需抽样样本数据少、预测精度高、时间转移性和地区转移性好、逻辑性强、相关因素变量选择余地大等特点，能满足现代交通运输规划与管理的多样化要求。它既能方便地对各种交通规划、运输管理、交通政策的效果和利用效益进行评价预测，又能有效地分析和理解交通运输活动，故近年来被广泛应用于交通领域[121]。

基于出行者需求的非集计模型，是以实际产生交通活动的个体作为决策单元，根据出行者自身的出行需求在一个可选择的、且选择支相互独立的集合中，会选择出行其认为的效用最大的选择支。根据效用的不确定向量 ε_n 服从不同的概率分布，将会得到不同的模型。即：若假定 ε_n 的各分量服从相互独立的 Gum bel 分布，则为 Logit 模型；若假定 ε_n 服从多元正态分布，则为 Probit 模型。由于在方案超过 3 个的情况下，Probit 模型的计算非常繁杂，故实际中常用多项 Logit 模型(MNL)[123]。

3.3.2.1　多项 Logit 模型(MNL)介绍

多项 Logit 模型(Multinomial Logit Model，MNL)是多维模型，是非集计模型中最常用的模型之一[124]。它是假设公式(3-1)中 ε_{in} 和 U_{in} 相互独立，而且 ε_{in} 服从 Gumbel 分布的前提下推导出来的，相关资料里有具体推导过程，在此不再赘述。其表达式为：

$$P_{in} = \exp(\sigma U_{in}) / \sum_j \exp(\sigma U_{in}) \quad (3-3)$$

式中：P_{in} 为个人 n 选择第 i 个选择支的概率，$\sigma > 0$ 为参数，它与 $g(\varepsilon)$ 的方差的关系是 $D(\varepsilon) = \frac{\pi^2}{6\sigma^2}$。由于 MNL 模型数学形式简洁，物理意义容易理解，再加上具有选

择概率在 0 ～ 1 之间、选择支的选择概率总和为 1 等合理性，近年来被广泛应用于交通等领域的模拟预测中[121]。

3.3.2.2　农村居民客运模式选集及影响因素

客运模式即指客运的标准式样，是在用地布局、人口密度、经济水平以及社会环境等特定条件下形成的客运方式结构，即各种客运方式承担出行量的比例分配[116]。经研究，农村公路客运模式基本可以归纳为四类，具体如图 3－2 所示。其中，复合式交通模式是指在整个出行过程中使用步行交通、非机动车交通、机动车交通中两种及其以上的交通出行方式。

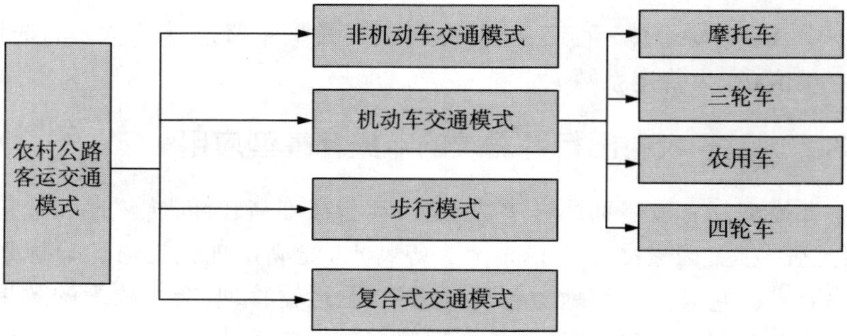

图 3－2　农村公路客运交通模式类型

根据在安徽省青阳县对农村居民客运方式选择的调查可知，由于农村居民出行分散、距离短、农村道路宽度有限、农村经济状况不佳等多方面的限制，农村居民客运方式主要包括步行、自行车、摩托车、农用运输三轮车、三轮面包车、7 座微型面包车、11 座面包车等，各客运交通方式特点见表 3－4。

表 3－4　农村出行各方式特点

效用客运方式	平均速度	准时性	废气排放量	事故发生率
步行	4.5～6.5km/h	好	无	低
自行车	10～15km/h	好	无	低
摩托车	42～50km/h	好	轻	较高
农用运输三轮车	25～34km/h	一般	重	高
三轮面包车	30～38km/h	一般	中上	较高
7 座微型面包车	38～42km/h	较差	中等	中
11 座微型面包车	40～42km/h	较差	中等	中

一般认为，影响出行者交通方式选择的因素主要分为三个方面：出行者特性、出行特性、交通工具特性[125]。其中，出行者特性由出行者家庭人均月收入来反映，出行特性主要由出行者的出行距离来反映，交通工具特性则通过交通工具平均运行速度、交通工具平均出行费用、交通工具舒适性（包括舒适、安全、可靠等）等指标来反映。

3.3.2.3　农村居民出行客运模式组合

农村交通出行距离一般在 15km 左右，其在严格意义上既可以通过单一方式出行，也可复合式出行。由于农村交通生成点和交通吸引点比较分散，好多村庄离干线较远，因此对农村客运交通模式的配置不应仅限于对各种交通模式本身特性的分析，还需充分考虑与其首尾相接的集散交通模式。由此可将单一式和复合式出行进行综合考虑，可得多个农村居民出行客运模式组合类型，各种组合类型的描述如表 3-5、图 3-3 所示。

表 3-5　农村居民出行客运模式组合类型

模式	描　述
模式 1	从初始点步行至终点
模式 2	从初始点骑自行车至终点
模式 3	从初始点骑摩托车至终点
模式 4	先从初始点步行至客运点，再乘农用运输三轮车至目的客运点后，最后步行至终点
模式 5	先从初始点步行至客运点，再乘三轮面包车至目的客运点后，最后步行至终点
模式 6	先从初始点步行至客运点，再乘 7 座微型面包车至目的客运点后，最后步行至终点
模式 7	先从初始点步行至客运点，再乘 11 座微型面包车至目的客运点后，最后步行至终点

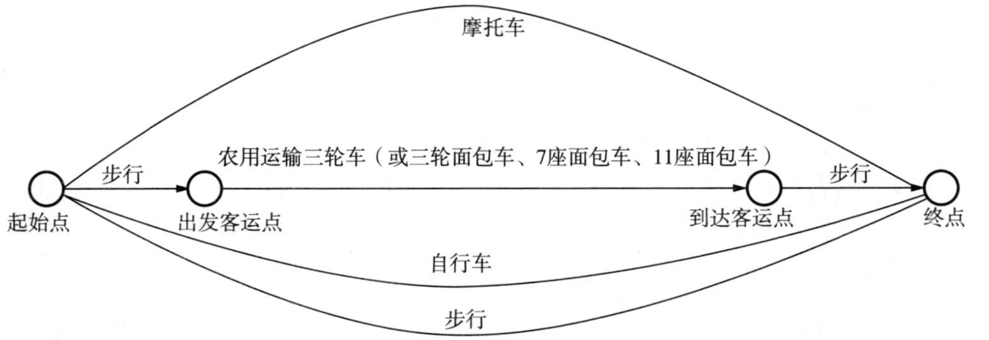

图 3-3　农村居民出行模式

3.3.2.4 农村居民客运模式选择行为模型分析

1. 效用值的确定

从上面的公式(3-3)可以看出,要计算个体 n 选择方案 i 的出行行为概率,关键是计算确定性效用。一般情况下确定性效用 $\boldsymbol{U}_{in}$ 表示为线性形式:

$$\boldsymbol{U}_{in}=\theta\boldsymbol{Y}_{in}=\sum_{k=1}^{K}\theta_k\boldsymbol{Y}_{ink},i\in C_n,n=1,\cdots,N \tag{3-2}$$

式中,θ 为未知参数,C_n 为可选出行模式集合,$\boldsymbol{Y}_{in}$ 为对个体n 而言出行模式i 的特性向量。对于农村公路客运交通模式,其典型选择支集合可依据表 3-5 建立。

考虑各因素对农村居民出行客运模式选择的影响,结合公式(3-2),建立农村居民出行效用函数如下。

$$\boldsymbol{U}_{in}=\theta_0+\theta_1\boldsymbol{T}_{in}+\theta_2\boldsymbol{C}^{in}/\boldsymbol{X}_n+\theta_3\boldsymbol{S}_{in} \tag{3-4}$$

式(3-4)中:$\boldsymbol{U}_{in}$ 为选择第i 种客运方式对应的效用函数,θ_0 为调整常数,θ_1、θ_2、θ_3 为待定参数,$\boldsymbol{T}_{in}$、$\boldsymbol{C}_{in}$、$\boldsymbol{S}_{in}$ 分别为第 n 个人选择第 i 种交通模式所用的时间、广义费用、可获得的舒适性,是反映可选交通模式特性的指标;$\boldsymbol{X}_n$ 为第 n 人的家庭月平均收入,是反映出行者个体特性的指标。

2. 模型中各因子的计算

模型中各指标因子的具体计算如下。

(1) 出行时间 $\boldsymbol{T}_{in}=T_{步行}+T_{交通工具}+T_{候车}$,其中 $T_{步行}=\dfrac{D_{步行}}{V_{步行}}$,$T_{交通工具}=\dfrac{D_{交通工具}}{V_{交通工具}}$。

其中:$T_{步行}$—— 第 n 人所选模式中的步行时间;

$T_{交通工具}$—— 第 n 人所选模式中利用交通工具的出行时间;

$T_{候车}$—— 第 n 人所选模式中等待交通工具的时间;

$D_{步行}$—— 第 n 人所选模式中的步行距离;

$V_{步行}$—— 步行出行的平均速度;

$D_{交通工具}$—— 第 n 人所选模式中利用交通工具的出行距离;

$V_{交通工具}$—— 交通工具的平均行驶速度。

(2) 出行广义费用 $\boldsymbol{C}_{in}=C_{时间价值}+C_{支付费用}+C_{交通工具折旧费}$

$$C_{时间价值}=农民人均年纯收入/农民年工作小时$$

$$C_{支付费用}=D_{交通工具}\times E_{交通工具}$$

$$C_{交通工具折旧费}=(交通工具购置费用-残值)\times\frac{交通工具本次出行距离}{交通工具总共可以行驶里程}$$

其中:$C_{时间价值}$—— 第 n 人所选模式出行的时间价值;

$C_{支付费用}$——第 n 人所选模式中利用交通工具所直接支付费用；

$C_{交通工具折旧费}$——第 n 人所选模式中交通工具单次出行的折旧费用；

$E_{交通工具}$——第 n 人所选模式中交通工具的平均每公里出行费用。

(3)出行模式舒适性

为将舒适性指标用于模型标定，需要对其进行定量化处理，一般采用专家打分法进行确定，具体步骤如下。

Step 1：通过设计调查问卷对农村居民进行调查，调查问卷见表 3－6。

表 3－6　出行模式舒适性调查问卷表

1. 您认为步行的舒适性：①较差；②一般；③比较舒适；④舒适
2. 您认为自行车的舒适性：①较差；②一般；③比较舒适；④舒适
3. 您认为摩托车的舒适性：①较差；②一般；③比较舒适；④舒适
4. 您认为农用三轮运输车的舒适性：①较差；②一般；③比较舒适；④舒适
5. 您认为三轮面包车的舒适性：①较差；②一般；③比较舒适；④舒适
6. 您认为四轮面包车的舒适性：①较差；②一般；③比较舒适；④舒适
注：出行模式舒适性指标主要包括舒适、安全、可靠等因素

Step 2：统计出行者对不同客运方式舒适性的评价结果，例如对三轮农用运输车，舒适性选项选择差、一般、比较舒适、舒适的比例分别为 71%、18%、7%、4%。

Step 3：将不同舒适程度赋予一定分数，采用七分制进行定义，将较差、一般、比较舒适、舒适分别赋值为 1 分、3 分、5 分、7 分。

Step 4：计算各客运方式舒适性的综合评价分，例如三轮农用运输车评价分值 $=1\times71\%+3\times18\%+5\times7\%+7\times4\%=1.88$，同样可计算出其他交通模式舒适性对应变量值。

Step 5：为了不失一般性，避免不同舒适程度初始赋予分数的影响，现将得分最低值作为参考标准分 1，对其他分数按比例进行定义。

3. 模型的计算

个体 n 选择客运模式 i 的概率可以写成如下形式。

$$P_{in}=\frac{\exp(\sum_{K=1}^{k}\theta_k\mathbf{Y}_{ink})}{\sum_j\exp(\sum_{K=1}^{k}\theta_k\mathbf{Y}_{ink})}=\frac{1}{\sum_j\exp[\sum_k\theta_k(\mathbf{Y}_{jnk}-\mathbf{Y}_{ink})}\tag{3-5}$$

标定求解上式，需要首先定义选择结果常数项变量 x_{in}，并构造似然函数：

$$x_{in}=\begin{cases}1,\text{个人 } n \text{ 选择了客运模式 } i\\0,\text{个人 } n \text{ 未选择客运模式 } i\end{cases} \tag{3-6}$$

显然 $$\sum_{i\in C_n} x_{in}=1 \tag{3-7}$$

设共有 N 个人被调查，在未确知各人的选择结果之前，$x_{in}, i\in C_n$ 是一组随机变量，个人选择的似然函数为 $\prod_{i\in C} P_{in}^{x_{in}}$。样本的似然函数为

$$L^{*}=\prod_{n=1}^{N}\prod_{i\in C} P_{in}^{x_{in}} \tag{3.8}$$

得到其对数似然函数： $$L=\ln(L^{*})=\sum_{n=1}^{N}\sum_{i\in C} x_{in}(\theta Y_{in}-\ln\sum_{j\in A} e^{\theta Y_{in}}) \tag{3.9}$$

设 ∇L 和 $\nabla^2 L$ 分别表示 L 对 θ 的 1 阶和 2 阶偏导，令当 $\nabla L=0$ 时 L 达到最大值，这样即可用 N-R(Newton-Raphson) 法标定参数 θ，从而可以计算出相应的效用[121-123]。参数 θ 的计算流程如图 3-4 所示。

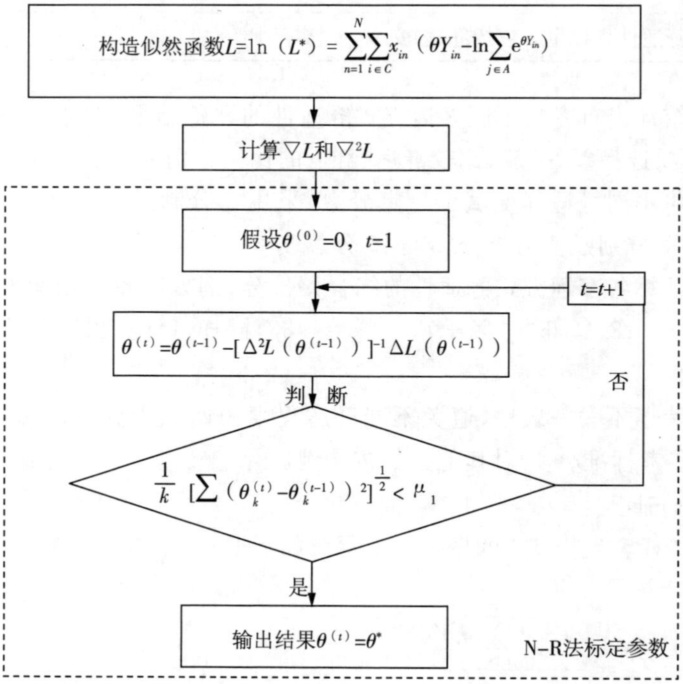

图 3-4　N-R 法计算流程

4. 模型检验

模型的检验主要考虑从三个方面进行：

(1) 参数显著性。以 $t_k=\theta_k^*/s_{kk}$ 为统计量，用 T 检验确定 θ^* 的每一分量 θ_k^* 对应的特型变量 Y_k 是否为影响个体客运出行模式决策的主要因素之一，若否，则需去掉该特性，重新标定参数。

(2) 参数符号条件。参数符号为负，表示对应的特性变量产生负效用，反之，则表示产生正效用。

(3) 采用极大似然比 $[\rho^2=1-L(\theta^*)/L(0)]$ 来判断模型能否反映实际情况。通常 ρ^2 在 0.2 ～ 0.4 之间就认为模型满足要求[126]。

5. 敏感性分析

进行个体出行客运模式分析的目的是了解个体出行客运模式决策与出行客运模式的特性变量，如费用、距离、收入、时间、舒适性等的互馈关系，这就需要对式(3-5)所示的非集计模型进行敏感性分析。

敏感性分析是指从定量分析的角度研究有关因素发生变化对某一个或一组关键指标影响程度的一种不确定分析技术。其实质就是通过逐一改变相关变量数值的方法来解释关键指标受这些因素变动影响的规律[127]。对客运方式的敏感性分析，主要就是考虑不同影响因素的变化对客运出行模式效用的影响，具体方法就是在假设待分析变量变化，而其余变量不变化的情况下，分析不同客运出行模式的特性向量 $\boldsymbol{Y}_i$ 变化对个体选择概率的影响程度。

3.3.3 案例分析

3.3.3.1 情景假设

假设村庄 A 与村庄 B 之间可选客运出行模式有：①步行；②自行车；③摩托车；④步行＋农用三轮运输车＋步行；⑤步行＋三轮面包车＋步行；⑥步行＋四轮面包车＋步行。其中，从表 3-4 中可以看出 7 座微型面包车和 11 座微型面包各方面出行特征都十分接近，从选择的典型性方面考虑，可将此两种方式归为一类，统称为四轮面包车。居民出行初始点和终点之间总距离为 10.4km，即从初始点至出发客运点之间距离为 0.2km，从出发客运点至到达客运点之间距离为 10km，从到达客运点至终点之间距离为 0.2km，如图 3-5 所示。

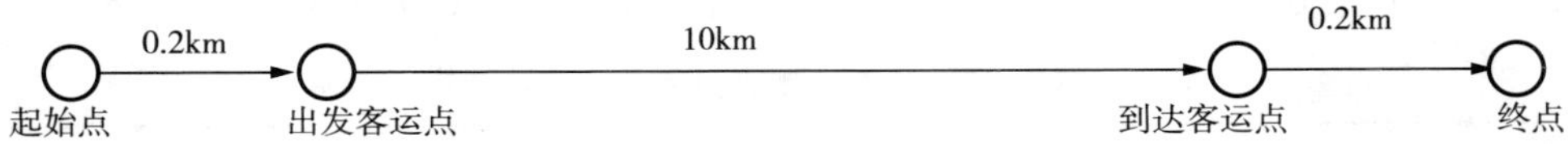

图 3-5 出行情景假设示意

3.3.3.2 各指标值的确定

在假定情景下对各客运模式效用函数进行计算，首先应计算出各客运模式对应的指标值。本书的各交通方式平均每公里出行费用及平均时速是根据亚洲开发银行技术援助项目，即农村运输服务可持续发展项目和农村客运服务改善示范项目的调查数据统计计算得出。其中平均每公里出行广义费用，不仅考虑实际发生的旅行成本，还考虑了出行者的旅行时间价值。本文的情景假设是以安徽省青阳县杜村乡为背景，故农村居民的旅行时间价值是按照青阳县农民收入水平计算而来，具体数值见表3-7。

表3-7 各客运模式变量值定义

变量	变量值
平均时速	步行:5km/h
	自行车:12km/h
	摩托车:44km/h
	三轮农用运输车:27km/h
	三轮面包车:32km/h
	四轮面包车:40km/h
平均每公里出行广义费用	步行:0.31元
	自行车:0.17元
	摩托车:0.47元
	三轮农用运输车:0.34元
	三轮面包车:0.39元
	四轮面包车:0.45元

注:平均每公里出行广义费用计算中，农民平均每小时时间价值按12月/年，22天/月，8小时/天计算，农民纯收入值取安徽省青阳县2008年农民人均纯收入，数据来源于《安徽省统计年鉴2009(中文光盘版)》。

再就是对舒适性指标进行量化处理。农村客运服务改善示范项目组在安徽省青阳县杜村乡通过发放调查问卷方式就客运舒适性指标对该乡村民进行了随机抽样调查。本次调查共发放调查问卷500份，收回有效问卷469份，有效问卷率达93.8%，按上节中介绍方法对问卷进行统计打分，得到各方式舒适性得分结果见表3-8。

表3-8 各交通模式舒适性指标值

模　式	步行	自行车	摩托车	三轮农用运输车	三轮面包车	四轮面包车
舒适度指标值	1	1.78	3.63	2.81	4.45	5.37

3.3.3.3　计算结果及分析

考虑各因素对假定情景中客运模式分担率的影响，在具体计算时，出行者家庭户均月收入主要分为1000元和1500元两个等级。由于出行者到达客运点是随机的，则候车时间可以取各客运交通模式发车间隔的一半来作为近似计算值，通过调查得到，杜村乡农村客运各交通模式平均发车时间为20分钟，则模式4～模式6候车时间为10分钟，模式1～模式3中候车时间为0。针对舒适性指标，在模式4～模式6中，由于步行距离较短，其中舒适性指标值主要对应出行中各交通工具指标值，最终得到各客运出行模式选择的测算结果（表3－9），且 $\rho^2=0.26$，模型满足要求。

表3－9　农村居民出行客运模式选择概率

交通模式	出行时间(min)	出行费用(元/次)	舒适度	模式选择概率 家庭户均月收入 1000元	模式选择概率 家庭户均月收入 1500元
模式1	124.8	3.22	1	6.65%	4.52%
模式2	52	1.77	1.58	10.43%	8.21%
模式3	14.73	4.89	3.63	27.58%	30.17%
模式4	41.02	3.52	2.81	22.37%	19.73%
模式5	37.55	4.02	4.45	21.23%	27.11%
模式6	33.8	4.62	5.37	11.74%	18.26%

从表3－9及图3－6中可以看出，在现有情景下，选择模式3、模式4和模式5的概率较大，三者总和达到7成多，剩下三种模式的选择概率不到3成，其中模式1出行选择概率最少。说明在假设的出行距离下，大多数人选择摩托车或三轮车出行，很少有人选择步行或自行车出行，四轮面包虽出行速度较快，但由于其费用相对较高，以及灵活性相对差些，选择概率也偏低。与此同时我们通过对比可以容易看出，家庭户均月收入为1500元的出行者近两成选择四轮面包出行，比家庭户均月收入为1000元的出行者选择概率要高出近7个百分点，不难得出收入水平对农村居民出行模式选择影响较大，在低收入水平下大家更看重的是客运模式的功能性而不是舒适性，追求的是客运出行的高性价比。当然，若四轮面包车降低收费或出行者收入提高，则会有更多人选择四轮面包出行。

3.3.3.3　敏感性分析

在现有情景下，假定各客运交通模式的平均发车间隔发生了变化，由原来的

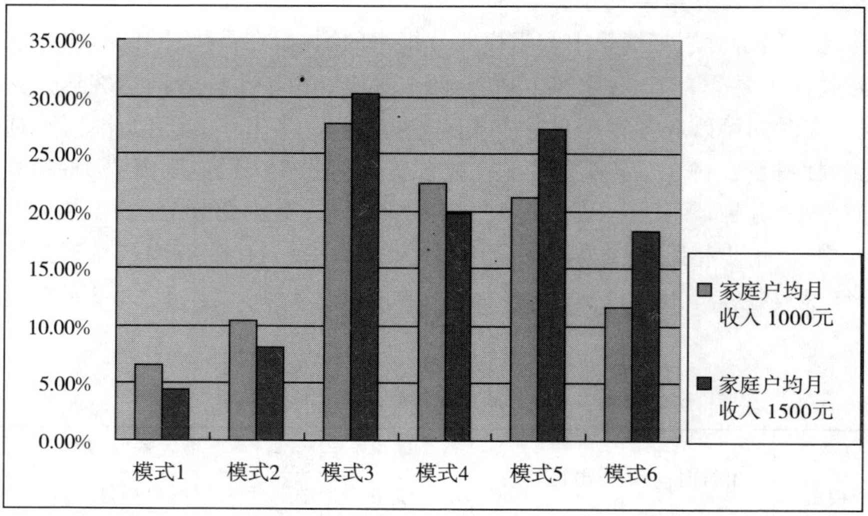

图 3－6　农村居民各客运交通模式选择概率及比较

20 min 改变为 15min，其余变量未变化，则各客运交通模式的出行时间会发生一些变化，由此计算的选择概率如表 3－10 所示。然后再在此基础上对出行费用、出行距离、收入水平等的敏感性进行了分析，具体如下。

表 3－10　发车间隔缩短为 15 min 时各模式选择概率

交通模式	出行时间（min）	出行费用（元/次）	舒适度	模式选择概率 家庭户均月收入	
				1000 元	1500 元
模式 1	124.8	3.22	1	5.43%	2.57%
模式 2	52	1.77	1.58	9.30%	4.34%
模式 3	14.18	4.89	3.63	23.22%	25.06%
模式 4	34.52	3.52	2.81	25.52%	22.18%
模式 5	31.05	4.02	4.45	23.37%	26.32%
模式 6	27.3	4.62	5.37	13.16%	19.53%

1. 出行费用敏感性分析

现假设各客运交通模式平均发车时间间隔缩短为 15min，且模式 4～模式 6 中农村居民出行客运费用分别降低 10%和 20%，则变化后，各客运模式选择概率测算结果分别见表 3－11 和表 3－12：

表 3－11　农村居民出行客运费用降低 10%时各模式选择概率

交通模式	出行时间(min)	出行费用(元/次)	舒适度	模式选择概率 家庭户均月收入 1000 元	 1500 元
模式 1	124.8	3.22	1	2.58%	1.33%
模式 2	52	1.77	1.58	7.25%	5.27%
模式 3	14.18	4.89	3.63	21.14%	24.01%
模式 4	34.52	3.17	2.81	22.23%	17.72%
模式 5	31.05	3.63	4.45	19.63%	21.06%
模式 6	27.3	4.17	5.37	27.17%	30.61%

2. 出行距离敏感性分析

现仍假设各客运交通模式平均发车时间间隔缩短为 15min，但同时出行距离由 10.4 公里缩短为 5.4km，如图 3－7 所示。

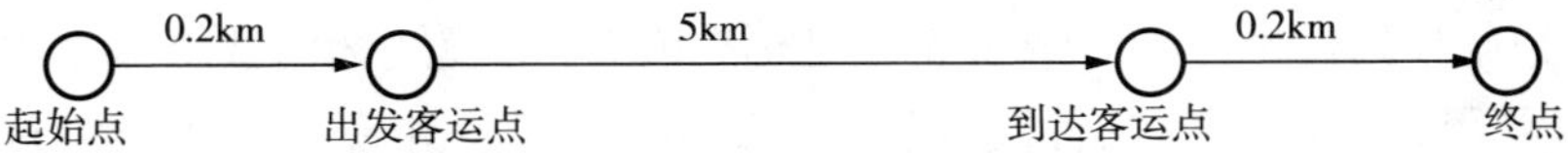

图 3－7　距离缩短后的出行情景假设示意

表 3－12　农村居民出行客运费用降低 20%时各模式选择概率

交通模式	出行时间(min)	出行费用(元/次)	舒适度	模式选择概率 家庭户均月收入 1000 元	 1500 元
模式 1	124.8	3.22	1	0.73%	0.32%
模式 2	52	1.77	1.58	3.26%	2.05%
模式 3	14.18	4.89	3.63	14.51%	17.76%
模式 4	34.52	2.84	2.81	23.78%	20.47%
模式 5	31.05	3.24	4.45	30.43%	23.14%
模式 6	27.3	3.72	5.37	27.29%	36.26%

则经此变化后的各客运交通模式选择概率测算结果见表 3－13。

表 3-13　农村居民客运距离变化后各模式选择概率

交通模式	出行时间（min）	出行费用（元/次）	舒适度	模式选择概率	
				家庭户均月收入	
				1000 元	1500 元
模式 1	64.8	1.67	1	15.47%	11.49%
模式 2	27	0.92	1.58	21.11%	18.52%
模式 3	7.36	2.54	3.63	18.26%	22.78%
模式 4	23.41	1.82	2.81	16.60%	12.03%
模式 5	21.68	2.07	4.45	15.31%	15.95%
模式 6	19.8	2.37	5.37	13.25%	19.23%

由表 3-9 和表 3-10 可知，当仅仅只有候车时间缩短为 7.5min 时，各交通模式选择概率均有变化，模式 1～模式 3 出行选择概率均有小幅度下降，模式 4～模式 6 出行选择概率都有对应的微升，说明候车时间短了，灵活性相对好一点，客运车辆的吸引力就会提高一些，使一些原先打算选择步行或私人交通工具出行的人转移到客车上来；当发车间隔缩短为 15min，且模式 4～模式 6 中客运交通出行费用下降时，农村居民对模式 1 和模式 2 的出行选择概率下降最为明显，即选择步行或自行车出行的人很多改选其他模式出行，从模式 4～模式 6 中客运交通出行费用下降幅度为 10%和 20%两种情景的对比看，模式 1 和模式 2 的选择概率出现了明显变化，费用越低时，农村居民就越不愿意选择模式 1 和模式 2 出行。这充分说明，在客运出行成本支出不高的情况下，农村居民还是愿意选择相对舒适的客运工具出行。由此，建议政府给予农村公路客运企业一些公共财政补贴，降低票价，这样就可以吸引更多的人乘坐，从而提高整个社会的客运出行效率。同时，家庭户均收入不同，对客运模式的选择也有很大的不同，从表 3-9、表 3-10、表 3-11、表 3-12、表 3-12 均可看出，家庭人均月收入为 1500 的出行者比家庭人均月收入为 1000 元的出行者更倾向选择舒适性客运工具出行。可以预见，随着农村居民收入的逐步提高，他们会慢慢舍弃低端的客运交通模式，转而去选择乘坐舒适性客运工具，这将是一个发展趋势。

由表 3-13 可以看出，当出行距离减少 5km 时，各模式选择概率相对表 3-9 来说均有较大变化，其中尤以选择步行出行和自行车出行的概率变化明显，两者均有较大增幅，两者之和占总出行方式分担率逾三成。摩托车出行选择概率约占两成左右。说明在距离不远的情况下，会有很大一部分农村居民选择这三种模式，这样就可以在力所能及的情况下节省出行成本。也就是说，出行距离越短，人们对客运舒适性就越不做过多追求，越看重客运模式的高性价比。另外，观察表 3-13，不难发现在此距离下对模式3、模式4、模式5、模式6的选择概率差别不大，但不同家庭收入者在选择这四种模式时仍会表现出对价格因素的敏感，家庭人均月收入为1000元的出行者相对较多选择模式3，而家庭人均月收入为1500元者相对选择舒适度较好的模式6。

分析结果表明，费用和距离是影响农村公路客运结构的主要因素。在目前情况下，由于农村公路客运市场定价机制不完善，且缺乏必要的监督管理，造成各公共交通工具定价普遍较高，使得广大农村居民难以承担，只好转而寻求低端低廉的客运模式出行，甚至就是依靠步行。这样很容易吸引大量价格低廉、运营成本低的农用运输车、三轮车进入农村客运市场，从而导致农村客运运力过剩、交通工具使用率低下，如同“劣币驱逐良币”，一些正规的客运经营者就会被这些非正规的客运经营者慢慢逐出农村客运市场。事实上，通过降价前后的数据对比很容易看出，四轮面包车作为一种速度快、舒适性好、安全性高的出行方式，当其票价合理时，相当一部分居民愿意选择其出行，说明了在农村有大力发展四轮面包车的可能性、可行性。但目前运输管理部门应对从事农村客运的农用车、三轮车加大监管力度，合理引导它们进行线路组织和安全管理，改善客运秩序，为农村居民提供可靠的、可承担的、便捷的、安全的客运服务。

3.3.4　基于出行者需求的农村公路客运模式结构发展建议

简而言之，从农村居民个人客运出行选择行为和可承担能力的角度对基于出行者需求考虑的农村公路客运模式结构提出不同阶段的政策建议，即较好的政策选择应是在不考虑现状客运许可条件的前提下，对于农村公路客运模式结构，近期应顺势以低端低廉的客运模式即三轮车为主，对三轮车从事客运进行合理引导、纳入管理、加以利用，容许它们合法存在，而不是去强制取缔它或者不闻不问，给农村居民出行带来不便或安全隐患；远期随着客流量和人们收入水平的进一步增加，出行者需求会发生变化，慢慢会由功能性需求转向舒适性需求，三轮车会逐步被四轮车代替，从而实现农村客运市场的合理升级，让农村居民能享受到经济实惠、安全可靠的客运服务。

3.4　本章小结

本章分析了农村公路客运模式结构现状和农村居民出行消费和需求特性，结果表明农村居民的客运消费能力与其经济状况高度相关。在此基础上，本章应用非集计模型理论，结合农村居民客运消费与需求特性和现状客运模式特点，以农村居民出行的六种典型模式为分析对象，按照以人为本的原则，建立了基于出行者需求的农村居民客运出行模式选择行为的效用模型，并对假定的情景进行了算例分析。通过对模型计算结果的敏感性分析，找出了影响农村公路客运模式结构的主要影响因素是出行费用和距离，由此提出了基于出行者需求的农村公路客运模式结构的近远期发展建议。

第四章　城乡统筹进程中的农村公路客运秩序改善研究

农村公路客运秩序的好坏直接影响着农村公路客运的可持续发展。在城乡统筹进程中，由于农村地区道路基础设施和客运设施的特殊性，导致农村客运从业队伍里存在大量的非正规客运经营者，他们经常与正规经营者争抢市场、无序竞争。所谓秩序(Order)，就是人们去遵守共同的行为准则，有条理地、有组织地安排各构成部分以求达到正常的运转或良好的外观的状态。从动态上来看，秩序是指事物在发展变化的过程中表现出来的连续性、反复性和可预测性；从静态上来看，秩序是指人或物处于一定的位置，有规则、有条理、不紊乱，从而表现出结构的一致性和恒定性。由于非正规经营者没有政府部门颁发的营运许可证，置于政府监管的真空之下，行为没有约束，他们很容易扰乱正常营运秩序，也很难保证农村居民客运出行的可达性、可承担性、可靠性和可持续性。有序才有效率，本章将利用熵及耗散结构理论来分析农村公路客运系统的演变过程，从而提出改善农村公路客运秩序的建议。

4.1　我国农村公路客运秩序现状问题分析

农村公路客运点多面广，经营企业规模较小，乡镇道路运输管理机构建设滞后，使农村公路客运市场监管体系不健全，行业监管无法落实，农用车、三轮车等非法营运现象较突出，见图 4-1。

根据云南省文山壮族苗族自治州运管部门的统计，目前共有各类非法营运客运车辆 6375 辆，其中小型客车 11 辆，微型客车 1324 辆，轿车型 112 辆，三轮摩托车 988 辆，二轮摩托车 1632 辆，在总量中退役车、二手车占 70%，未过户的车辆占 25%，从事非法营运的人员 6488 人。另外，还有双排座客货两用车 257 辆，低速载货车 511 辆，农用车 347 辆，拖拉机 1191 辆等也在相对稳定地从事非法客运。在各主要乡镇，以及主要农村路网上形成一定规模的长期从事非法营运的队伍。在

图 4－1　非正规农村客运交通工具类型

各乡镇、村集市时非法营运状况更加严重，平均每个集市时有 56.4 辆非法营运车辆在运行。

在新疆维吾尔自治区的农村地区，农用车、电瓶车、三轮摩托车等非法运输工具经营客运的情况也非常严重。据初步估算，全区从事非法运输的工具达数十万辆。其中，2006 年全年库车县运管站共计查处农村非法营运客车(黑车)87 辆，未查处的估计有 45 辆左右，占正规营运车辆的比重超过 40％。

在安徽省怀宁县石牌镇调查可知，石牌镇有 16 条正规与非正规运营的客运线路，由逾 200 辆车提供客运交通服务，其中包括 180 多辆三轮车，运营车辆中超过 90％未获得运营许可，一般在镇内沿路的地方等待载客。通往村乡的道路大多数都非常窄(3.5m)，也限制了车辆的类型。

那么，为什么会有如此多的非法或非正规营运车辆参与农村公路客运呢？这与我国农村居民出行特性、农村路用性能和道路运输管理政策有关。道路运输管理部门对于路况恶劣或等外路(我国目前等外路占总里程长度的 25％)，考虑到安全因素或盈利因素，一般不会颁发经营许可。由于农村公路客运车辆所经过的道路条件较差、行驶里程较短、票价低，客源不稳定、营运收入较少，而税费负担与干线客运车辆相同，车辆磨损较大、油耗高（百公里油耗较干线客运车辆多消耗15％左右）、运输成本较高、效益差，致使现有的运输业正规经营者对开行农村客运的积极性不高。在这种情况下，农用车辆或其他车辆就会乘虚而入，开展非法营运。根据2005年版《道路旅客运输及客运站管理规定》，只有当经营线路一端有客运站的情况下才可以颁发经营许可。经在广西、甘肃、新疆、云南等地调查可知，它们只有15％～37％的乡镇有客运站，在这种情况下，要么以县城为基础的长途线路延伸到乡镇以下提供间断性的村庄客运服务，要么就等到新建客运站完成后再申请经营许可，而这就为非正规经营者提供了可乘之机。农村客运线路上屡禁不止的非正规客运服务，部分原因是相关政策的疏漏，它要求在没有适当的客运站，道路没有升级之前，不得开通正规客运服务，这与农村地区客运的现实需求是相矛盾的。另外，由于各地交通局在监督经营者活动和安全执法方面资源有限，对待非正规经营者的态度也模糊不清，有的认为他们满足了运输需求，有的也默许了在没有正规服务情况下他们的存在，当然有的还想试图禁止他们从事经营活动。

由此可见，非正规营运车辆存在的原因主要有：①正规营运客车的税费负担重，每车承担20多项税费，与非正规营运车辆成本差距很大；②部分农村经济落后，农牧民收入少，对运输的安全性、舒适性要求较低，图便宜，故选择低票价的非正规运输工具；③个别地方非正规营运车辆长期以来已形成规模，当地政府对打击工作有畏难情绪，担心影响社会稳定；④公安、交通等相关管理人员少、经费有限，农村客运市场无法监管到位，难以清除和取代。

正是因为大量未获得营运许可的非正规经营者从事农村客运，导致农村公路客运秩序存在很多问题，具体表现在以下几个方面：

1. 非法运输现象较为突出，安全隐患多

由于农村运输涉及地域广阔，监管难度大，为无牌无证车辆有机可乘，这些车辆不缴纳任何规费，不办理保险，有的甚至是报废车辆。在农村有大量微型车、农用运输车、机动三轮车非法从事客运经营活动，且多为人货混装，圩日时超载较为严重。由于农村客运车辆普遍档次较低、路况差、驾驶员素质参差不齐，安全隐患很大。

2. 经营者素质低，经营组织管理落后

由于农村公路客运市场准入条件较低，个体运输户单人单车就可以经营，表现为“多、小、散、乱”，经营者素质参差不齐，服务意识较差。普遍存在经营主体多、经营规模小、运输组织松散、竞争和抗风险能力较弱。存在着争客、抢客、甩客、抬价、杀价、串线经营等无序竞争现象。

3. 农村客运服务监管难度较大

对于很多农村偏远地区，由于管理成本较大，运管部门和运输公司难以派人到乡镇进行监管，出现了不能解决农村群众出行和车辆监管不到位的问题。在交警及运政部门管理不到时，一些经营者不按规范操作，擅自超员超速客运，同时驾驶员技术低，用性能较差的车辆进行非法客运，交警及运政管理上存在困难。

4. 乡村客运站点建设滞后，客车乱停放、乱揽客

作为农村客运网络结点，让农村人民群众有一个相对固定的乘车、候车场所的乡镇客运站严重不足。乡镇客运站点建设的滞后，致使农村客运缺乏有效运输组织，客车在村镇内多为乱停、乱放、乱揽客。

然而在很多情况下，非正规经营者能够提供正规经营者无法提供的服务，它也发挥着非常有价值的作用，但由于相互竞争造成客运秩序较为紊乱，尤其表现在运营安全和运营效率上。据调查，非正规营运车辆的保养状况都非常差，驾驶员水平不高，超载现象严重，而且保险手续不全。因无人监管，给农村居民客运出行带来安全隐患。另外，由于农村公路客运市场极其开放、门槛低，大量个体经营者都挤到农村公路从事农村公路客运服务，导致多数车辆在很多时间都处于闲置状态，运营效率极低，抢客现象严重。据调查，安徽省怀宁县石牌镇内日运营客运车辆平均总数达到283辆，车辆平均乘客容量为4.8。每辆车每天运营的平均来回行程数只有1.4趟，部分车辆常常花费几个小时闲置在客运站等待载客，这表明车辆的使用率非常低，还有大量的多余运输能力。由此可见，应着手研究如何改善当前的农村公路客运秩序，以确保客运安全、提高客运效率。

4.2 相关理论介绍

交通运输系统是一个开放的系统，在分析交通运输系统时经常用到耗散结构理论。陈涛、陈森发指出城市道路交通系统为耗散结构系统，在城市各个交通分区具有局部交通状态极限和系统自治性，并根据热动力学耗散结构的特性，研究城市道路交通系统的交通量聚集和扩散规律[128]。聂伟、邵春福、杨励雅指出区域交通系统是一耗散结构，选择区域交通网络有效路段上的平均交通拥挤度为序参量，来描述区域交通系统的演化过程和方向，利用熵理论和信息论，建立了区域交通系统熵测算模型，并利用该模型对1998—2004年北京都市圈交通系统熵进行了实证性测算研究[129]。毛亮认为自组织理论为认识城市道路交通系统提供了新的思维方式和处理问题的方法，并对城市道路交通系统的耗散结构进行了分析[130]。Helbing和Dirk利用这一理论建立了交通流模型，作为对先前此类模型的修正，取得了一些成果[131]。农村公路客运系统属于交通运输系统的重要组成部分，因此也可利用耗散结构理论对其演变过程进行分析。

4.2.1 耗散结构理论

4.2.1.1 耗散结构的基本概念

耗散结构理论是在热力学发展的过程中建立起来的，是研究耗散结构的性质以及它的形成、稳定和演变规律的科学。耗散结构(Dissipative Structure)的概念是由比利时物理学家 Prigogine 在 1969 年提出的[132]。Prigogine 认为一个孤立系统朝着均匀和无序的平衡态发展，系统的熵不断增大，直至达到平衡态，此时的熵最大。但对于一个开放的耗散结构系统，系统的熵可能增加、维持或减少，此时系统的熵增(熵的变化量)为

$$dS = d_iS + d_eS \tag{4-1}$$

式(4-1)中，dS 表示系统熵的改变；d_iS 表示系统内部原因引起的系统熵改变，是系统内部的熵增，而且 $d_iS \geqslant 0$，即当系统内经历可逆变化时，$d_iS=0$，当系统经历不可逆变化时 $d_iS>0$；d_eS 表示外部原因引起的熵改变，是系统与外部环境的交换熵增，即由物质和能量的流进或流出的过程引起的，一般 d_eS 没有确定的符号，对于耗散结构系统，$d_iS>0$，且 $|d_eS|>d_iS$[109,120]。

如果 $dS>0$，则系统朝着无序的方向发展；如果 $dS<0$，则系统朝着有序化程度提高的方向发展[109,120]。

该理论强调一个远离平衡的开放系统，通过不断地与外界交换物质和能量，在外界条件的变化达到一定的阈值时，可能从原有的混沌无序的状态转变为一种在时间上、空间上或功能上的有序状态。这种在远离平衡情况下所形成的新的有序结构，普利高津把它命名为“耗散结构”。对于耗散结构系统，必定有 $dS=d_iS+d_eS<0$[132-133]。

4.2.1.2 耗散结构的形成条件

耗散结构的形成并不是在任意条件下都可以发生的，它要具备下列四个重要的条件[109,120]：

1. 系统是一个开放的系统

开放系统是一种与外界自由地进行物质和能量、信息交换的系统，只有开放的系统，才能从与外界物质、能量和信息的交换中不断获得负熵流，使系统向有序化发展。开放的系统输入的是物质、能量和信息，输出的是各种产品或服务[109,120]。

2. 系统是一个远离平衡态的系统

开放系统是耗散结构形成的必要条件，但不是充分条件。耗散结构只有在系统保持“远离平衡”的条件下，才有可能出现。因为平衡态的组织结构是一种“死”的结构，它的存在不依赖于外界，而耗散结构是一种“活”的结构，它只有在开放和非平衡条件下才能形成，需要与外界保持连续不断的物质、能量和信息交换的过程中才能维持，它的存在强烈地依赖于外部条件。所以，耗散结构是系统的一种非平衡态[109,120]。

欲使系统形成耗散结构，就必须设法驱动开放系统越出平衡态区和近平衡态线性区，到达远离平衡态的非线性区域去，图 4-2 为系统不同状态下的分支。

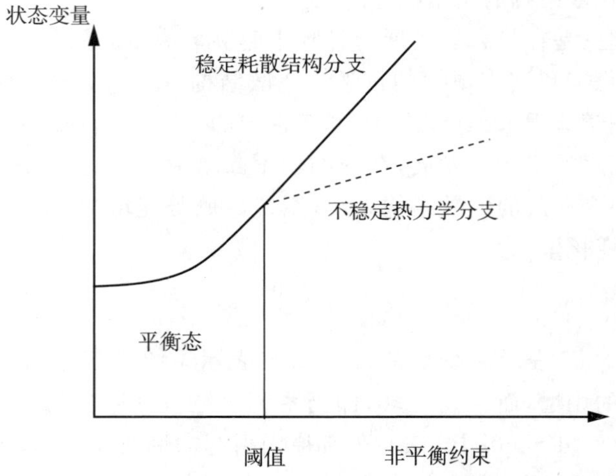

图 4-2　系统分支图

3. 远离平衡态系统内各要素之间存在着非线性的相互作用

远离平衡态系统的演化具有多样性。在近平衡区，由于非线性项与线性项相比是个小量而不发挥作用，这时只存在热力学分支单解；而当非平衡约束把系统驱动到远离平衡态时，非线性项就发挥了主导作用[109,120]。

4. 涨落导致有序

涨落是指系统的某个变量对平均态的偏离。涨落是使系统由原来的平衡状态演化到耗散结构的最初驱动力。在远离平衡态的系统中，涨落是系统由不稳定状态形成新的稳定有序状态的杠杆，起着积极的建设性作用。当系统处于远离平衡态时，随机的"小涨落"可以通过非线性的相关作用和连锁效应被迅速放大，形成系统整体上的"巨涨落"，从而导致系统发生突变，形成一种新的稳定有序状态，形成新的耗散结构系统。这个过程是不可逆的[109,120]。

4.2.2　熵的概念

熵(Entropy)的概念最早是由德国物理学家 K. Clausius 在 1865 年提出的。熵的数学意义是热量 Q 被温度 T 除得的商。即

$$dS=\frac{\Delta Q}{T} \tag{4-2}$$

从式(4-2)中可以反映出，相同热量，温度高则熵小，温度低则熵大。熵的意思就是变化、转化、演化[109]。

后来信息论创始人 C. E. Shannon 在 1948 年将熵的概念加以推广到信息领域，提出了“信息熵”[109]。他将熵作为一个随机事件的不确定性或信息量的量度，主要用于度量系统状态的不确定性。当系统的状态不确定性越大，可能的状态或结果就越多，并且每种状态出现的概率都是不同的。此种情况下，熵的表达式为

$$E = \sum_{i=1}^{n} p_i \ln\left(\frac{1}{p_i}\right), \text{其中 } 0 \leqslant p_i \leqslant 1, \sum_{i=1}^{n} p_i = 1 \tag{4-3}$$

式中，p_i 为第 i 个状态出现的概率。

由熵的表达式可以看出，当 $p_i = \frac{1}{n}$ 时，即等概率的情形时，熵取最大值。

4.3　农村公路客运系统耗散结构分析

4.3.1　农村公路客运系统耗散结构形成条件

对于一个市场经济条件下的农村公路客运经营者来讲，最基本的客运经营组织过程就是“投入与产出”：一方面是客运设施与工具的购进和能源的持续输入；另一方面通过运营提供客运服务，在客运市场上尽快地经营，使资金在最短时间内回收并能有所盈利。无论是输入与输出，一旦停止，客运经营者内部的结构和有序性都将瓦解。显然，客运经营者的一切基础都依赖于这个开放的输入输出过程。对照耗散结构形成的条件，农村公路客运系统基本满足，具体分析如下：

1. 农村公路客运系统是一个开放的系统

农村公路客运系统由多种要素组成，它处于国民经济发展的大环境下，将与外界不断地进行物质、资金和信息的交换，国家对农村客运的行政干预较少，运输经营人可以自由进出农村公路客运市场，农村居民也可以自由选择在何时何地乘坐哪一经营人的车辆出行。

2. 农村公路客运系统是一个远离平衡态的系统

农村客运系统是随外界环境而不断变化的，组成系统的各种资源总是在不断地调整结构，优化资源配置，所以该系统总是远离平衡态的。比如，农村每天参与客运的运营车辆数和居民平均出行频率等都是经常处于远离平衡的波动状态。

3. 农村公路客运系统内各要素之间存在着非线性的相互作用

农村客运系统由多种要素组成，而各要素的影响因素又是复杂多变的，不可能都可用线性方程式简单的表示出来，比如出行者的出行时间、出行路线的选择等都受到众多因素的影响，而这些影响因素绝不是简单的线性关系，另外单个要素的改变也会对系统产生不同的影响，这些影响也是十分复杂的。

4. 农村公路客运具有不可逆过程

在农村公路客运系统中，农村居民的出行需要消耗能源、物质和时间，同样农村公路客运服务也需要消耗能源、物质和时间，因此它是典型的不可逆过程。

5. 农村公路客运系统内外存在着涨落

涨落是对系统稳定平均状态的偏离，是同一系统发展演化过程之中的差异。在农村客运发展的不同时期，客运系统的内外部环境都会发生经常性的变化，伴随着供需变化和农村公路客运市场的行情变化，不断有运输经营人进入或退出市场。由于现在从事农村公路客运的交通工具存在一定的非法性，但如果正规的公共交通工具大举进入，客运系统将会发生大的变化，会触发客运系统跃迁到新的状态，从而形成新的耗散结构。另外，由于季节性等因素，出行人次数也会出现很大的涨落。农村公路客运系统的结构、功能和涨落之间的关系，如图 4-3 所示。

综上所述，农村公路客运系统满足耗散结构条件，从而可以认为它就是一个耗散结构系统。因此，可以利用耗散结构理论对农村公路客运系统进行分析研究。

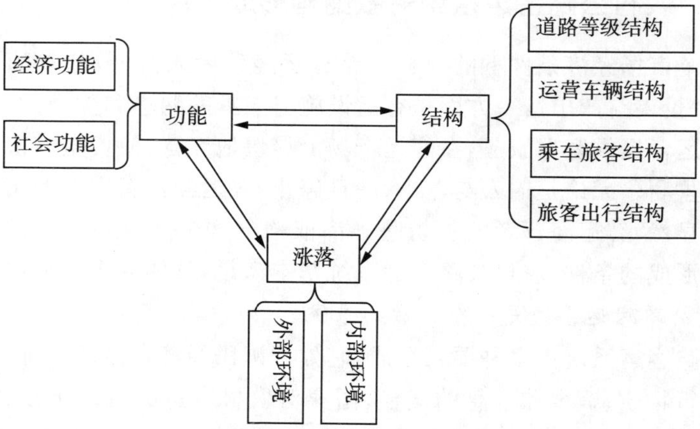

图 4-3 农村客运系统结构、功能与涨落之间的关系

4.3.2 农村公路客运系统耗散结构的数学描述

耗散结构在描述某种物体群体 x_i 在资源 Y 的情况下以及与 x_j 竞争的条件下，它的发展情况的一般公式如式(4-4)所示[133]。

$$\frac{\mathrm{d}x_i}{\mathrm{d}t}=k_i x_i\left[Y-\sum_n \beta_n x_n\right]-d_i x_i+F_{\mathrm{C}}(\{x_j\})+F_{\mathrm{R}}(\{x_j\}) \qquad (4-4)$$

式(4-4) 中，R：表示 x_i 所需要的资源；

k_i：表示 x_i 的增长系数；

$\sum_{n}\beta_n x_n$：表示所有的物种对资源 A 的消耗；

β：x 物种对于资源 A 的消耗系数；

$\frac{\mathrm{d}x_i}{\mathrm{d}t}$ 表示 x_i 的增长速率；

t 系统的时间变量，即系统发展的不同阶段；

$d_i x_i$ 表现物体自身的消耗（比如某物种的生物死亡）；

F_{C}、F_{R} 分别描述物体 x_i 和其他物体 x_j 的竞争关系和调节关系。

对照公式（4-4），农村公路客运系统也有三个反映其状态的宏观变量，即①是在农村客运系统中运行的合法（或者正规）公共交通工具，记作 $x(t)$（辆）；②是在农村客运系统中运行的非法（或者非正规）公共交通工具，记作 $y(t)$（辆）；③是在农村客运系统中居民选择公共交通工具出行的总次数，记为 $z(t)$（次）。三个变量均是对于时间的函数的变化而演化，比如从古代的步行、马车，到近代的人力车、三轮车和汽车等。且三者满足公式（4-4），$z(t)$ 作为 $x(t)$ 和 $y(t)$ 的资源，充当着公式（4-4）中 Y 的作用，而 $x(t)$ 和 $y(t)$ 作为两个竞争对象共享着资源 $z(t)$。

4.3.3　农村公路客运系统耗散结构熵变分析

从上述可知，对于开放系统，要使整个系统的熵变 $\mathrm{d}S$ 小于零，d_eS 必小于零，而且满足 $|\mathrm{d}_eS| > \mathrm{d}_iS$，系统总的熵值减小，系统才能向更有序的方向发展。

系统的熵不是一个守恒量，它的总量是可以变化的，根据农村公路客运系统的特点，农村公路客运系统的熵流和熵产生可分别表述为如下。

（1）农村公路客运系统与外界环境会发生关系，一方面该系统不断地从外界环境吸收资金，另一方面不断把服务输出到外界环境中。在此过程中，农村客运系统吸收的是经营者的投资，输出的是为农村居民提供客运服务，从中获取利润。与此同时，农村客运系统同外界环境之间有一个熵流，表示农村客运系统同外界环境发生交换时的熵变。它的作用是使农村客运系统有序化，它的大小代表了客运系统对外界环境交换量的大小，熵流值越大时，表明外界同样的投入，客运系统的输出就越大，该客运系统的功能就越强。

（2）在农村公路客运系统中，对客运系统的道路基础设施、车辆、站点等方面的建设是一个熵增过程，为此要对这些项目进行投资以抵消它所产生的熵产生，故可以用该类项目的投资来计算系统的熵产生，从农村客运的资金流角度看，可理解为经营者的各种车辆投入成本费用。如果对客运系统的投资比例愈大，表明客运系统内部的熵产生也越大。

4.3.4　农村公路客运系统熵变模型的构建

张志峰、肖人彬、刘美玲等人在《基于耗散结构的企业系统熵变模型》一文里应用耗散结构理论，针对企业系统的运行状况，从熵变的角度进行研究，建立起了企业系统的熵变模型，并结合实例来分析说明企业系统运行的有序度[134]。由此本书也可针对农村公路客运系统的运行状况，建立农村公路客运系统的熵变模型，以分析农村公路客运系统运行的有序度问题。

从前面的农村公路客运秩序现状分析可知，农村公路客运系统要涉及农村居民的利益、各类客运经营者的利益、政府的公共利益、农村的社会影响和经济发展等方面，是一个较为复杂的系统。因此，在构建农村公路客运系统熵变模型时要考虑多方面因素。首先，农村公路客运系统作为一个开放性系统，它不断地与外界进行着能量与物质的交换，在这方面可以按公式(4-2)来构建熵变模型。具体过程如下。

开放的农村公路客运系统在与外界交换的过程中伴随着人流、信息流、资金流等方面，以及客运系统所处时间和空间的状态变化，另外运输人选择进入或退出农村运输市场的主要因素在于所能获取的经济利润。因此，在此方面可将此系统的熵表示为以下的函数形式。

$$S=f(F,M,L,T) \tag{4-5}$$

式(4-5)中：F 为客运系统的物质基础投入；M 为物质投入所取得的相应的经济价值；L 为系统空间状态变量；T 为系统的时间变量，即农村公路客运系统发展的不同阶段。

农村公路客运系统中，由于客运经营者的各项活动主要是靠资金流的推动来完成的，而系统的物质输出和输入也可换算成相应的经济价值，根据熵的基本性质和公式(4-2)，可定义出资金投入系统的熵为

$$E(S)_1=\frac{F}{M} \tag{4-6}$$

即在这方面，资金投入系统的熵为某一状态下所拥有的物质投入与其所获得的经济价值之比。如果农村公路客运系统存在多种状态，则其熵为

$$E(S)_1=\sum_{i=1}^{n}p_i\frac{F_i}{M_i} \tag{4-7}$$

式中，p_i 为第 i 个状态出现的概率，且 $\sum\limits_{i=1}^{n}p_i=1$。

其次，农村公路客运系统又是一个远离平衡态的系统，大部分地区的农村公路客运经营者可以不受约束的随机地进出农村公路客运市场，每天参与客运的运营车辆数和居民平均出行频率等也都是经常处于不确定性的状态下，在这方面应按公式(4-3)来测算系统状态的不确定性，从而得出熵值。即

$$E(S)_2=-\sum_{i=1}^{n}p_i\ln p_i \tag{4-8}$$

式(4－8)中，p_i 为第 i 个状态出现的概率，且 $\sum_{i=1}^{n} p_i = 1$。

由此可见，在农村公路客运系统的演化过程中，不但受其内部系统要素、行为、性能等起伏变化的影响，而且由于其开放性，还会受到外界各种涨落的影响，如政策的变动、消费结构的变化、经济规律的作用等，使得农村公路客运系统原有的平衡不断被打破，始终处于从一种平衡态向新的平衡态迁跃的过程。因此，农村公路客运系统熵变模型的构建应综合考虑农村公路客运系统内部、外部原因引起的熵变值。为简化起见，可以采用下式(4－9)来计算农村公路客运系统的熵产生。

$$E(S) = \frac{1}{2}[E(S)_1 + E(S)_2] = \frac{1}{2}[-\sum_{i=1}^{n} p_i \ln p_i + \sum_{i=1}^{n} p_i \frac{F_i}{M_i}] \quad (4-9)$$

式(4－9)中：

F_i—— 第 i 种运营车辆每人每公里运营成本额；

M_i—— 第 i 种运营车辆每人每公里利润额；

p_i—— 第 i 种运营车辆所占总车辆数的比率；

n—— 农村客运系统中现有的车辆种类数。

4.3.5　基于熵理论的农村公路客运秩序改善的案例研究

本书选择农村客运服务改善示范项目的示范点——安徽省青阳县杜村乡为例进行案例分析。杜村乡的农村公路客运现状代表了大多数中国农村地区客运现状，具有很好的典型性。

杜村乡下辖 11 个行政村，人口约 2 万人。该乡农村公路建设步伐较快，路面虽窄，但状况良好，基本能实现村村通。目前，该乡与周边村庄的公路客运服务主要由非正规经营者提供，营运车辆大部分是三轮农用运输车和三轮面包车；有少量正规经营者经营 7 座四轮面包车，但由于非正规经营者基本控制了当地的客运服务，正规经营者亏本现象严重，正逐步淡出该市场。由于农村公路客运基本都是个体运输，组织化程度低，超载、超速等现象普遍存在，服务质量低劣。此外，农村客运市场分散大量非正规运营的存在，给监督管理带来很大困难，造成农村客运秩序欠佳。除普遍经营不够规范外，欺行霸市、蓄意哄抬价格等扰乱市场的事件也时有发生，车辆年久失修、安全性差所引起的居民生命和财产损失事故时有发生，农村公路客运市场无序问题已较为严重。对照耗散结构的形成条件，杜村乡农村公路客运系统基本满足，具有耗散结构特征。可以运用熵变模型来计算该系统的熵产生。

4.3.5.1　杜村乡农村公路客运系统现状的熵值

经对杜村乡实际走访调查得知，杜村乡的农村客运线路共 8 条，在上述线路上运营的客运车辆总数为 33 辆，目前杜村乡的农村公路客运大多由非正规运营者提供，形成了一个较为庞大和稳定的队伍，但由于运力明显过剩，导致车辆使用效率很低，客运现状主要情况总结见表 4－1。

表 4－1　杜村乡农村公路客运现状

指标＼车辆类型	农用运输三轮车	三轮面包车	7 座面包车	11 座面包车
运营车辆数	19 辆	9 辆	5 辆	0 辆
每人每公里票价	0.43 元/公里	0.54 元/公里	0.61 元/公里	0.67 元/公里
每人每公里成本	0.33 元/公里	0.41 元/公里	0.52 元/公里	0.55 元/公里

注：其中每人每公里成本的计算包括车辆购置费用、车辆燃油费用、车辆维修费用。

根据公式(4－9)，我们可以得到杜村乡农村公路客运系统熵值为

$$E(S)=\frac{1}{2}\left[-\sum_{i=1}^{n}p_i\ln p_i+\sum_{i=1}^{n}p_i\frac{F_i}{M_i}\right]$$

$$=1/2\{-[(19/33)\times\ln(19/33)+(9/33)\times\ln(9/33)+(5/33)\times\ln(5/33)]+[(19/33)\times(0.33/0.10)+(9/33)\times(0.41/0.13)+(5/33)\times(0.52/0.09)]\}=2.3$$

4.3.5.2　杜村乡农村公路客运系统秩序改善方案的熵值比较

在得到杜村乡农村客运现状熵值的基础上，针对杜村乡目前的非正规运营现状提出的两个改善方案即：政府直接完全取缔非正规经营车辆方案和政府逐步取缔非正规经营车辆方案，并进行熵变分析和比较。

1. 政府对非正规经营车辆进行直接完全取缔

在这种政策导向下，政府相关机构对非正规经营车辆直接予以完全取缔，这种强制手段在短时间内可以最大限度地减少不符合安全规范或非正规车辆的数量，但与此同时，由于正规车辆在短时间内难以满足农村居民的出行需求，市场竞争机制难以得到充分发挥，车辆运营价格相对较高，农村居民出行需求可能受到抑制。现假设在满足现状客运需求的前提下，根据专家意见，全部采用正规经营者提供车辆数量、车辆类型等指标如表 4－2 所示。

表 4－2　杜村乡农村公路客运秩序改善状态一

指标＼车辆类型	7 座面包车	11 座面包车
运营车辆数	10	8
单位公里票价	0.54 元/公里	0.59 元/公里
单位公里成本	0.45 元/公里	0.47 元/公里

根据公式(4－9)，我们可以得到该种状态下的杜村乡农村公路客运系统熵

值为：

$$E_1(S)=1/2\{-[(10/18)\times\ln(10/18)+(8/18)\times\ln(8/18)]+[(10/18)\times(0.45/0.09)+(8/18)\times(0.47/0.12)]\}=2.6$$

2. 政府对非正规经营车辆进行逐步取缔

该方案是对运行状况良好的三轮面包车通过发放农村公路客运车辆临时运营许可证进行保留，让其变成正规经营者，这样道路客运管理部门就可以名正言顺地对他们进行管理；对车况较差的不符合安全规范的三轮车进行逐步取缔，并对被取缔车辆的经营人给予适当补偿，逐步淘汰安全隐患大、车况差、环境污染严重的农用运输三轮车和三轮面包车，大力推广 7 座或 11 座微型面包车，并适当控制车辆数量，降低居民出行费用，在提高车辆利用效率的同时，避免恶性竞争。现假设在满足现状客运需求的前提下，采用逐步取缔三轮车方式，根据专家意见，则所有正规经营者需提供车辆数量、车辆类型等指标如表 4－3 所示。

表 4－3　杜村乡农村公路客运秩序改善状态二

车辆类型 / 指　标	三轮面包车	7 座面包车	11 座面包车
运营车辆数	7 辆	9 辆	2 辆
单位公里票价	0.41 元/公里	0.45 元/公里	0.53 元/公里
单位公里成本	0.28 元/公里	0.32 元/公里	0.37 元/公里

根据公式(4－9)，我们可以得到该种状态下的杜村乡农村公路客运系统熵值为

$$E_2(S)=1/2\{-[(7/18)\times\ln(7/18)+(9/18)\times\ln(9/18)+(2/18)\times\ln(2/18)]+[(7/18)\times(0.28/0.13)+(9/18)\times(0.32/0.13)+(2/18)\times(0.37/0.16)]\}=1.6$$

根据上述计算结果，计算两种政策下的熵增值：

$$\Delta E_1(S)=E_1(S)-E(S)=2.6-2.3=0.3>0$$

$$\Delta E_2(S)=E_2(S)-E(S)=1.6-2.3=-0.7<0$$

根据耗散结构理论的基本原理可知，随着系统的熵不断减少，系统的组织程度(有序程度)就不断增加，系统从无序到有序，按照第二类时间箭头演化，即进化。相反，封闭系统与外界没有能量和物质的交换，过程不可逆，熵不断增大，系统则从有序变为无序，按照第一类时间箭头演化，即退化[109,120]。

上述计算结果 $\Delta E_2(S)<0$，说明政府对非正规经营车辆进行逐步取缔所形成

客运状态与现状客运状态相比，系统的熵是在减少，系统的组织程度在增加，系统从无序到有序，客运秩序得到了改善。容易看出，在此类政府干预政策下，一部分价格优惠且改造后符合安全规范的三轮面包车得以保留，与 7 座、11 座微型面包车等车种组成不同档次的客运服务体系，供出行者自由选择。从表 4-3 中数据可知，农村居民的出行成本和客运经营者的客运成本都不会增加农村居民平均出行费用，同时运输经营人平均营运成本都有所下降，客运经营者均能获得合理利润，因此它能促进农村客运秩序向着更为有序的方向发展。

相反，$\Delta E_1(S)>0$，说明政府对非正规经营车辆进行直接完全取缔所形成的客运状态与现状客运状态相比，系统的熵是在增加，系统的组织程度在减少，客运系统秩序没有得到改善。不难理解，在这种状况下，运营车辆虽都为符合客运规范的正规运营车辆，但出行者平均出行费用和运营者平均营运成本也会有所增加，这样对客运市场的供需双方都产生了不利影响，高票价容易抑制一部分人的出行需求，低利润也会影响运营者的积极性，致使农村客运市场变得更加的无序化，除非政府能给正规经营者或乘客进行公共财政补贴，降低正规经营者的成本、提高乘客的承担能力，这样才会使负熵增加，客运秩序才会朝有序的方向发展。例如安徽省繁昌县的农村客运车辆原来由个体户和客运公司所有，服务相当混乱。1999～2004 期间，该县八个有关部门历时 6 年联合采取措施对原有体制进行改革，全面取缔非正规经营车辆从事客运，虽然大部分非正规经营车辆已退出了市场，但在城乡接合部仍有三轮车在从事客运，农村客运秩序没有得到根本改善。因此，本书认为应结合农村居民客运需求，采用政府对非正规经营车辆进行临时许可经营、逐步取缔的方式对现状客运体制进行调整，会更好地促进农村公路客运秩序改善。

4.4 基于耗散结构理论建立农村公路客运秩序演变模型的研究

4.4.1 农村公路客运秩序的自然演变模型研究

由于现有的农村客运系统中很多农村居民的客运服务是由农村中的三轮车、农用车等非正规公共交通工具承担着。而这些交通工具由于：①没有合法的客运许可证，一旦出现人身和财产安全问题，则无法获得有效的补偿；②没有正规路线和管理，导致很多时候出现超载、甩客、抢客等情况，正是因为它们没有客运许可证，道路客运管理部门很少对它们过问；③三轮车和农用车的舒适度以及可靠度不高。由于没有很好得管理制度，非正规车辆在运营时间上不能很好的保证；这些驾驶员大多都没有经过正规的培训及考核;没有固定的上车点,到处拉客现象严重;车辆没有定期进行维修检测,易发生事故。由此看出农村公路客运系统这些非正规的车辆越多,则农村的客运系统秩序越混乱。

农村客运秩序由于不能很好的定量化,简化起见,可选择正规交通工具出行的比例这个指标来表征它,即选择正规交通工具的比例越高,则越有序,否则越无序。因此我们做出如下假设。

$x(t)$:正规交通工具的数量;

$y(t)$:非正规交通工具的数量;

$z(t)$:居民选择客运交通工具出行总的次数;

$\rho(t)$:农村客运系统的有序状态;

$f(x,y,z)$:农村公路客运系统的函数表达;

t:系统的时间变量,即系统发展的不同阶段。

由此可用以下三个方程确定 x,y,z 的变化速率:

$$\frac{dx}{dt}=f_x(x,y,z) \tag{4-10}$$

$$\frac{dy}{dt}=f_y(x,y,z) \tag{4-11}$$

$$\frac{dz}{dt}=f_z(x,y,z) \tag{4-12}$$

$$\rho(t)=\frac{x(t)}{x(t)+y(t)} \tag{4-13}$$

在农村公路客运系统中,受到当地的 $x(t)$ 正规交通工具的数量、$y(t)$ 非正规交通工具的数量和居民选择客运交通工具出行总次数 $z(t)$ 三者的影响,且 $x(t)$ 和 $y(t)$ 为一对竞争关系;如果 $x(t)$ 和 $y(t)$ 可承载的乘客数量总和大于出行的总量,两者的竞争会导致出行成本的下降,促使经营者提高客运服务,从而更能方便和吸引居民出行,刺激 $z(t)$ 增加;而 $z(t)$ 的增加,即居民的出行总数的增加,反过来则会使得 $x(t)$ 和 $y(t)$ 的增加。

农村公路客运系统的突变,是指农村居民出行达到很高的程度,上升到一个新的台阶时,即在农村的公路客运系统中出现比现在更具有优势的公共交通工具时(比如工业革命期间出现的汽车则比工业革命的马车具有明显的优势),意味着出现新的事物,它将会与老的事物进行竞争。当然竞争有成功的,也同样会有失败的,如图 4-4 所示[135]:A1 表示耗散结构第一个阶段,当到达某个临界点时,存在三种发展的可能，①使得秩序返回到原来的状态 B3；②保持不变 B2；③上升到一种新的耗散结构 B1。系统处于一种临界状态时，能否上升到一种新的耗散结构与系统的外部环境，比如居民生活水平、道路系统、政府相关部门的管理有关。

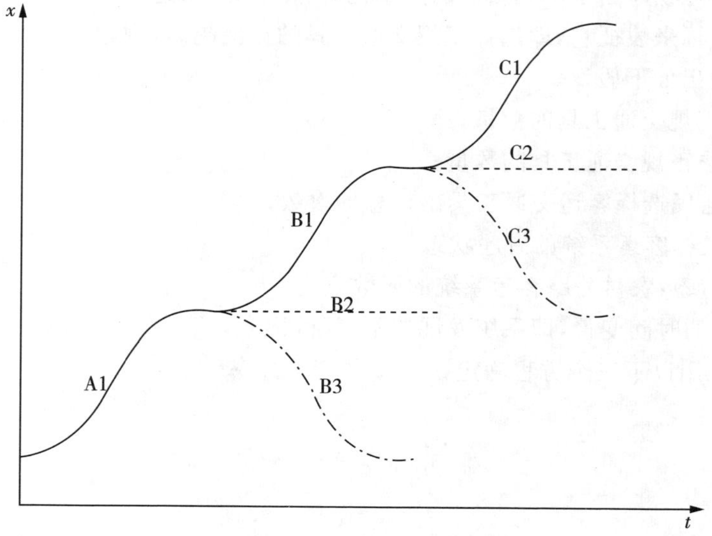

图 4－4　农村客运系统的演化趋势

就以下三种情况分别讨论农村客运系统：

1. 封闭的农村公路客运系统

在封闭的农村客运系统当中，$f_x(x,y,z)=0$，$f_y(x,y,z)=0$，$f_z(x,y,z)=0$ 意味着农村客运系统当中这三个宏观变量均未增长，只是维持某一个特定的稳定状态。比如在一些比较落后的地方，由于当地经济的落后，且居民出行次数较少，从而导致一些合法的正规的公共交通工具并未出现，这样造成了当地全部为非正规的交通工具维持着当地客运出行，而前面分析了这种非正规交通工具存在一定的安全隐患，且超载现象很严重，居民的出行安全不能得到很好的保证，此时农村公路客运系统的秩序处于较为低级的稳定状态。

2. 开放的农村公路客运系统

在短期内居民选择公共交通工具出行总次数 $z(t)$ 不变化时，即 $f_z(x,y,z)=0$，$z=z_0$。假设：①不考虑车辆的消耗，因为车辆每年的淘汰量比较少，而且淘汰掉的车辆，运营公司会自行补充增加；②不考虑到 $x(t)$ 和 $y(t)$ 的调节关系，因为两者关系更多是一种竞争关系；③为了方便起见考虑两者竞争关系为线性关系。

因此根据公式(4－4)可得到农村公路客运系统自然演变模型，其表达式如

$$f_x(x,y,z)=k_{11}x(z-\alpha_1 x-\alpha_2 y)-k_{12}y \qquad (4-14)$$

$$f_y(x,y,z)=k_{21}y(z-\alpha_1 x-\alpha_2 y)-k_{22}x \tag{4-15}$$

$$z=z_0 \tag{4-16}$$

其中：

k_{11}：正规交通工具的数量增长系数；

k_{12}：非正规交通工具相对于正规交通工具的竞争系数；

k_{21}：非正规交通工具的数量增长系数；

k_{22}：正规交通工具相对于非正规交通工具的竞争系数；

α_1：正规交通工具能够对于出行总数的承担能力；

α_2：非正规交通工具能够对于出行总数的承担能力。

该一阶非线性常微分方程组的解的稳定性在于

$\begin{vmatrix} z_0k_{11} & -k_{12} \\ z_0k_{21} & -k_{22} \end{vmatrix} \neq 0$ 且 $\begin{vmatrix} z_0k_{11}-\lambda & -k_{12} \\ z_0k_{21} & -k_{22}-\lambda \end{vmatrix}=0$ 的特征方程的一切根的实数部均为负数，则非线性组的零解为渐近稳定。

可以看出影响系数 k_{11} 和 k_{21} 的是居民对出行模式的选择情况。居民对于某种客运车辆选择偏好越大，则该种客运模式的增长速度就越高。居民对于客运车辆的选择偏好取决于它们自身效用的最大化。因此可以通过比较正规客运车辆与非正规客运车辆对于居民出行方面的优势和劣势（如表 4－4 所示），以及第三章的分析结论来判断 k_{11} 和 k_{21} 的大小关系。

表 4－4　正规与非正规客运车辆的比较

正规客运车辆		非正规客运车辆	
优势	劣势	优势	劣势
安全性高	便捷性低	便捷性好	安全性低
舒适度高	价格较高	价格便宜	舒适度低

k_{21} 与 k_{22} 的大小关系判别方法同 k_{11} 与 k_{21}。

在系统的初期，$y(t)$本身的数量比 $x(t)$大，因此在初期，$x(t)$由于在数量上劣势和 $x(t)$本身价格上不具有竞争优势，导致其增加比较缓慢；但是当居民的生活水平提高和 $x(t)$由于在数量上增加导致价格的下降，人们对安全性和舒适度要求也提高的时候，人们对 $x(t)$的需求也越来越大，$x(t)$的增加较 $y(t)$有着明显的优势。且由于 z_0 的资源有限，两者在竞争环境下，必然导致 $y(t)$为负增长，客运秩序会得到逐渐改善。因此 $x(t)$、$y(t)$、$\rho(t)$三者的变化曲线如图 4－5 所示。

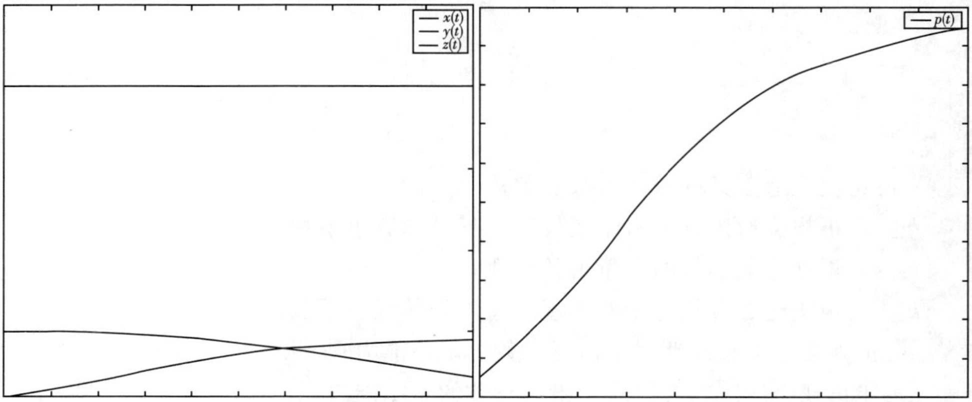

图 4-5　$x(t)$、$y(t)$、$z(t)$、$\rho(t)$的演变情况

3. 如果时间的跨度选择大一些的话，农村居民选择客运交通工具出行总的次数 $z(t)$则会呈现增加趋势。在这里我们假设 $z(t)$是以线性方式增加，即 $f_z(x,y,z)=c$ 时，其他的假设和上面相同。则该情况下的农村公路客运系统自然演变模型的表达式为

$$f_x(x,y,z)=k_{11}x(z-\alpha_1x-\alpha_2y)-k_{12}y \tag{4-17}$$

$$f_y(x,y,z)=k_{21}y(z-\alpha_1x-\alpha_2y)-k_{22}x \tag{4-18}$$

$$f_z(x,y,z)=c \tag{4-19}$$

其中 c 为常数，表示 $z(t)$在单位时间以 c 数量增长。

根据公式(4-17)、(4-18)、(4-19)，做一个案例分析。

假设某区域的初始值：一段时间的出行量为 200，非正规交通工具为 50 辆，正规交通工具为 10 辆，出行量随着一个时间单位内增加 5 个出行数量。这里按照农村居民对正规客运车辆和非正规客运车辆的需求特性，并认为正规客运工具比非正规客运工具具有明显的竞争优势，假定 $k_{11}=0.002$，$k_{12}=0.02$，$k_{21}=0.0001$，$k_{22}=0.05$，$\alpha_1=4$，$\alpha_2=0.4$。通过 matlab 求解该微分方程，得到如图 4-6 所示。

由图 4-5、图 4-6 可见，随着时间的变化，农村公路客运系统客运秩序 $\rho(t)$值都在逐渐增大，说明秩序会随着时间的变迁而逐步得到改善，但改善的历程会较为漫长。因此，需要政府有关部门主动干扰农村公路客运系统的自然演变过程，加速改善客运秩序，促进农村公路客运协调、可持续发展。

4.4.2　农村公路客运秩序的干扰演变模型研究

由于在自然的演变过程中，农村公路客运秩序从无序的状态进入到有序的状态，演变的过程比较漫长。这样一种缓慢演变过程跟不上我国现阶段的新农村建

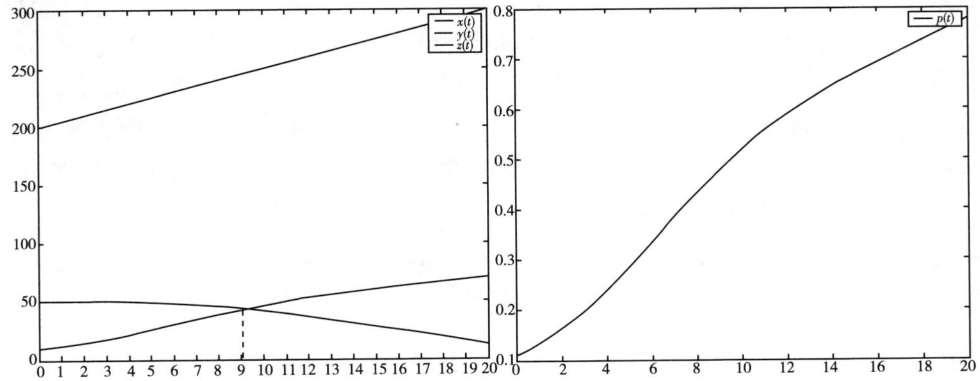

图 4-6　$x(t)$、$y(t)$、$z(t)$、$\rho(t)$的演变情况

设步伐，因此需要人为干预演变。同时由于现在的农村经济状态得到了改善，农村的居民出行需求越来越强，为了保证农村公路客运系统的有序和条理，也需要对其进行人为的干预和管理，使其走上正轨。

在人为的干预过程当中可以分为两种方案进行分析，来探讨客运秩序改善的策略。

1. 干扰方案一：直接完全的取缔和打击非法（或者非正规）客运交通工具

由于直接取缔和打击非法（或者非正规）客运交通工具，在短期内产生二个效果：①要满足原来那些居民的出行需求，需要增加正规客运交通工具的投入，但这样很容易造成一些地方的正规客运经营者出现严重的负债经营，导致最终要么运营企业支撑不下去而破产，要么增加票价来补偿运营的亏损；②在一些偏远的地方由于没有原来非正规客运交通工具，而正规客运交通工具的便捷性、灵活性相对较低的情况下，会导致居民出行不方便，从而抑制了部分居民的出行需求；③直接取缔和打击非正规客运交通工具，会引起非正规客运经营者的强烈反对，导致冲突很大，若处理不好的话会刚化相互之间的矛盾。

我们假设高出的费用由农村居民来买单，加上取缔非法客运车辆之后的便捷性不高，从而导致居民出行需求出现负增长，其负增长计为θ。

因此由原来的三元方程组变成两元方程组，得出该情况如下的干扰演变模型：

$$\frac{dx}{dt}=f_x(x,y,z)=kx(z-\alpha x) \tag{4-20}$$

$$\frac{dz}{dt}=f_z(x,y,z)=-\theta \tag{4-21}$$

根据公式(4-20)、(4-21)，做一个案例分析。假设某区域的初始值为：一段时间的出行量为200，正规交通工具为10辆。这里按照农村居民对正规客运车辆的需求特性，假定 $k=0.002$，$\alpha_1=4$，$\theta=-5$，即居民的出行在一个时间单位内以 5 的数量下降。通过 matlab 求解该微分方程，得到如图 4-7 所示。可以看出开始阶段由于原来的出行量大于客运交通工具所能提供的数量，在需求大于供给的情况下，正规客运交通工具出现上升趋势，但是到了一定阶段时，供给大于需求，即正规客运交通工具数量出现下降趋势。而客运秩序由于只有正规客运交通工具存在，故 $\rho(t)$ 一直等于 1，意味着秩序好，但客运出行总需求却越来越低。

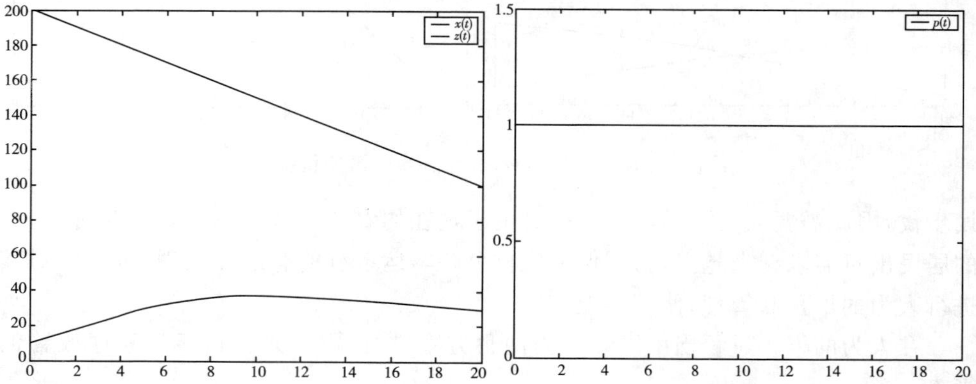

图 4-7　$x(t)$、$z(t)$、$\rho(t)$的演变情况

2. 干扰方案二：采用逐步取缔的方法进行

先给一部分改装完好，且能够保证安全的三轮车辆，颁发临时运营许可证，并在一段时间内逐步由三轮车辆过渡为中巴或者小面包车等较为安全的车辆。这样原先的居民方便性没有降低，费用也没有明显增加，同时因为有经营许可，道路客运管理部门就可以进行合理的管理，规范了客运市场，另外还能柔化矛盾。

为了方便起见，假设增加了管理产生的力度为 γ，即在非正规客运工具上增长率上扣除 γ 的量；居民选择公共交通工具出行总次数 $z(t)$ 的线性增加。则该情况的干扰演变模型为

$$f_x(x,y,z)=k_{11}x(z-\alpha_1 x-\alpha_2 y)-k_{12}y \tag{4-22}$$

$$f_y(x,y,z)=k_{21}y(z-\alpha_1 x-\alpha_2 y)-k_{22}x-\gamma \tag{4-23}$$

$$f_z(x,y,z)=c \tag{4-24}$$

根据式(4-22)、(4-23)、(4-24)，做一个案例分析。假设某区域的初始值：一段时间的出行量为 200，非正规交通工具为 50 辆，正规交通工具为 10 辆，出行量随着一个时间单位内增加 5 个出行数量。这里按照农村居民对正规客运车辆和非正规客运车辆的需求特性，并认为正规客运工具比非正规客运工具具有明显的竞争优势，假定 $k_{11}=0.002$，$k_{12}=0.02$，$k_{21}=0.0001$，$k_{22}=0.05$，$\alpha_1=4$，$\alpha_2=0.4$，$\gamma=$

0.4。通过 matlab 求解该微分方程，得到如图 4－8 所示。与图 4－6 对比可以看出 $y(t)$的变化斜率负值明显增加，加快了非正规客运交通工具退出市场；同时 $\rho(t)$的值大于图 4－6 中 $\rho(t)$的值，且 $\rho(t)$的变化斜率正值在增大，表明系统在加速趋向有序的状态。

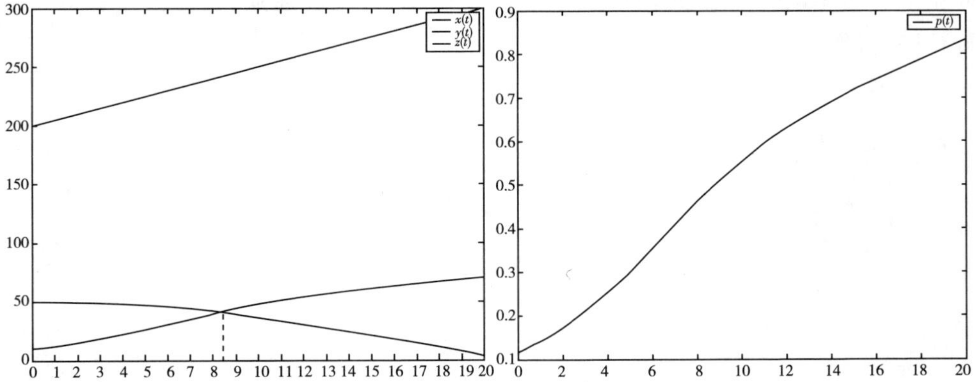

图 4－8　$x(t)$、$y(t)$、$z(t)$、$\rho(t)$的演变情况

通过分析可以看出，由于增加了政府管理的干扰，$y(t)$下降趋势明显。干扰方案一直接取缔非正规客运交通工具，其产生了副作用，即使得出行需求数量减少；而干扰方案二采取逐步抑制非正规客运交通工具的方法，既能取得非正规客运交通工具的数量减少速度加快的效果，又能促进系统秩序改善，避免了矛盾。由此可见干扰方案二明显优于干扰方案一。

本章通过研究农村公路客运秩序的演变模型所得的结论与前面采用熵理论对两种客运秩序改善方案所研究出的结论是完全一致的。因此，建议农村公路客运秩序改善策略为逐步抑制非正规客运车辆从事客运，对一些车况良好的现代三轮面包车可通过发放临时经营许可证将其纳入管理范围，允许其合法化，规范其客运行为，满足不同层次出行者的客运需要，经过一段时间后，可将其过渡为正规客运车辆；对一些农用三轮车及其他农用车则只允许其从事货运，不再给它们发放客运许可证，对其取缔以保证客运安全。这种策略带来秩序改善效果好、矛盾少、可实施性强，能保证农村公路客运可持续发展。

4.5　本章小结

本章首先对农村公路客运秩序现状进行了分析，总结出了现状客运秩序存在的问题。在此基础上，应用熵及耗散结构的理论对农村公路客运系统进行研究，认为农村公路客运系统满足耗散结构系统的特征要求和形成条件，由此建立起了农村公路客运系统熵变模型和农村公路客运秩序演变模型，并利用这两个模型对农村公路客运秩序改善方案进行了案例分析和研究。结果表明，这两个模型对秩序改善方案的研究结论是一致的，都认为逐步取缔非正规客运车辆比直接完全取缔非正规客运车辆带来的秩序改善效果好、矛盾少、可实施性强、农村公路客运发展可持续性好。

第五章　城乡统筹导向下的农村公路客运服务体系优化研究

农村公路客运服务体系完善与否，是决定农村公路客运能否可持续发展的关键。组成农村公路客运服务体系的要素很多，包括客运线路、客运站点、客运车辆、客运经营者、客运安全、客运成本、客运管理政策等方面，内容相当广泛，也比较复杂。本章将基于一定的理论基础和相关的发展理念，重点对农村公路客运线路、农村公路客运安全进行优化研究，提高农村公路客运线路的运行效率和城乡联系的便捷程度，提高客运安全性，降低营运成本，同时还将对客运站点布局与规模、客运经营许可、公共财政补贴等方面提出建议，以期在城乡统筹导向下全面提升现有的农村公路客运服务水平，达到客运服务可持续性、可达性、可承担性和充分可靠性的目的。

5.1　基于紧凑度理论的农村公路客运线路优化研究

农村公路客运服务主要是在以乡镇为中心的路网上开展的[98]，这种运营线路模式能够直接沟通中心城镇与周边村庄，但它的线路覆盖性不强，网络紧凑性相对较差，不能根据需求变化在不同线路间调整车辆，提高车辆使用效率，也很难将村与村之间的客运进行有效的服务。鉴于此，为提高农村公路客运运营效率，充分挖掘农村客运供给潜力，让更多的农民能享受到可持续的、可负担的、可靠的、可达的农村客运服务，本节将基于交通网络紧凑度的测度理论，根据农村地区客运需求和客流方向对线路方案进行优化研究，以提高客运网络紧凑度，起到既能满足农民更多的出行需要，又能降低客运经营成本的作用。由于乡镇以上级别的客运网络化服务已经比较完善，本节主要是针对乡至村、村至村的农村公路客运线路如何进行优化做一个探讨。

5.1.1　农村公路客运线路模式现状问题

目前，农村地区乡至村、村至村的公路客运线路设置如图 5－1 所示[3]，基本上是以乡镇为中心向周边村庄放射的模式。有的乡镇没有客运站,迫使乡至村客运服务不得不从县客运站出来,直接延伸到村庄,导致县至乡客运线路长、经营成本高、发车间隔大,线路总体运营效率不高;还有的村庄没有县至乡的客运延伸线,或者路况不好,导致大量的非正规的、低效率的客运经营,影响到客运服务的方方面面。实际上,各个不同村庄的运输需求并不一样,因此应根据实际情况,在线路之间采取不同的连接组合和车型搭配,应用不同的发车频率才最具有效性。重要的是进行线路规划时要考虑到需求特点,以及所服务地区的地理特点,并结合农村客流点比较分散的特点,利用交通网络紧凑度理论,对不同线路组合进行分析研究、逐步寻优,以提高客运经营效率。

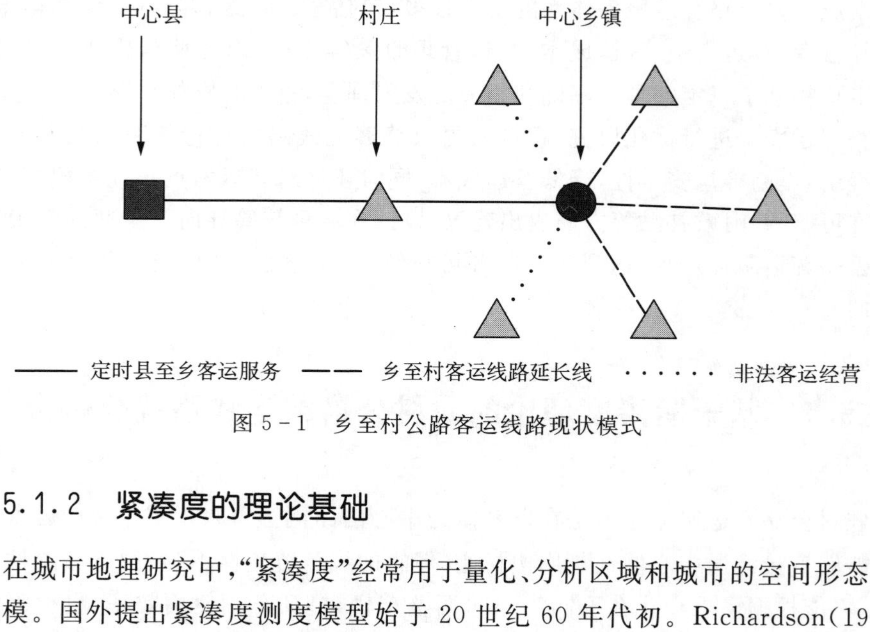

图 5-1　乡至村公路客运线路现状模式

5.1.2　紧凑度的理论基础

在城市地理研究中,“紧凑度”经常用于量化、分析区域和城市的空间形态与发展规模。国外提出紧凑度测度模型始于 20 世纪 60 年代初。Richardson(1961),Cole(1964)分别提出了紧凑度计算公式,即公式(5-1)、(5-2)[136]。这里紧凑度是由紧凑度指数(CI=Compaction Index)来表征。

(1)Richardson(1961)提出紧凑度指数公式[137-139]:

$$CI=\frac{2\sqrt{\pi A}}{P} \tag{5-1}$$

式(5-1)中:A 为区域面积,P 为边界长度。

同样,当区域为圆形,$CI=1$,为最紧凑形状,当区域为正方形时,$CI=\frac{\sqrt{\pi}}{2}$,CI 越大,紧凑度越高,即边界形状越紧凑。

2)1964 年,Cole 提出如下公式[109]:

$$CI=\frac{\text{区域面积}}{\text{区域的最小外接圆面积}}(0\leqslant CI\leqslant 1) \tag{5-2}$$

当区域为圆形时,$CI=1$,为最紧凑形状,当 $CI\to 0$ 时,则趋于一条直线,即最不紧凑。故 CI 越小表示区域形状越不紧凑,即越分散。

Galster 等人(2001)提出了用集中度指标来衡量城市建设用地紧凑度[140];Nguyen xuan Thijh 等人(2002)提出了一种依靠 GIS 光栅分析技术的万有引力模型[141];Yu-Hsin Tsai(2005)提出从都市区层面界定紧凑程度的数项指标和相应的定量分析方法,采用空间自相关(Moran's I、Geary's C 和 Gini 系数)对紧凑度进行模拟[142]。国内对紧凑度的研究是从 20 世纪 90 年代开始的,武进(1990)采用 Richardson 公式和网络拓扑分析法,计算了我国 14 个城市的紧凑度[143];张宇星(1995)提出了测定空间紧凑度的两种方法,即面空间的集聚度和点空间的集聚度[144];王新生等人(2005)采用 Boyce-Clark 形状指数法计算了 1990 年和 2000 年全国 31 个人口在 100 万以上的特大城市的主要建成区紧凑度[145];陈海燕等人(2006)构建了城市紧凑度指标体系,分析了中国 45 个特大城市紧凑程度与环境综合指数之间的关系[146];仇保兴(2006)提出紧凑度是我国城市可持续发展的核心理念,是健康城市化的主要表征和优先推荐的城市发展模式[147];方创琳、祈巍锋等人(2008)认为适度的紧凑度是城市群综合效益最大化的集中体现,并提出城市群紧凑度是通过城市群产业紧凑度、空间紧凑度和交通紧凑度共同作用而进行综合测度[148]。综观国内外城市地理学对紧凑度的研究,可知目前对于紧凑度的研究大部分聚焦于城市空间结构和形态上,对农村聚落紧凑度的研究则很少。本节抓住这一薄弱研究环节,试图利用紧凑度理论,为农村公路客运线路优化奠定科学基础。

交通紧凑度是衡量紧凑度的广义指标之一,是从通达性角度衡量区域内节点交通联系便利程度的指数,通过节点数量、交通距离、区域范围大小体现区域内节点间的交通联系,进而反映区域交通网络的紧凑程度[148],其测度模型如下:

$$I_t=\frac{n\sum_{i=1}^{n}L_{Ni}}{\sum_{i=1}^{n}A_i\sqrt{\sum_{i=1}^{n}(x_i-\bar{x})^2/n-1}} \tag{5-3}$$

式(5-3)中:I_t 表示交通空间紧凑性指数;

L_{Ni} 为节点 i 的对外直接联系线方向数量;

n 为区域内交通节点数;

A_i 为 i 节点的区域面积;

x_i 为节点之间直线距离;

$\bar{x}$ 为节点间联系的直线平均距离。

通达性(Accessibility)也称为可达性、易达性,最早由 Hansen 于 1959 年提出。通达性作为一个概念,广泛地应用于交通规划、城市规划和地理学领域[149]。其广为接受的定义:相互作用机会的潜力大小[150],是从一个地方到达另一个地方的容易程度[151]。由于交通紧凑度能很好地反映线路的通达程度和可达性,本节将利用它来分析农村公路客运线路网络的紧凑度,从而寻找一种相对优化的农村客运线路组织方案,为农民出行提供较为便捷的客运服务。

5.1.3 农村公路客运线路模式紧凑度分析

5.1.3.1 放射线模式的紧凑度分析

假设某个乡镇面积为 S,有 11 个村庄(这里指行政村),它们的分布示意如图 5-2所示。简便起见,除 X 中心南面与 I 村、J 村之间相邻道路交叉口之间距离为 5km 外,假设每两个相邻村庄之间的距离都是 10km[3],并假设每个村庄的区域面积均相同。另外,在各村庄与乡镇之间每天乘车人数、每个方向上都符合表 5-1 中假定的客流情况。

表 5-1 各村与乡镇中心间客流情况

连接路段	X—A	X—B	X—C	X—D	X—E	X—F	X—G	X—H	X—I	X—J	X—K
乘客/天	120	60	60	120	40	60	40	40	80	60	40

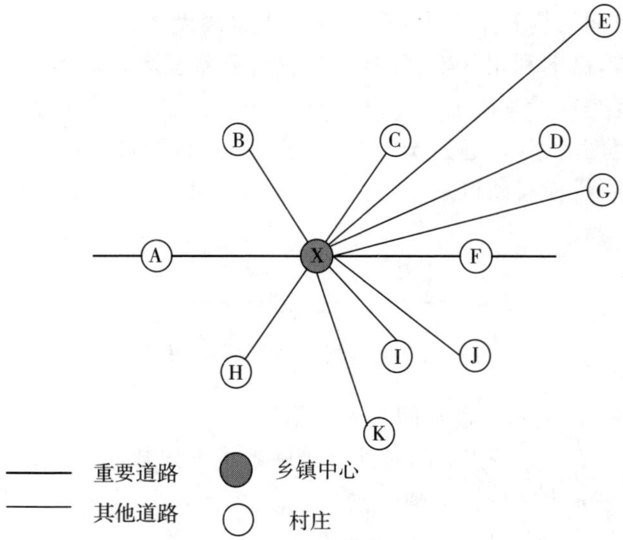

图 5-2 以乡镇为中心的放射线公路客运线路模式

图 5－2 中的各条线路都是以乡镇为中心向外放射的，可称为“放射型”线路。线路 AX、BX、CX、DX、EX、FX、GX、HX、IX、JX、KX 均按照乡村之间既有的最短路径进行运营组织，因此这 11 条线路形成的线网总长为 170km（见表 5－2），其各节点之间的通达情况可用通达矩阵来表示，见表（5－2）。根据公式（5－3）计算可得，其交通紧凑性指数为 $I_{tf}=\dfrac{12\times 34}{\sum\limits_{i=1}^{n}A_i\sqrt{\sum\limits_{i=1}^{n}(x_i-\bar{x})^2/n-1}}$。

表 5－2　以乡镇为中心的放射线模式的各节点间通达矩阵

	X	A	B	C	D	E	F	G	H	I	J	K	L_{Ni}
X	1	1	1	1	1	1	1	1	1	1	1	1	12
A	1	1	0	0	0	0	0	0	0	0	0	0	2
B	1	0	1	0	0	0	0	0	0	0	0	0	2
C	1	0	0	1	0	0	0	0	0	0	0	0	2
D	1	0	0	0	1	0	0	0	0	0	0	0	2
E	1	0	0	0	0	1	0	0	0	0	0	0	2
F	1	0	0	0	0	0	1	0	0	0	0	0	2
G	1	0	0	0	0	0	0	1	0	0	0	0	2
H	1	0	0	0	0	0	0	0	1	0	0	0	2
I	1	0	0	0	0	0	0	0	0	1	0	0	2
J	1	0	0	0	0	0	0	0	0	0	1	0	2
K	1	0	0	0	0	0	0	0	0	0	0	1	2
$\sum\limits_{i=1}^{n}L_{Ni}$													34

注：1 表示节点间可通达，0 表示节点间不通达。

5.1.3.2　区域线模式的紧凑度分析

在放射线的基础上，根据实际情况和地理特点，在线路之间采取不同的连接组合，使形成的客运线路网络能服务于整个区域，即在有些线路上，如 X－K－I－J 采取让车辆“往返经营”的方式提供运输服务，从而可以减少乡镇范围内的总运营线路，提高线路的运营效率，同时也能相对提高节点间的通达性，本书称这种线路模式为区域线模式，在整个乡镇范围内让线路尽量带上更多的村庄，并应用不同的发车频率和车型来提高客运效率，这样会使乡村之间、村庄之间的出行变得方便一些。如图 5－3 所示，在图 5－2 放射线的基础上将 11 个村庄与乡镇中心之间的线路进行有效组合，形成的线网总长为 110km。其各节点之间的通达情况可用通达矩阵来表示，见表(5-3)。根据公式(5-3)计算可得，其交通紧凑性指数为 $I_{tq}=\dfrac{12\times 58}{\sum_{i=1}^{n}A_i\sqrt{\sum_{i=1}^{n}(x_i-\overline{x})^2/n-1}}$。

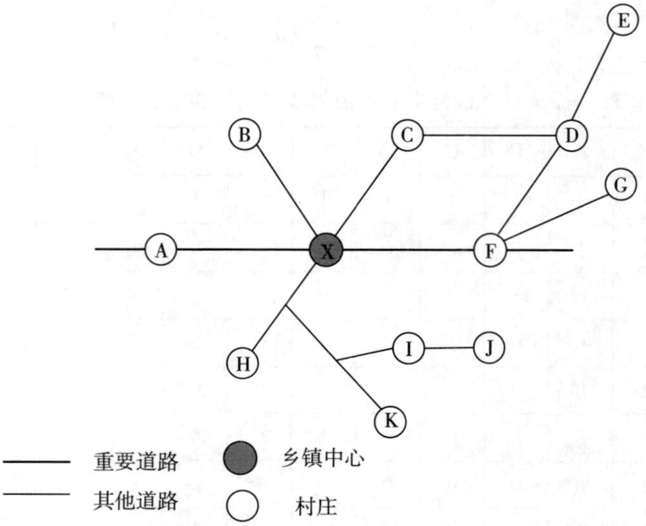

图 5-3 以乡镇为中心的区域线公路客运线路模式

表 5-3 以乡镇为中心的区域线模式的各节点间通达矩阵

	X	A	B	C	D	E	F	G	H	I	J	K	L_{Ni}
X	1	1	1	1	1	1	1	1	1	1	1	1	12
A	1	1	0	0	0	0	0	0	0	0	0	0	2
B	1	0	1	0	0	0	0	0	0	0	0	0	2
C	1	0	0	1	1	1	0	0	0	0	0	0	4
D	1	0	0	1	1	1	1	0	0	0	0	0	5
E	1	0	0	1	1	1	1	0	0	0	0	0	5
F	1	0	0	0	1	1	1	1	0	0	0	0	5
G	1	0	0	0	0	0	1	1	0	0	0	0	3
H	1	0	0	0	0	0	0	0	1	1	1	1	5
I	1	0	0	0	0	0	0	0	1	1	1	1	5

（续表）

	X	A	B	C	D	E	F	G	H	I	J	K	L_{Ni}
J	1	0	0	0	0	0	0	0	1	1	1	1	5
K	1	0	0	0	0	0	0	0	1	1	1	1	5
$\sum_{i=1}^{n} L_{Ni}$													58

注:1 表示节点间可通达,0 表示节点间不通达。

5.1.3.3　循环线模式的紧凑度分析

循环线模式如图 5－4 所示。图 5－4 中的公路客运线路模式与图 5－3 的区别在于,图 5－4 在图 5－3 的基础上又进行了优化组合,设置了对开的循环线 XFDCX,并且在 D 村设置了 DE 线路快捷换乘接驳点,当然也可把 E 纳入 XFDCX 循环里,变成 XFDEDCX 循环,本文称这种线路模式为循环线模式。此模式与区域线模式相比就是它的线路既能带上更多的村庄,同时又能增强村庄之间的联系。图 5－4 中所形成的线网总长仍为 110km,但与区域线模式的通达性相比增加了 C 与 F 两个节点之间的直接通达联系。其各节点之间的通达情况可用通达矩阵来表示,见表(5－4)。根据公式(5－3)计算可得,其交通紧凑性指数为 $I_{tx}=\dfrac{12\times 60}{\sum_{i=1}^{n}A_i\sqrt{\sum_{i=1}^{n}(x_i-\bar{x})^2/n-1}}$。

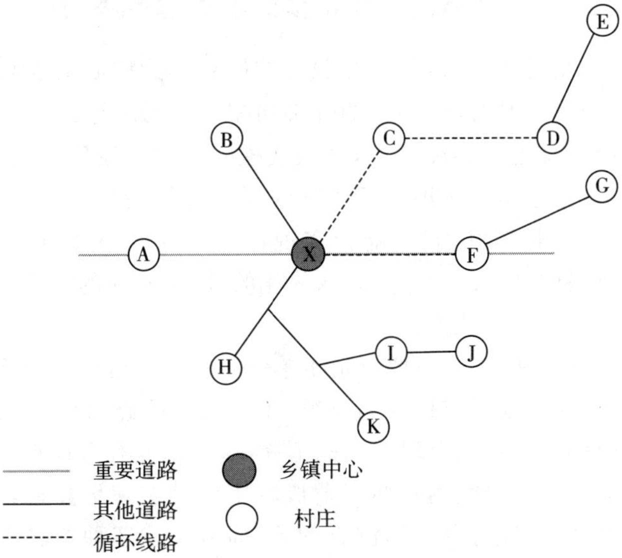

图 5－4　以乡镇为中心的循环线公路客运线路模式

表 5-4　以乡镇为中心的循环线模式的各节点间通达矩阵

	X	A	B	C	D	E	F	G	H	I	J	K	L_{Ni}
X	1	1	1	1	1	1	1	1	1	1	1	1	12
A	1	1	0	0	0	0	0	0	0	0	0	0	2
B	1	0	1	0	0	0	0	0	0	0	0	0	2
C	1	0	0	1	1	1	1	0	0	0	0	0	5
D	1	0	0	1	1	1	1	0	0	0	0	0	5
E	1	0	0	1	1	1	1	0	0	0	0	0	5
F	1	0	0	1	1	1	1	1	0	0	0	0	6
G	1	0	0	0	0	0	1	1	0	0	0	0	3
H	1	0	0	0	0	0	0	0	1	1	1	1	5
I	1	0	0	0	0	0	0	0	1	1	1	1	5
J	1	0	0	0	0	0	0	0	1	1	1	1	5
K	1	0	0	0	0	0	0	0	1	1	1	1	5
$\sum_{i=1}^{n} L_{Ni}$													60

注：1 表示节点间可通达，0 表示节点间不通达。

5.1.4　不同农村公路客运线路模式的运营成本分析

从上述的交通紧凑度分析可知，在假定的以乡镇为中心的农村公路客运线网中，由于它们三种模式的紧凑性指数的分母均相同，而分子大小不一样，则 $I_{tf} < I_{tq} < I_{tx}$，故循环线模式交通紧凑度最高，区域线模式交通紧凑度次之，放射线模式最低。这是从客运线路通达性角度分析了在农村客运线路经营组织中，采用循环线模式在线网通达率上是最好的，但能否实现在整个客运经营中成本最低、效率最高，还要看整个线路网络上的配车是怎么优化的，因为不同的车辆会产生不同的运营成本，也会有不同的运营效率。

线路上采用哪种车辆类型主要决定于单位时间的客运量或者客运量生成率和车辆运营的经济性[3]。根据农村客运特征，不同类型线路可以采用不同类型的车辆，并且在多条线路上也可以合理地调配车辆，这样就能有效地提高车辆的使用效率，降低经营成本。本次研究的总体运营成本主要是在满足基本客流需求情况下根据车辆类型的搭配来进行分析和测算的，下面就上述三种线路模式中的不同车辆搭配，来分析客运线路网络的总体成本影响。

在分析过程中，首先车辆运行时间的计算是假设以每 20km/h 的平均行驶速度为基础，并且在线路的每一端还要预留 15min 的上下车时间。比如，在 20km 长的线路上，进行一次往返运客需要花费 2 个小时再加 30min 的上下车时间，每天两次往返总共需要 5 个小时的车时；然后可以根据每条线路的总体运行时间和中途下车时间来计算所需的车辆数目。假定每辆车每天运行 8 个小时，可以通过用 8 除总的线路网络车时计算所需的总车辆数，并预留总车辆数的 10%左右的车辆用作车辆维护和其他紧急情况。

5.1.4.1　放射线模式的配车及运营参数分析

在放射线模式中，每个村庄都设有连通乡镇的单独线路（图 5－2），根据表 5－1 的客流情况，一共需要配备由 30 辆 7 座车进行经营，每辆车都长期在一条线路上运行。每天班线的配车情况和日常经营参数如表 5－5 所示[3]。

5.1.4.2　区域线模式的配车及运营参数分析

在区域线模式中，一些线路已经从区域角度进行了组合（图 5－3），可根据客流情况搭配使用 11 座车和 22 座车，并在各条线路之间互相合作提高车辆使用率。每天班线的配车情况和日常经营参数如表 5－6 所示。通过班线之间车辆的互相合作，前 4 条班线需要 10 辆 11 座车，剩下的 4 条班线需要 5 辆 22 座车。

表 5－5　放射线模式的配车情况及日常经营参数

班线	座位数	班线（单程）（km）	往返运行时间（min）	每天往返次数	每天总体耗时（min）	每天运行总千米数（km）	需要的车辆
X－A	7	10	90	18	1,620	360	4
X－B	7	10	90	9	810	180	2
X－C	7	10	90	9	810	180	2
X－D	7	20	150	18	2,700	720	6
X－E	7	30	210	6	1,260	360	3
X－F	7	10	90	9	810	180	2
X－G	7	20	150	6	900	240	2
X－H	7	10	90	6	540	120	1
X－I	7	15	120	12	1,440	360	3
X－J	7	20	150	9	1,350	360	3
X－K	7	15	120	6	720	180	2
总计	—	—	—	108	12,960	3,240	30

表 5-6　区域线模式的配车情况及日常经营参数

班线	座位数	班线(单程)(km)	往返运行时间(min)	每天往返次数	每天总体耗时(min)	每天运行总千米数(km)	需要的车辆
H—X—F—D—E	11	40	270	4	1,080	320	3
J—I—X—B	11	30	210	6	1,260	360	3
K—X—F—G	11	35	240	4	960	280	2
A—X—C—D	11	30	210	3	630	180	2
A—X—F—D	22	30	210	2	420	120	1
I—X—A	22	25	180	4	720	200	2
X—C	22	10	90	3	270	60	1
X—C—D	22	20	150	2	300	80	1
总计	—	—	—	28	5,640	1,600	15

5.1.4.3　循环线模式的配车及运营参数分析

在循环线模式中，客车循环运行，沿途上下客，在不同路段客流会时高时低，因此将根据农村地区客流情况搭配使用 11 座车、22 座和 30 座车，并在各条线路之间、车辆之间加强合作（比如配合循环线还构建了往返线和接驳线，如图 5-4 所示），通过提高车辆运能来优化线网和提高车辆使用率。每天班线的配车情况和日常经营参数如表 5-7 所示。

表 5-7　循环线模式的配车情况及日常经营参数

<table>
<tr><th colspan="2">班线</th><th>座位数</th><th>班线(单程)(km)</th><th>往返运行时间(min)</th><th>每天往返次数</th><th>每天总体耗时(min)</th><th>每天运行总千米数</th><th>需要的车辆</th></tr>
<tr><td colspan="2">D—E</td><td>11</td><td>10</td><td>90</td><td>4</td><td>360</td><td>80</td><td>1</td></tr>
<tr><td rowspan="2">X—C—D—F—X</td><td>X—C—D—F</td><td>22</td><td>20</td><td>150</td><td>5</td><td>750</td><td>200</td><td>2</td></tr>
<tr><td>X—F—D—C</td><td>22</td><td>20</td><td>150</td><td>5</td><td>750</td><td>200</td><td>2</td></tr>
<tr><td colspan="2">A—X—H—I</td><td>30</td><td>35</td><td>240</td><td>4</td><td>960</td><td>280</td><td>2</td></tr>
<tr><td colspan="2">J—I—X—B</td><td>11</td><td>30</td><td>210</td><td>6</td><td>1260</td><td>360</td><td>3</td></tr>
<tr><td colspan="2">K—X—F—G</td><td>11</td><td>35</td><td>240</td><td>4</td><td>960</td><td>280</td><td>2</td></tr>
<tr><td colspan="2">总计</td><td>—</td><td>—</td><td>—</td><td>28</td><td>5040</td><td>1400</td><td>12</td></tr>
</table>

通过班线之间车辆的互相合作，其中 3 条班线需要 6 辆 11 座车，2 条班线需要 4 辆 22 座车，1 条班线需要 2 辆 30 座车。

5.1.4.4　三种模式的综合运营成本分析

为简便起见，本文直接引用世界银行道路经济决策 RED 模型计算的单位车辆运营成本，见表 5－8[3,152]。

根据表 5－8 中的成本估测，在满足客运需求目标的前提下，三种线路模式配车后的综合经营成本对比情况如表 5－9 所示。

表 5－8　车辆可变与固定经营成本

	7 座 汽油车	11 座 柴油车	22 座 柴油车	33 座 柴油车
每车公里可变成本(元)	0.75	0.75	0.91	0.92
每车每天的固定成本(元)	90.55	120.85	179.86	211.95

从表 5－9 可知，放射线模式每日的综合经营成本是 5,146.5 元，区域线模式每日的综合经营成本是 3,450.4 元，而循环线模式每日的综合经营成本为 3,090.06 元。由此可见，循环线模式的每日综合经营成本最低，而放射线模式最高。这就与前面所论述的交通紧凑度构成了一种联系，即交通紧凑度高的客运模式每天的综合经营成本低，而交通紧凑度低的客运模式其每天的综合经营成本则高。也就是说客运线网越紧凑，客运经营成本就越低。因此，在对农村公路客运线路进行优化时，应尽量组织循环线，这样既提高了交通的紧凑度，方便了农村居民出行，又可以降低客运经营成本，从而也可以减少农村居民出行费用。由此，通过多组织循环线，可以达到提高农村居民出行的可达性、可承担性的目的。

表 5－9　三种线路模式的综合经营成本对比

模式	车辆类型	车辆数目	每天运行公里数(公里)	每车固定成本(元)	可变成本/公里	总的固定成本(元)	总的可变成本(元)	综合经营成本(元)
放射线模式	7 座	30	3240	90.55	0.75		2430	5146.5
区域线模式	11 座	10	1140	120.85	0.75	2716.5	855	2063.5
	22 座	5	460	179.86	1.06	1208.5	487.6	1386.9
	小计	—	1600	—	—	899.3	—	3450.4
循环线模式	11 座	6	720	120.85	0.75	—	540	1265.1
	22 座	4	400	179.86	1.06	725.1	424	1143.44
	30 座	2	280	211.95	0.92	719.44	257.6	681.5
	小计	—	1400	—	—	423.9	—	3090.04

另外，从表 5－9 可知，为满足同样的客运需求，放射线模式每天要运行 3240 公里，区域线模式每天要运行 1600 公里，而循环线模式每天则只需运行 1400 公里。如果以每天客运线路运行长度作为边界长度，按 Richardson 提出网络紧凑度指数公式(5－1)来计算网络紧凑度的话，同样也是循环线模式的网络紧凑度最高，而放射线模式最低，与前面论述的结论是一致的。

5.2 农村公路客运安全优化研究

农村公路客运是依托农村公路展开的，本节探讨将安全审计的方法和理论应用到农村客运安全优化中，即在农村公路客运线路上进行主动式的农村公路客运安全审计(Rural Bus Safety Audit，简称 RBSA)，以期能充分提高农村公路客运的安全可靠性。

对道路交通实施安全审计起源于 20 世纪 80 年代的英国。继英国之后，澳大利亚、美国、新西兰、加拿大、泰国、菲律宾等国都开始了道路安全审计(Road Safety Audit，简称 RSA)方面的研究与应用[153-158]。AUSTROADS(澳大利亚道路组织)于 2002 年出版发行了《道路安全审计》，书中给出了关于道路安全审计程序完整的实践指南，同时也列出了被各个国家广泛采用的安全审计表，是一部关于道路安全审计的系统性文献[154]。新西兰运输部(TNZ)于 1993 年颁布了《道路安全政策及实施程序》，美国联邦公路管理局(FHWA)于 1997 年出版了《FHWA 道路安全审计研究指南》。国外研究和实践表明：道路安全审计可有效地预防交通事故，降低交通事故数量及严重程度，可以使道路最大限度地处于较高的安全水平，减少道路开通后改建完善和运营管理费用，提升交通文化，其投资回报是 15～40 倍[158]。

由于各种原因，我国的道路交通安全审计工作尚未系统地开展，还没有相关的法规和措施[158]。目前我国学术界已有一些专家学者如何勇、龚文安、姬利娜等开始了对这个问题的探讨和研究，并在个别地方的道路上进行了道路交通安全审计的初步尝试[153-158]，但不论是理论还是实践，都处于零碎的、不全面、不系统的状态，亟待进一步完善。本节提出的农村公路客运安全审计实际上也是在这种背景下做理论和应用上的探讨。

5.2.1 农村公路客运安全影响因素及交通事故原因分析

5.2.1.1 农村公路客运安全的影响因素分析

影响公路客运安全的因素主要涉及人(司机及其他交通参与者)、道路、车辆和环境等几个方面，农村公路客运也不例外，但它又有自身的特点，其具体的影响因素分析如下。

一是很多农村地区仍然是非正规客运经营者主要从事客运服务[157]。据在安徽省怀宁县石牌镇农村客运调查可知，该镇与周边村庄的公路客运服务主要由非正规运营者提供，他们在长途车站外面的路边或其他地方等客，运营车辆多半是三轮农用运输车和三轮面包车。在石牌镇调查的农村客运路线上运营的客运车辆总数约为 200 辆，其中就有 156 辆三轮车从事客运经营，占客运车辆总数的 78%。

二是运管部门囿于现行客运许可制度而疏于对非正规客运经营者进行监管。目前，运输管理部门在保证安全方面采取的主要措施是要求车辆在客运站接受常规检查。但如果没有客运站，就无法对车辆进行检查，也就不准予颁发客运许可[3]；另外，我国现行的道路客运管理规定是不允许三轮车从事客运经营的，同样对三轮车也不准予颁发客运许可。因此那些未经许可的非法经营者则没有人对他们的安全标准进行监督。

三是较差的道路条件和交通环境对农村客运影响较大。农村大部分地方道路等级低、路况差、人车混杂、配套设施少，给农村客运安全带来潜在的威胁。据统计，我国 2004 年全年发生于农村公路上的一次死亡 10 人以上的特大交通事故共 22 起，占全国公路此类事故总数的 40%，究其原因是道路路面狭窄，线型不合理，陡坡较多，视距不良，且临水、临崖，轻微的刮擦即可导致坠车，造成严重人员伤亡[158]。

四是对客运车辆改造和保养不规范。由于农村客运服务中离不开行李物品运输，需要改装行李架。然而我国有些针对车辆设计的规定过于严格，不允许客运经营者在车辆检测并许可后对车辆进行改装，也就是说不允许对车辆进行诸如加装行李架这样的改动。许多农村客运经营者忽视这条规定，自行在车上安装行李架。在大多数情况下，车辆还是相当安全的，但由于有些行李架设计不合理，负载过大，使得车辆不稳定，存在安全隐患。另外一个重要的方面是部分农村地区客运车辆很难达到规定的保养标准[3]。存在缺陷的车辆有安全隐患，但不能及时采取防范性保养措施，增加了车辆发生故障的可能性。中国相关的法规规定了车辆保养和检测程序，但它很难波及偏远地区的农村客运经营者。

五是缺乏对从事客运的司机培训和教育。通常情况下我国对于驾驶员培训重视程度很高。有关规定要求客运经营者对司机进行相关的教育，例如安全法规、车辆保养等。但是通过调查，发现几乎所有的农村地区从事客运的司机都没有经过良好的培训，基本为“半路出家”，刚放下锄头便握着方向盘，缺乏对自己车辆机械性能的了解，也没有掌握上路的基本原则。这种客运安全是很难有保障的。

农村公路客运系统中任何一起交通事故都应该是系统中各个要素共同作用的结果。因此需要对各个影响因素进行安全审计，旨在提高组成客运交通系统各个要素的安全可靠性，从而达到整体安全优化目的。

5.2.1.2 农村公路客运交通事故原因分析

为实事求是地剖析农村公路客运交通事故原因，本文利用具体调查资料和数据来分析。2009 年 3 月份，经在安徽省某县杜村乡进行农村客运调研，从当地交警提供数据发现，该乡 7 条农村公路客运线路上在过去 5 年内共发生 112 起事故。当地交警提供的车祸原因的数据统计见表 5－10，各事故原因所致事故占事故总数的百分率见图 5－5。

表 5－10 杜村乡公路客运的车祸原因

	杜村一长垅线	杜村一西河线	杜村一上峰线	杜村一河东线	杜村一宗文线	杜村一庙前线	杜村一龙华线	小计（起）
酒后驾车	0	1	0	0	1	1	0	3
疲劳驾驶	6	0	0	7	0	1	0	14
超速	0	3	0	0	0	0	1	4
逆向行驶	2	0	0	2	1	0	0	5
违章行驶	1	0	0	0	0	0	0	1
违章装载	4	1	2	0	0	0	0	7
违章转弯	5	1	0	0	0	1	0	7
违章掉头	1	1	0	0	0	0	0	2
违章滑行	1	1	0	0	2	0	1	5
不按规定让行	0	1	1	0	0	0	0	2
非法占道	0	1	0	0	1	0	0	2
尾随	1	0	1	1	0	1	0	4
人工直接供油	0	2	0	0	1	0	0	3
无照驾驶	4	1	1	2	0	1	1	10
其他司机因素	2	3	1	2	4	3	1	16
非机动车突然猛拐	4	1	4	1	0	0	0	10
行人或其他车辆占道	1	3	0	0	1	0	0	5
其他原因	10	1	1	0	0	0	0	12
合计（起）	42	21	11	15	11	8	4	112

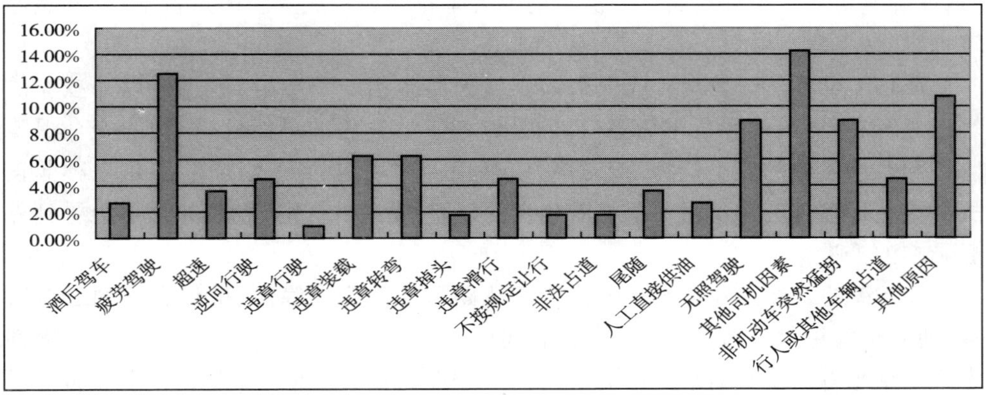

图 5－5　农村公路客运交通各事故原因所致事故百分率

从表 5－10 可以看出，酒后驾车、疲劳驾驶、超速、逆向行驶、违章行驶、违章装载、违章转弯、违章掉头、违章滑行、不按规定让行、非法占道、尾随、人工直接供油、无照驾驶、其他司机因素等事故原因都是与司机驾驶行为直接相关，这类原因引起的事故 85 起，占总事故数的 75.90%；由交通环境引起的事故，如非机动车突然猛拐、行人或其他车辆占道等原因造成的事故 15 起，占总事故数的 13.40%；其他原因造成的事故 12 起，占总事故数的 10.70%，见图 5－6。

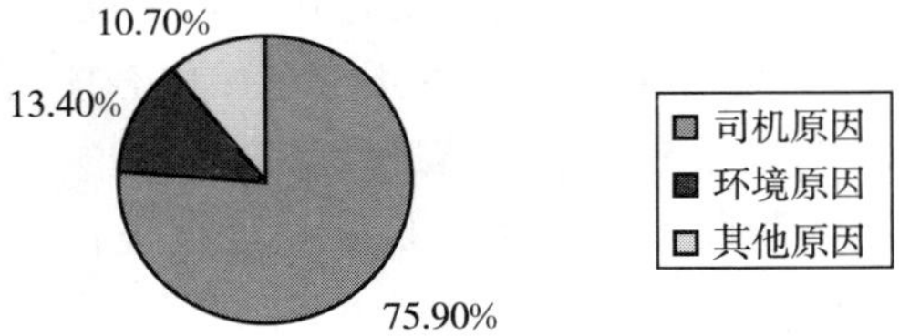

图 5－6　农村公路客运交通各类事故原因比例

从事故原因分析可知，农村公路客运交通事故主要是由于司机的驾驶行为造成的。要降低农村客运交通事故率，就应该重点针对驾驶员和客运经营者，采取主动审查方式来规范他们的驾驶行为和经营行为，从主动角度实现客运安全系统优化。

5.2.2　农村公路客运安全审计的理论基础

5.2.2.1　农村公路客运安全审计(RBSA)的定义与目标

农村公路客运安全审计(RBSA)可定义为由公正、独立、有资质的人员对涉及农村公路客运的客运经营者、司机、客运车辆、客运线路、客运环境等进行正式审查，以确定对客运服务对象任何潜在的不安全特性或构成威胁的运营安排，并做出审计报告。

RBSA 可以在任何现有或未来的农村公路客运线路上进行，也可以是独立的客运经营者、司机或客运车辆等，目的是调查事故发生的可能性、司机的安全保障水平和客运设施的安全能力。其过程应是用一种规定的方式，而并不是一种非正式的检查。审计工作应由一些具有相当的经验，受过专门的训练，并且不会受到外界影响的人进行。

RBSA 的目标是确定农村公路客运线路潜在的安全隐患；确保合适的安全对策；使安全隐患得以消除或以较低的代价降低其负面影响；保证客运服务各要素都考虑了乘坐者的安全需求。因而可以说 RBSA 的目的就是保证现已运营或将要运营的农村公路客运线路都能为乘坐者提供较高安全实用标准的客运服务。

5.2.2.2　农村公路客运安全审计(RBSA)的内容

相比道路安全审计的重点是在道路本身，在道路建设期和营运期的各阶段都有所侧重地实施审计，它的审计内容是围绕着各阶段的侧重点而设定的[153,158]，农村公路客运安全审计的重点则是人。人是整个农村公路客运实施中的主体，包括客运管理者、经营者、车主、司机等[161]。乘客虽也是客运的参与者，但他们的行为通常情况下会受到客运经营主体的约束，因此乘客不应作为审计的重点。当然，不能排除在农村公路客运车上出现美国“9・11”事件、成都“6・5”公交案等乘客主动制造事故的可能，但毕竟只是个案，笔者了解到在杜村乡没有发生过此类事件。客运车辆、道路条件和交通环境是农村公路客运实施中的客体，客体受主体意识的作用，但也能反作用于主体，也很有必要对其进行安全审计。

RBSA 应在客运准入阶段和客运实施阶段全过程进行，尤其要加强准入阶段的客运经营者、司机和车辆安全审计工作，严肃各项营运证的审核程序。

因此，RBSA 是根据对农村公路客运交通系统的构成及信息的传递过程全面综合的分析，客观指出各客运要素对交通事故的成因构成。如客运经营者因素、司机因素、车辆因素、道路环境因素等。其具体的安全审计内容可参照 RSA 做法，以审计条目的形式罗列在审计清单里。

5.2.2.3　农村公路客运安全审计(RBSA)的审计清单

安全审计通常采用清单(即检查表)的形式来进行[154]。安全审计清单是进行安全审计、查找事故隐患、预防事故的一种有效的工具。为了更彻底地发现客运中存在的不安全因素，对客运系统中各个部分加以分析，将各审计阶段的内容按一定的顺序编制成清单，以便进行审计检查并避免疏漏。因此，可以通过研究借鉴国外 RSA 的成果，结合对农村公路客运安全影响因素及交通事故原因的分析，按图 5－7 所示流程建立农村公路客运安全审计清单(表 5－11)。

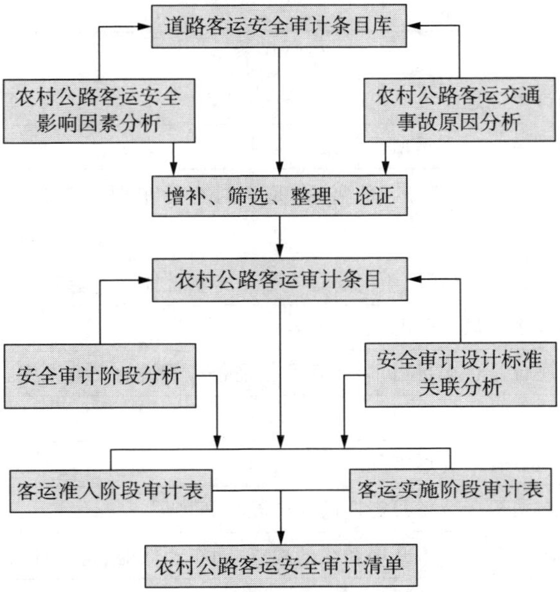

图 5-7　RBSA 审计清单建立流程

表 5-11　农村公路客运安全审计清单

阶段	序号	审计内容	核对	评价
客运准入阶段	1	客运经营者申请营运证问题		
		客运线路规划是否合理		
		申请线路上是否已有其他客运经营者		
		客运经营者的基本经营模式		
		拥有车队规模是否达到农村客运班线的最低标准		
		是否引进了乡村客运车辆检测系统		
		是否熟悉线路所经路况		
		是否起草了安全管理制度,深度如何		
		……		
	2	司机准入条件问题		
		是否已在当地从事过农村客运,在过去三年内是否有交通事故		
		是否经过严格培训,获得驾驶执照和从业资格		
		是否熟悉车况和路况		
		是否与客运经营者或车主签订了相关合同		
		是否具有自我控制驾驶行为的能力		
		是否适宜从事专业驾驶工作		
		……		

（续表）

阶段	序号	审计内容	核对	评价
客运准入阶段	3	车辆许可问题		
		是否满足农村客运所需的最低标准		
		农村存在“货随客运”的需求，是否对客运车做了符合要求的改装		
		车龄是否过长（一般不能超过8年），车辆性能是否老化		
		车辆是否受局部路况限制		
		车上座位是否满足需求，乘客站立是否有手扶的安全设施		
		……		
客运实施阶段	1	客运经营者的客运管理问题		
		是否对司机进行每月定期的安全教育和培训		
		是否随机地在路边开展系统的检查，如车辆性能、驾驶行为		
		是否能监控车辆性能指标		
		是否有专业的部门监督车辆保养标准		
		是否每半年组织进行车辆检测		
		……		
	2	司机的驾驶行为问题		
		是否每月定期参加安全教育和培训，掌握上路的基本原则		
		是否在发班前都检查车辆状况		
		发车频率是否过高，从而疲劳驾驶		
		是否有通过经济手段约束司机行为，效果如何		
		是否有不良驾驶习惯，如超速、酒后驾驶等		
		是否能遵守交通规则，而不是有意采取危险驾驶行为		
		是否能维护好车内秩序		
		是否在路上随意招手停		
		……		
	3	车辆行驶问题		
		是否经常超载		
		改装的行李架是否符合安全要求		
		车辆性能检测频率是否符合要求		

（续表）

阶段	序号	审计内容	核对	评价
客运实施阶段		车辆保养是否达到标准		
		是否严禁不合格车辆上路		
		……		
	4	客运站经营者管理问题		
		是否提供车辆检测、保养和清洗设备		
		是否实行站运分离模式		
		站内通道是否实行人车分离		
		……		
	5	线路所经路况		
		道路宽度是否满足车辆通行		
		道路行车是否扬尘		
		道路养护是否及时到位		
		路面是否硬化		
		局部线路纵坡是否过大		
		道路行车视距是否满足要求		
		道路交通设施是否完备		
		道路是否街道化		
		……		
	6	行人与自行车安全问题		
		车辆穿越集镇时是否限速		
		行人和自行车是否有足够的通道横穿公路		
		行人和自行车通道横穿公路方法是否妥当		
		过路线对驾驶员来说是否清晰		
		在横过公路危险较大的路段，有否装置栏杆		
		在车辆失控危险特大的路段，有否装置护栏保护行人与自行车		
		……		

附注："核对"栏根据具体审计情况填写 1 已核对；2 未有核对；3 不适用。……表示省略。

"评价"栏根据评价结果填写 1 没有明显问题；2 存在个别一般问题；3 存在个别严重问题；4 存在普遍一般问题；5 存在普遍严重问题。

审计清单中的审计条目主要是根据影响安全的关联因素而定的[154]。农村公路客运安全审计清单的关联因素具体表现为人、车、路及其环境因素对客运安全的影响。根据前面的农村公路客运安全影响因素分析结果表明:农村公路客运管理者、经营者、司机、客运车辆、道路条件、交通环境等因素与农村公路客运交通安全的关联较为紧密。因此审计清单就是围绕这些因素展开的。清单中所列出的条目是在客运安全审计工作中用来提示审计的通用部分,并不包括全部的内容。因此只能作为审计的指导,不能作为相关专业知识的替代物。在实际的审计过程中,需结合审计人员的个人技能和经验,才能取得切实有效的审计结果,达到安全审计的预期目的。

5.2.3 农村公路客运安全审计的应用方法

RBSA 可参考英国、澳洲 RSA 的审计方法,首先是制定一份审计清单作为初始评估工具,然后在此清单上对要审计的内容进行逐一核对。值得注意的是,客运安全审计需要针对是否符合客运标准和影响安全运行等问题进行一般性的核对,不过符合客运标准与否并不等同安全,但通过审计可及时的发现客运中是否存在潜在的事故风险和安全问题。接着就是对已核对的内容进行评价,评价其存在问题的严重性,笔者将此划分为 5 类,并分别赋值,即:没有明显问题 1 分;存在个别一般问题 2 分;存在个别严重问题 3 分;存在普遍一般问题 4 分;存在普遍严重问题 5 分。经过评价后可知分值越高潜在的问题越严重,这就需要客运经营者响应审计结果、提出整改措施、编写响应报告,从而尽量避免或减少安全事故的发生。

RBSA 的每个实施阶段都是一个完整的审计过程,即组建审计组→客运经营者介绍运营情况及提供资料→实地考察→客运安全性分析研究→编写安全审计报告→审计组介绍审计结果→客运经营者研究、编写响应报告→审计报告及响应报告共同构成客运安全文件。每个步骤中的工作内容必须与具体审计项目的性质和规模相适应。对于规模较小、客运交通安全问题较清楚的项目,有的步骤可以简化,但不能省略,总的流程次序不能改变。

5.2.4 农村公路客运安全审计的应用效果

2009 年 4 月,结合杜村乡农村客运调研结果,对其在客运实施阶段进行了安全审计。审计结果表明:

(1)现状调查中,杜村乡参与农村客运的车辆有 33 辆,其中就有 28 辆为三轮车,大多为个体非正规经营者,客运经营主体多,规模经营少,无组织纪律和制度,评价认为存在普遍严重问题,建议组建一个规模化的客运经营公司。

(2)三轮车从事农村客运属于非正规经营,他们无法取得经营许可证,因此大多数车辆的所有人及其驾驶员均无驾驶证，没有接受正规安全教育与培训，基本的上路原则不够熟悉，安全意识不强，评价认为存在普遍严重问题，建议加强农村客运市场的监管力度，严格驾驶员的培训工作和准入门槛。

(3)参与客运的大多是三轮车，属于我国禁止进行客运的车辆，评价认为存在普遍一般问题，建议逐步取缔三轮车，均由四轮巴士从事农村客运。

(4)杜村乡的一个客运站已经在建设中，很快就能投入使用，但没有车辆检查和检测设施，无法保证及时地对车辆进行检测，评价认为存在普遍严重问题，建议尽快建设客运站，并配套车辆检测设施。

(5)杜村乡属于山区，道路条件较差，虽然有些路相对较新，但是很窄(3.5 米宽)，不适合超过 7 座的小巴士的运营，这将严重限制村级巴士服务的效率，评价认为存在个别严重问题，建议道路做局部改善。

(6)农村道路人车混行、机非混行现象严重，评价认为存在普遍一般问题，建议要注意穿越混合交通密集路段。

2009 年 5 月，杜村乡交管部门结合审计和评价意见进行了整改，全乡成立了一家农村客运经营公司，要求一些个体四轮车车主与公司签合同挂靠经营，三轮车暂不允许挂靠，要求挂靠司机必须要接受公司安排的培训和安全教育，并制定了公司安全管理制度、车辆经营制度、企业生产管理制度等规章制度对司机进行各种行为的约束。客运站也初步建成，配套了检测设备，加强了检测工作。局部路段得到了道路养护部门的养护，路况有所改善；在混合交通密集路段施划了交通标线，组织人车分流。据当地交警部门统计，经过 2009 年 6 月至 7 月的示范整改，杜村乡这两个月未发生与农村客运有关的交通事故，与往年同期每月发生 2～3 起农村公路客运交通事故相比，安全优化效果显著。

5.3　农村公路客运站点设置问题探讨

本文主要探讨乡镇及村庄客运站的设置问题，因为在颁发客运经营许可时要求运营线路的一端必须要有客运站，许多农村客运线路之所以非正规化(或非法化)就是由于没有客运站，为此应新建客运站使非正规化经营正规化。至于中途站点由于可随线路灵活配置，设施相对简单，在此不做过多论述。

5.3.1　农村公路客运站设置问题分析

目前，我国很重视农村交通基础设施的建设，要求在修建农村公路的同时，要贯彻“路、站、运一体化”的思想，加快农村公路客运站点建设，方便客运组织和农村居民出行。但事实上我国大多数农村地区客运站建设相对于道路建设来说已严重滞后，非常不利于农村公路客运正规化发展。比如目前广西壮族自治区现有的300多个客运站中，乡镇站只占到一半，县以上城市都已有客运站，但80%以上的乡镇还没有客运站[3]。作为农村客运网络结点、农村居民相对固定的乘车、候车场所的乡镇客运站严重不足，致使农村客运缺乏有效运输组织，客车在村镇内多为乱停乱放、乱揽客。

尽管客运站在运输体系中有着非常重要的地位，但僵化的体制机制却起到相反的作用。对于某些乡镇来说，一味强调客运站的设施要符合补贴或评级要求则会导致建设规模过大，成本过高，或者设置位置不理想。比如新疆维吾尔自治区的墩阔坦客运站（图5-8）于2005年建成，造价140万元，但未投入使用，究其原因是其设计超常规，而功能发挥不理想，在客运站后部空间不够大，中型车调头都很难。另外，它距离乡中心300米远，没人愿意去那里上车。再比如甘肃省宁远客运站（图5-9）于2007年投入使用，尽管它是个客运站，其主要收入来源却是商业出租，旅客候车室被一名摩托车商人租下，当展厅用，而客运车辆却停放在道路路缘石的右侧一角[3]。

由此可见，乡镇客运站的规划建设一定要满足农村公路客运的基本需求，要符合农村居民的出行习惯，同时还要经济实用，维护成本低。

图5-8　新疆墩阔坦客运站

图5-9　甘肃宁远客运站

5.3.2　农村公路客运站设计及规模探讨

我国现行的《道路旅客运输及客运站管理规定》把“客运线路一端必须要有客运站”作为颁发经营许可的前提条件，正是这项规定制约了农村地区正规客运服务的发展。同样，对等级客运站的最小占地面积和必须配备的设施都有详细规定，而这些规定常常没有针对具体情况，使客运站建设规模过大，设施配备标准超标，进而增加了不必要的成本，另外，在最能满足旅客需求、最适合设置客运站的地点，由于土地面积不够而不得不迁址建设，致使客运站位置偏而使乘客乘车不方便或者不合理[3,160]。因此，应修改这个规定，这样才能保证在整个农村地区建立一个新的正规客运网络。

事实上，为乡至村线路提供服务的公路客运站，其最低要求极其简单，只需要一个车辆停放区、旅客候车棚、小办公地、洗手间即可[3]。如果还剩有可用空间，则可以设置车辆检查坑，解决车辆安全检查问题。若车辆使用效率非常高，它们在客运站的停留时间则不会过长，因此也没有必要提供长期停车区。至于长期停靠车辆则需要考虑的车库，可设置在远离乡镇中心、土地价格便宜的地方。在乡镇客运站也可以不设立售票室，司机或售票员可以在车上售票。

在交通部颁发的《汽车客运站级别划分和建设要求》(JT2000—2004)中，根据平均日旅客发送量，把车站等级划分为五个级别，但该文件对新建客运站到底采取哪种标准并没有明确规定。《道路旅客运输及客运站管理规定》中对于客运站规模和设施的规定对于乡镇以下的农村客运也并不适用。由此，可在五级客运站之下，增设一个能满足农村客运最低要求的客运站，即乡村客运站。相关的指标可以更灵活，保证在设计时可以更准确地反映出当地实际要求，并预留部分空间以备之后扩建。这种客运站主要为在乡至周边村庄线路上经营的车辆提供服务，但沿主要道路开展经营的车辆也可到此拉载旅客，以满足旅客在地方道路与干道之间的换乘要求。

车站的设计应满足预计的最大车流量需要，并要考虑到人员的安全问题。站内的发车区或发车位数目取决于车站的形态、发车位构造与车辆大小、车辆是否进出站与站内兜转情况、用来停放车辆的场地面积大小，以及候车设施的占地面积等情况。进出站点车辆的数目与要求的停车位数量由服务特点决定，比如通过车辆时刻表，就能确定一天之内不同时间车站内的车辆数目，由此可确定它们所需要的停车面积[3]。

车站设计中要考虑到的因素包括车辆一般在站内停靠的时间、地点形态与大小、车站经营性质、临街影响等。在设计出站点与进站点时还要考虑车辆的构造情况，比如车门的位置[3,98]。另外，车辆的大小也要考虑，因为它决定了调度的空间和每个停靠点所需的面积。

不同车辆停靠模式也会影响到车站设计。这有两种不同的选择：一是车辆可以穿过车站，与候车点平行停靠让乘客上车；二是车辆可以与候车点成一定角度停靠(一般是在30°到60°之间)，倒入或倒出停车地点，这就是通常所说的“锯齿形”停靠。每种情况都有各自的优缺点，并且在空间要求、安全、进站与出站速度方面都有所不同[3]。比如在车辆通过车站时，如果在各个站台上下车的多条班线使用同一个车道，那么就需要足够宽的车道，能让两辆车错车；如果车辆成一定角度停靠，停靠的角度越小，在特定站台长度下能设置的停靠位数目就越多，但是车辆进入停靠区所需的空间就会增加。锯齿形设计非常适合车门在车身最前面的车辆，因为乘客从站台上下车都很安全和快捷；但它不太适合车门在车身中部或后部的车辆，因为乘客需步行通过车辆之间的车行道，上车不太安全。当然车门在车身最后部的车辆可以倒入锯齿形站台，但这样操作有时会倒到候车乘客的身上，有安全隐患。

为了安全起见，应采用"安全岛"设计来进行隔离车辆与行人，所有进站点与出站点都位于一个中心地点周围，乘客不需要在车行道上步行，锯齿形站台（见图 5-10）就特别适合这种安排[3,98]。

图 5-10 是按上述车站设计思路描绘的一个适合于农村地区的小型客运站示意图，该客运站占地仅有 $875m^2$，设施非常紧凑，仅包括四个发车位、一个小型办公建筑和卫生间，以及一个直接与人行道相连的候车处，可以不需要设置停车处（如果需要，也可利用部分空间停车）；且交通组织合理，车流和人流之间不存在冲突。

如果要建设这样的客运站，则应在乡镇或村庄找一块适当的地方，最好是硬化的地点（如果需要，可以设置在路边），能够靠近市场，方便旅客上下车。如果已经有了客运站，但距离市场较远，或者与多数旅客经常上下车的地点较远，则应设置一些停靠站点，使旅客不必长距离步行进出客运站，更不应强迫旅客必须在客运站乘车。

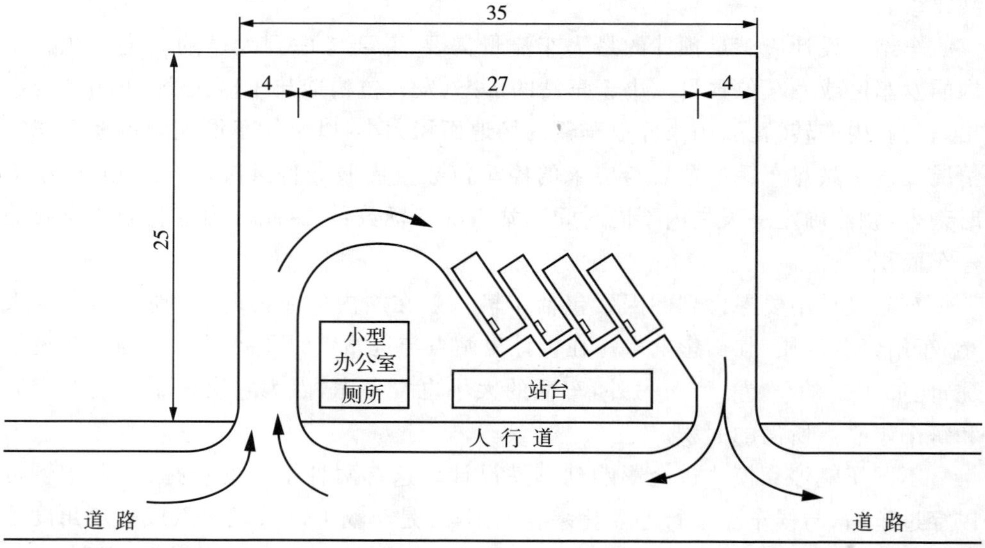

图 5-10　适用于农村的小型客运站形式

5.3.3　农村公路客运班线停靠站点设置探讨

通常情况下，每个村庄都应该设立简单的停靠站点，该站点应设有旅客雨棚和可供人休息的座椅。在村庄以外地区，如通往村外的学校和诊所的路线上对乘客上下较多的地方应设立一个简单停靠站点。

站点应设在路边便于安全上下车的地方。如果有足够的空间，应设立一个路侧停车带，即港湾式停靠站（图 5－11），以确保车辆进出站点不影响交通。当然，如乡村道路的车流量不大，而车辆进出站频次又较少，则没有必要投资建设路侧停车带。如公路较窄时，最好不要在路边设立终点站，因为这样会造成进出站的车辆发生拥堵。

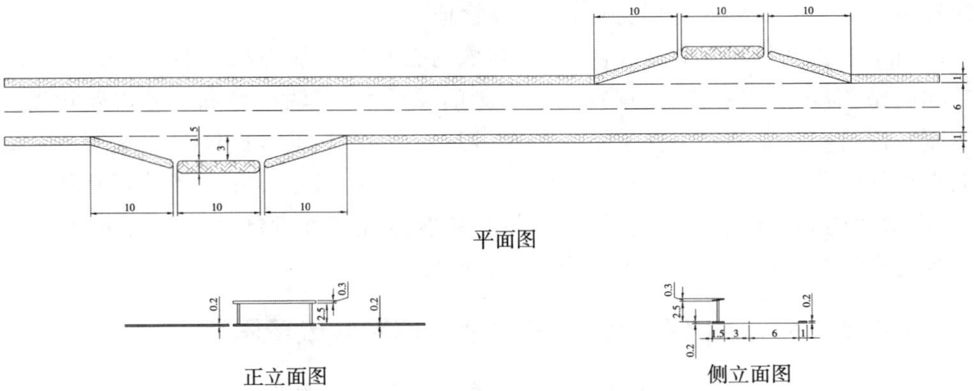

图 5－11　农村公路港湾式停靠站示意图

5.4　农村公路客运经营许可及管理制度改革探讨

5.4.1　农村公路客运经营许可及管理制度问题分析

根据 2005 年《道路旅客运输及客运站管理规定》，只有当经营线路一端有客运站的情况下才可以颁发经营许可。事实上，经过在广西、云南、甘肃、安徽、新疆等省自治区调研可知，只有 15％～37％的乡镇有客运站。在这种情况下，要么以县城为基础的长途线路延伸到乡镇以下提供间断性的村庄客运服务，要么就等到新建客运站完成后再申请经营许可，而这就为非正规经营者提供了可乘之机。道路运输管理部门对于路况恶劣道路或等外路，考虑到安全因素或盈利因素，一般不会颁发经营许可。在这种情况下，农用车辆或其他车辆就会乘虚而入，开展非正规营运，而且价格贵，危险大。大型运输企业虽然手握线路经营许可，但因为农村客流不稳定，大部分都亏损，所以他们不愿意从盈利线路调配资源来经营这些线路。一般情况下，都采用承包方式让个体车主/经营人员（承包人）提供运输服务，向他们收取管理费，农村客运一般为每车每月 100～200 元。此外，还根据客运站等级和车票收入收取 5%～10%的客运站费用，这给承包人带来沉重的管理费用负担[3]。

另外这种许可证体系无法提高车辆的利用率和经营效率，因为承包人通常被固定在指定的线路上，按照固定的时刻经营（这也是颁发线路许可的一个条件），客运车辆很难根据需求变化灵活地进行调度。其后果就是在繁忙时段（例如市场交易日）非法经营猖獗，正规客运超载，在闲时客车的利用率和占用率却非常低。非正规经营者由于没有经营许可，道路运输部门很少对其进行有效管理，但公安部门却核定三轮车可以载人，由此很容易形成管理盲区[98]。

由于上述这些问题的存在，导致许多农村公路客运服务效率低下、安全堪忧、成本高昂、需求反应缓慢（体现在运营时刻的灵活性、车辆类型和尺寸以及运费等方面），这与实际需要的服务水平有差距，而且许多潜在的线路缺少正规服务。在缺少正规服务的情况下，村民要么继续经受孤立之苦，要么就不得不使用那些费用高、风险大的非法运输。由此，应对农村公路客运经营许可制度进行改革，使之在城乡统筹导向下适应和促进农村公路客运的发展。

5.4.2 农村公路客运经营许可及管理制度改革思路

经调查发现，虽然每个省的农村公路客运服务有细微的差别，但是在所有大的方面都有共同点，即农村客运服务主要由个体经营者提供，他们使用小型车，如农用机车、三轮车，甚至柴油车[3]。与客运巴士相比，这类车辆的购买与运营成本都很低，因此深受小个体经营者的青睐。它们的运行时间灵活，完全按照乘客需求，收费根据需求也有所不同，不过都基本能收回服务成本。因为方便，即使票价高于物价局批准的正规服务的定价，乘客们也愿意支付。从本书第三章和第四章分析的结论可知，三轮面包车由于其机动灵活、成本低廉，在农村公路客运市场中占有很大份额，只要对其进行有效管理，就能维护好农村公路客运市场秩序。因此，应通过引进新的组织和制度架构、采取有效的管理和控制措施使现行的非正规经营体制逐步走向规范化，这样就能在保持非正规经营体制的基本特征如成本低和经营灵活等优势的同时，提高运行效率，改善客运安全。对农村公路客运经营许可及管理制度的具体改革思路和探索如下。

(1)建立新型的农村公路客运班线经营许可制度：乡镇与村、村与村之间进行经营的所有公路客运班线，可以在等级公路或非等级公路（即等外公路）上经营。在农村公路客运班线的一端或两端均可设置客运站，但并不要求必须设置[3,98]。允许车辆在途中任何安全地点（在不影响交通的情况下）停车上下客。所有持农村客运经营许可证的经营者都可以在农村客运班线上经营，但在每条班线上的经营者都必须持有农村客运班线经营许可证。该许可证明确规定客运班线服务覆盖的地区或位置以及必要的、最短的服务间隔;不必规定使用的具体车辆,但要求所使用车辆必须要有农村客运经营车辆许可证。

(2)建立新型的农村公路客运经营许可制度:允许农村公路客运经营者在乡镇和最近的县城之间进行经营服务,不必持有该条班线的经营许可证。如果能满足必需的条件,农村公路客运经营者还可以提供较长距离的班线经营服务,但这必须持此类客运班线经营许可证[3]。农村客运经营者可以采取各种经营组织形式,如合伙、合作、公司式或家庭式。鼓励以乡镇为单位培育当地客运经营者,使这些经营者享有组建协调运行的客运服务网络的特权,从而为周边的乡村提供客运服务。

(3)建立新型的农村公路客运车辆许可制度:所有载客的机动车,或用于客货两用车辆,以及经许可能用于农村公路客运班线的其他车辆,只要农村车辆经营者持有农村客运经营许可证,且车辆符合机动车使用方面的所有国家与地方性法规的均可从事农村客运,不明确规定其具体的线路,对其在农村客运服务方面的使用没有额外的要求,在车辆大小或配置方面也没有限制。在颁发车辆许可时要遵照车辆安全运营的最低标准要求,但不必明确规定车辆的类型、尺寸和布局细节。

(4)客运站经营者不再必须承担执行车辆安全检测的责任:道路运输管理部门应会同公安部门在客运站、停靠站点(没有客运站的时候)以及线路上对车辆进行经常性抽查,对于经营者要开展包括安全事项在内的基本客运管理培训,但不一定要在客运站经营中强制要求其经营者承担执行车辆安全检测的责任。

(5)成立农村公路客运管理机构:在县级道路运管部门内成立专门的农村公路客运管理处负责监督管理农村公路客运许可制度,处理县级及以下的乡村道路运输服务事宜,保障在新的监管体系下建立并改善农村客运服务[3]。农村公路客运管理机构的主要职责包括如下。

① 规划乡镇与村之间、村与村之间的客运线路,与潜在的和现有的农村客运经营者进行联络,鼓励成立新的农村客运经营者。

② 执行交通运输部相关规定,管理农村客运车辆及农村客运班线许可制度。

③ 执行道路安全法的安全管理条例,加强与公共安全机构的适当联络。

④ 许可并监管农村客运经营者和客运站经营者的行为,协调农村客运的发展与管理。

通过上述的农村公路客运许可及管理制度改革探讨可以得出,新型的农村公路客运经营应由持有线路经营许可的农村公路客运经营者开展(见图 5－12)[3]。个体车主持有各自车辆的经营许可证,车队可以有各种经许可的车型,经营者根据需求变化,可以安全灵活地投放到有需求的线路上。如果乡镇没有客运站,可以在靠近市场的地点,设置一个雨棚,供旅客乘车用,政府还可以在一些村庄设置雨棚式招手站。由此可以使得农村客运组织与经营非常灵活,农村居民客运出行非常方便。

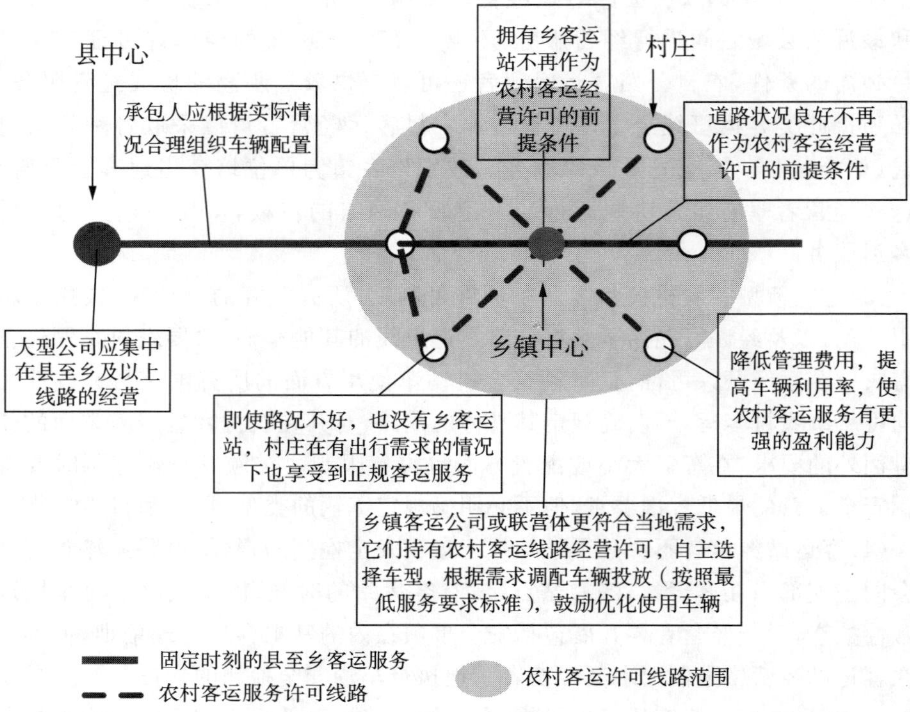

图 5－12　新型农村公路客运经营模式

5.5　农村公路客运公共财政补贴体系研究

农村公路客运是发展农村经济的基础,是农村居民出行的重要交通方式。但是,长期以来形成的城乡二元结构严重制约了农村客运的发展。由于城市公交与农村公路客运在行业管理政策上的差异,致使农村公路客运公共财政补贴相对较少。但过高的运营成本最终都会转嫁到乘客身上,造成农村居民出行成本居高不下,从而极大地限制农村居民客运出行的积极性。因此,应在城乡导向下建立以公共财政补贴制度为基础的农村公路客运公共财政支持体系,以促进农村公路客运市场开发,为农村居民出行和城乡居民流通提供实惠,从而实现“农村居民可支付、农村客运企业可承担、县乡政府可负担、公共财政可支撑”的农村公路客运服务系统,构建成“多予、少取、放活”的农村公路客运管理体系。

5.5.1　当前我国农村公路客运公共财政补贴政策中存在的问题

5.5.1.1　城乡道路客运公共财政补贴政策差异大

长期以来，我国实行"一品两制"政策，农村公路客运被确定为以市场性、竞争性为主，而城市公交被确定为公共产品，突出其公益性。由于它们的服务定位不同，导致所享受公共财政补贴的政策就相差很远，不利于打破城乡二元分割，不利于城乡统筹。更有一些人认为农村班线客运就应该自负盈亏，个体承包的客运企业不能给予公共财政补贴，否则会造成国有资产流失。

在税费负担方面，城市公交与农村客运的基础并不一样。城市公交车辆不但在车购费上享受补贴，而且其他交通税费也大多数得以减免；而农村公路客运车辆虽然有些地方给予一定的购置补贴，但是总的来讲还要缴纳很多税费。近年来，随着油价上涨，虽然各地燃油补贴的力度加大，但城市公交与农村公路客运之间的补贴标准差距却进一步拉大。由于管理体制的差异，农村公路客运平均补贴远远低于城市公交系统所享受的补贴。有些城市公交还获得运营补贴、票价补贴等更多的政策性补贴，而农村公路客运则少有这种补贴机制。由于农村公路客运车辆在核定载客人数上，是按座位数核定，车辆的运行效率明显低于城市公交(城市公交车厢面积按 0.125 平方米/人核载)，所以农村公路客运更应该纳入公共财政补贴范围。

公共交通是准公共产品，应由政府提供一定的财政补贴[163]。农村公路客运同样是具有外部正效应的准公共产品。但由于公共财政补贴不足，导致农村客运经营者的经营成本相对于城市公交要高，会造成城乡道路客运的公平性、普惠性较差，对农村居民不公，也会影响到农村公路客运的可持续发展。

5.5.1.2　农村财政难以全面惠及农村公路客运事业

目前农村公路客运公共财政补贴基本上是由县乡财政承担的公共服务。由于县乡财政保障水平偏低，这种补贴难以得到有效提供，与农村各项社会事业的发展、新农村建设的需要相比，县乡财政对农村公路客运补贴仍有很大的缺口[164]。

由于受城乡二元经济结构的影响，我国长期以来形成的一些不合理财政制度和财政资金分配政策短时间内很难彻底改变，财政资金在城乡间分配仍然不均[165]。城市与农村的经济能力差异也反映到城乡道路客运基础条件、管理水平上。由于缺少资金，农村公路客运的发展面临着"降低运价"和"提高服务质量"的双重压力。比如农村公路客运站，由于其规模小、旅客流量少、缺乏商业吸引力，即使有经营者愿意经营这类客运站，但几乎没人愿意承担建设费用。尽管地方政府努力为征地和车站建设筹措资金(减去交通部和省交通厅的补贴)，但仍有相当大的难度。在以现行的市场运作为主的体制下，农村不少线路经济效益差，正规客运经营者不愿意经营,导致农村居民的客运出行交通条件面临着许多问题,而这种问题迫切需要加大政府支持力度,尤其是财政上的支持。

5.5.2 农村公路客运公共财政补贴机理分析

5.5.2.1 农村公路客运的产品属性分析

孙黎莹、江玉林等人经研究得出,城乡公共客运既是准公共产品,又是服务型产业[163]。由此可见,农村公路客运也应是一种准公共产品。农村公路客运作为准公共产品其特征表现在两个方面:一方面它在受益上可以排他,即谁付费谁受益;另一方面它的效用可以让全社会公众享受,即具有共同消费和集合消费的特点。故农村公路客运可以通过收取客票的方式进行排他性消费,但同时公益性特征又极为明显。

5.5.2.2 农村公路客运的外部经济效应分析

外部经济效应作为一个重要的经济学概念,指在实际经济活动中,生产者或消费者的活动对其他生产者或消费者带来的非市场性影响。有益的影响被称为正外部效应,有害的影响被称为负外部效应[166]。

农村公路客运不仅可以有效改善农民的出行条件,而且农村公路客运的发展有利于乡村城市化、农业产业化的形成,有助于促进城乡流通,有利于缩小城乡经济发展差距。因此,农村公路客运具有明显的正外部效应。

从微观经济学角度看,农村公路客运所提供的利益有一部分是可以通过市场交换(收取客票费)来得到价值补偿;另一部分利益由所有者之外的人享有,即正外部经济效应性,这部分利益无法也不应通过向出行者收取费用来补偿[166-167]。市场价格机制对此不能发挥自动调节作用,为了克服农村公路客运的外部经济效应对市场在资源配置方面效率的影响,政府就应该进行干预,要求政府给予政策补贴,有必要通过公共政策改变这种情况,并提高经济效益。

5.5.2.3 农村公路客运公共财政补贴机理的经济模型

本节用经济学理论模型来分析农村公路客运公共财政补贴机理。提供农村公路客运服务对客运经营者当然会有一定的效益,但对社会也会得到很大的效益。因此,效益可以分为两种,即私人效益和社会效益[166-168]。如图 5-13 中,横轴代表具有外部经济正效应特征的农村公路客运服务的供给量 Q;纵轴代表价格 P;MR 为农村公路客运企业提供客运服务的边际收入曲线(私人效益);MSB 为农村公路客运的边际社会效益曲线;MC 为农村公路客运的边际私人成本曲线。在市场经济中,企业根据私人成本决策,按照 $MR=MC$ 的规则,就会把供给量定在 Q_1 上,但如果按社会效益来做决策,就应把供给量定在 Q_2 上。Q_1 的供给量导致了服务供给的不足,造成效率损失与资源配置的扭曲。

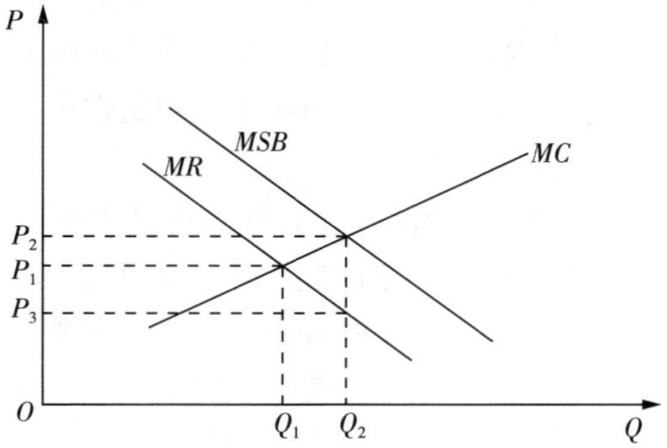

图 5－13 农村公路客运公共财政补贴机理的经济分析模型

为了让农村公路客运企业把供给量定在 Q_2 上，使其达到社会效益的水平，政府应按照外部经济效益的大小对企业进行补贴。此时，农村居民出行愿意支付的价格是 P_3，但客运价格只有达到 P_2 时客运企业的运营才能弥补成本，因此政府必须提供（$P_2 \sim P_3$）价格量的补贴，才能使 MR 曲线上移到 MSB 曲线的位置，从而达到资源配置的平衡。

5.5.3 农村公路客运公共财政补贴体系与模式探讨

5.5.3.1 构建农村公路客运公共财政补贴体系

财政补贴属于政府的转移性支出，财政转移支付可分一般性转移支付和专项转移支付两大类。一般性转移支付（均衡性转移支付）目的是弥补财政实力薄弱地区的财力缺口，均衡地区间财力差距，实现地区间公共服务能力的均等化。一般性转移支付以各地标准财政收支差额作为计算转移支付的依据，采用统一公式计算确定。专项转移支付制度主要是解决客运基础设施建设（比如农村公路建设、客运站场建设等）资金问题，包括以项目形式形成的转移支付，和以非税收分享形式形成的转移支付，这方面的转移支付有直接补贴支付和减免税费两种方式[110,166]。

为加大对农村公路客运发展的政策扶持力度，使农村公路客运与城市公交享受同等政策待遇，建议建立“省直管县”的农村公路客运财政转移支付体系。将县纳入与市同等的治理级次，省财政在专项补助、转移支付、资金调度等方面直接核定并监管到县，提高县级财力，解决农村公路客运营业成本高、收入少、效益差、档次低等问题，确保农村客运安全运转和可持续发展，也能相应提高农村居民出行费用的可承担性。

5.5.3.2 公共财政直接补贴模式

向客运经营者提供直接补贴可以用来弥补产生的亏损，以保证一定水平的利润率或投资回报率，既可以用于国有企业，也可以用于私营企业。比如甘肃省就根据车辆座位数，为每台农村客运车辆每年提供 2000 元至 6000 元的油补。这种补贴模式的最大缺点就是无法激励经营者高效地管理经营服务，相反却常常使经营效率低下，发展中国家许多国有运输企业都属于这种情况[3]。因此，管理部门需要加强监督，防止客运经营者滥用补贴。

当运费标准过高，旅客无法承担时，一般可以提供直接补贴，使运费标准维持在一个较低的水平，同时也能保证一定的利润率。它可以应用于路网中所有或部分线路，支付额度视线路而定，可以按照经营量定(例如按每张车票提供固定支付)，或者按照经营活动水平定(例如按每运营公里提供固定支付)。

但是按运营公里数提供补贴可能会刺激经营者行驶更多的里程；按旅客数量提供补贴可能使经营者更注重那些运输需求量高的线路，而忽视了需求量低的线路。另外还有一些不法经营者可能会虚报旅客数量，例如，将线路拆分成若干段，使更多的旅客必须换乘；或者通过提供极低的短途运费，使短途旅客数量增加。由此可见，这种补贴制度需要进行高度监控，除非经营者有完善的票证记录系统，否则很难管理[3]。因此，对农村公路客运采取公共财政直接补贴模式并不合适。

5.5.3.3 减免税费模式

减免税费模式是降低客运成本而不是增加收入，它便于管理，也不容易滥用，因此是比较理想的补贴模式。在我国部分省份已经采取相关措施减免农村公路客运服务的部分税费。比如，广西壮族自治区规定，凡经营农村公路客运服务者，其经营线路中四级路以下里程占总经营里程至少 20%的可以享受养路费、旅客附加费、运输管理费和防洪安全费的 30%～50%减免(主要根据车辆尺寸和农村公路里程比例)以及城市建设税、运输设施维护费和车辆安全检查费减半优惠。这些政策效果非常显著，以 19 座车为例，如果每天在里程超过 39 公里的线路上行驶四趟，每次载客率为 50%，则每月成本可减少 11%，从 8214.6 元降低到 7302.95 元[3]。现在很多税费都融入燃油税里，因此还是要着力研究出行之有效的燃油补贴政策，以降低农村客运车辆的燃油成本。

5.5.3.4 承包服务模式

维持非盈利线路的另外一种措施就是政府与经营者签订经营合同，保证经营者一般都能得到全部的必要的服务费用，获得合理的利润水平。在某些服务合同中，政府还可以购置车辆，然后以合理的费用租给经营者承包经营。为了保证承包服务模式能够产生最佳的效果，在经营者之间应通过竞标方式来确定合同授予方[3]。如果在投标过程中缺乏竞争，则需要采取有效手段进行规范管理，保证中标的经营者不得随意经营。

5.5.3.5 交叉补贴模式

交叉补贴是取代政府资金补贴的一种非常有效的手段，其形式不拘一格，包括盈利线路补贴非盈利线路；高级客运服务（例如公路长途客运）补贴基本客运服务（例如农村公路客运）；某组客运服务（例如为特定地区提供服务）补贴其他组客运服务；或者同一家公司内一个单位补贴另外一个单位。在经营活动中无法收回成本时，可以通过其他渠道的经营活动（例如加油站业务、驾校培训业务等）产生的收入来弥补，从而产生交叉补贴。

交叉补贴的合理性在于，尽管在经营者的经营区域内可能有部分地区的客运服务会产生利润，但在其他地区，如果采用同样的收费标准可能就会亏损，因此就需要前者来补贴后者，维持良好的客运服务。一般情况下，只有当经营者经营范围广、经营规模大的时候，采取交叉补贴方式才会卓有成效。为防止竞争会抵销交叉补贴需要的盈余，还需要制定相应的法规来控制盈利线路上的竞争。另外，所有的经营者都需同时执行交叉补贴措施。如果只有部分经营者执行交叉补贴，但是却要求所有的经营者都收取同样的运费，那些没有执行交叉补贴措施的经营者因为他们的收入不会用于支持非盈利线路[3]而获得额外的利润。当前，很多发展中国家比如加纳等国都是对农村公路客运没有进行直接补贴，而是实行交叉补贴，效果非常好。

目前在我国很少有线路之间的交叉补贴，普遍采用的线路承包方式妨碍了交叉补贴，盈利线路产生的收入很难转移到非盈利线路上。在部分实现交叉补贴的线路上，采取的方式也只是延长现有的线路，将非盈利线路包括进来。因此，在当前县乡公共财力不够雄厚的情况下，在农村公路客运中实行交叉补贴较为适宜，潜力很大，值得推广。

5.5.4　农村公路客运公共财政补贴体系的实证分析

安徽省繁昌县 2005 年以“村村通”项目建设试点县为契机，着力完善农村公路网络。在加快农村公路建设的同时，该县按照“路站运一体化”的思路，围绕“路通车通”目标，大力推进农村公路客运网络化建设，于 2007 年 5 月 30 日在安徽全省率先实现了“村村通客运班车”。目前该县有客运企业 1 家，即芜湖运泰集团繁昌环通运输有限责任公司。该公司开通农村客运班线 30 条，投入运力 158 辆，严格按时正班正点运行。建设四级以上客运站 5 座（其中二级站 1 座，四级站 4 座），候车亭 109 个，停靠站牌 827 块，农村客运“村村通公交班车”覆盖全县 81 个行政村，通达率达 100%，极大地改善了农村交通出行条件，方便了群众生产生活，实现了“镇镇有站，村村有亭”的目标。

那么，繁昌县是如何实现上述目标的呢？最重要的原因是政府在政策上、资金上给予了很大的支持和保障，公共财政补贴体系发挥了保驾护航和杠杆的作用。具体如下：

(1)在资金支持上,对“村村通”公路维护、安全警示标牌设置和停靠站牌建设等资金,由县财政投入。在村村通客运班车工程实施的前三年,县财政每年补助客运企业 20 万元。县交通局对客运车辆营运手续办理、交通规费缴纳、运行资金周转给予倾斜和支持。比如在县客运公司资金周转困难时,暂借 40 万元用于公司启动周转。

(2)在政策支持上,政府将县级客运班线和农村客运班线的经营权都打捆审批给客运企业县环通公司,由该公司负责投资并承担农村客运班车的日常营运工作,并鼓励其采取收购个体客运车辆等方式,实行规模化、集约化、公司化经营,实现其独家经营。这样能方便政府管理和整治客运市场秩序。当然这种经营权是要经过竞争获取的,获取后要受政府监管部门的监督,比如票价就要接受政府的控制,要求全程 20 公里以内票价不超过 3 元。

(3)在财政补贴模式上,多采用交叉补贴形式,促进客运企业自身良性循环,而不是过多依赖政府。繁昌县农村公路客运总体上是亏损的,每年大致亏损 150 万元,但县级公路客运班线却有着很丰厚的利润,再加上政府将全县汽车驾驶员培训业务、部分加油站业务也都给了该客运企业,这些业务利润率都是很高的。因此,环通公司完全可以通过“以丰补缺、以盈补亏”,从总体上保证较高的利润。对于环通公司内挂靠经营的客运经营者,公司也是通过冷热线路搭配、片区承包经营等方式来确保他们的合理利润。由此可见,实行交叉补贴形式盘活了繁昌县农村公路客运市场,起到了杠杆的作用。

(4)在转移支付上全面惠及农村公路客运事业。燃油税费改革实施后,农村客运站的建设资金和原先对客运车辆的规费优惠部分,现已通过燃油税的方式被国家征收,上述被国家征收部分政府以公共财政补贴的形式从燃油税转移支付资金中列支;鉴于农村客运站场、亭、牌管理任务重、费用大,政府在燃油税转移支付资金中安排了管护经费;对于农村公路客运经营者因政府定价低于合理市场定价所产生的政策性亏损给予一定的财政补贴,从而保证了农村客运社会效益性,逐步实行城乡客运低票价制度,以及农村客运企业承担的老年人、残疾人、军人免费乘车,学生和成人持月票乘车等社会福利和完成政府指令性任务所增加的支出。

5.6 本章小结

本章首先对农村公路客运线路进行了优化研究,基于紧凑度理论和经营成本分析,提出在对农村公路客运线路进行优化时,应优先组织循环线,这样既提高了交通紧凑度,降低客运经营成本,减少农村居民出行费用,也可以方便农村居民出行。其次首次提出将安全审计法应用到农村公路客运安全优化中去，并对安全审计的内容、审计清单、应用方法等做了研究和阐述。接下来，根据农村居民出行的特点和需求，对农村公路客运站和停靠点类型、规模进行了探讨，提出了在五级客运站之下，再增设一种新型的能满足农村客运最低要求的乡村客运站，并探讨了乡村客运站点的设置模式。为了促进农村公路客运的有序发展，探讨了改革农村公路客运经营许可与管理制度的思路。最后，从农村公路客运服务的产品属性和外部经济效益等角度，研究了农村公路客运公共财政补贴的必要性和补贴模式，认为实行交叉补贴是在当前公共财力不够充裕的情况下最能促进农村公路客运发展的补贴模式。

第六章 农村公路客运引导农村发展机理研究

近年来交通的改善促进了农村经济社会的发展，尤其是农村公路客运带动了城乡要素的流通，为实现“以城带乡、城乡统筹”发展提供了先导。本章试借鉴TOD理论，并结合农村经济社会发展的特点和新农村布点规划建设的需求，分析农村公路客运引导农村发展的机理，为进一步完善农村公路客运服务体系、提高农村公路客运对经济社会发展的引导性、促进新农村建设与乡村街镇化、健全农村土地利用机制提供理论基础。

6.1 农村公路客运引导农村发展的基本原理

常言说：“要想富，先修路。”王殿海等人认为交通线路由于其具有设施好、线路长、流量大的特点，在其沿线会产生高强的经济势[169]。所谓的经济势，是指经济能量的一种表现趋向[170]。农村公路当然也是一种交通线路，保证农村路通车通就能在其沿线形成相对强的经济势，从而引导经济能量相对聚集。王殿海等人曾提出把交通线路比拟成载流导体，把交通流模拟为电流，把交通线路所经地区环境模拟成空间介质，把所研究的具体地区P看成一个点，如图6-1所示[169]。根据电磁学理论，载流导体会在其周围产生磁场，因此点P就会有产生势的条件，P点势的大小可以用P点的场强来描述。交通线路对沿线地区的影响与所研究的地区与该交通线路的距离有关，一般认为场强与距离的平方成反比关系。同时它还与其本身的交通流量有关，与该地区所处环境也有关。即

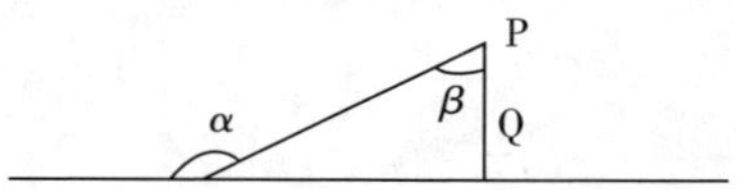

图6-1 交通线路经济势产生示意图

$$Q=\sum_{i=1}^{n}\lambda I_i/(\beta a_i)^2 \quad (6-1)$$

式(6-1)中：Q为P点的场强(经济势)；I为交通线路的交通流量；a为P点至交通线路的距离；λ为P点的空间影响系数；β为待定系数。当P点的周围存在不止

一条交通线路时，P 点的总场强（经济势）为各条交通线路在 P 点产生的场强（经济势）之和。

由此可见，交通能够促进经济势的形成，促使自然资源和社会资源产生一种向经济能量转化的趋向。然而所有从资源优势向经济优势的转化过程都遵从这样的规律，即资源→经济势→经济能[170]。而这里的关键就是如何去产生经济势。

城乡之间由于经济社会发展政策和基础设施建设的差异造成了城乡之间在经济上存在较大的势差。基于经济势理论，交通线路可以作为一个导体起到沟通城乡、促进农村经济势形成的作用。农村公路客运线路具有串城连乡的功能，完全可以促进沿线乡村经济势的形成，使农村资源优势通过经济势变成经济优势，从而达到缩小城乡差距、实现城乡统筹发展的目的。

根据经济势理论可知，场强越大的地区，其交通越方便，其各种资源优势越能转化为经济优势。因此，为带动农村经济社会的快速和可持续发展，应将其优势资源集中在强势点。那么这种强势点如何形成呢？本书将在后面借鉴 TOD 理论进行探讨。

6.2　TOD 理论的借鉴

6.2.1　TOD 理论的含义

TOD（Transit - Oriented Development）是 20 世纪 90 年代初，由美国著名建筑师、规划师 Peter Calthorpe 提出的，它是一种以公共交通为导向的土地集约式开发模式。它强调土地的综合开发利用，将居住、办公、商业和公共空间组织在一个以轨道交通等快速公共交通站点为核心的步行社区环境中，在社区的中心位置布设公交车站和配套设施，便于居民使用公交方式到其他社区或城市中心去，城市空间趋于适当集中、紧凑发展，并在各社区之间保留适当的绿化开敞空间，供人休憩（图 6 - 2）。若干个这样的社区就构成了由快速公共交通系统组织形成的区域合理发展框架（图 6 - 3）[18,170-171]。由于这些社区均坐落在交通线路上，点与线的距离为零，根据公式（6 - 1）可知，它们的经济势均为无穷大，故可造就它们成为所谓的强势点。由此可见 TOD 发展模式强调土地综合利用，从而使得出行距离缩短、设施使用高效、能源消耗减少。从理论上讲，它是综合效益最佳的社区模式[18,170-171]。

大量的研究表明，公交出行的增加和小汽车出行的下降都与土地利用有关。在公交站点周边提高土地综合开发强度则会使公交使用者相应增加。因此，基于 TOD 理论建成的社区模式可以提高土地开发综合强度，也能相应地提高公交设施

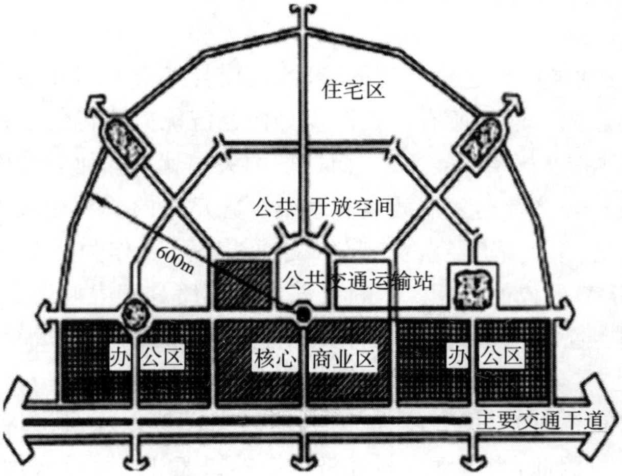

图 6-2　公共交通主导的单元发展模式(TOD 社区)

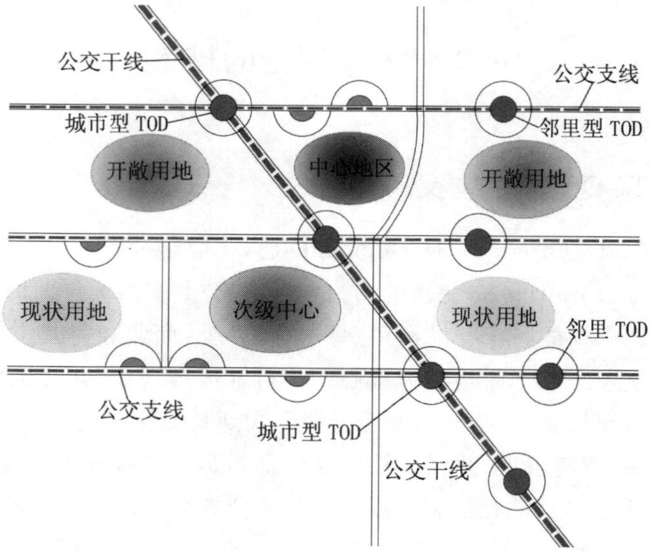

图 6-3　由 TOD 组成的区域发展模式

利用率,因为 TOD 设计能使起终点的出行易于使用公交系统,同时土地综合利用也使许多使用公交者的出行目的更容易达到。TOD 的最大贡献就是实现了土地利用与交通的最佳结合,形成了错落有致、导向明确、协调有序的社区或区域发展模式[172]。

6.2.2　TOD 理论在农村的发展

农村与城市一样都是聚落，只是相对城市要散一些、小一些，正是因为如此，完全可以把这些散落的村庄通过农村公路客运线路串联或聚集起来，借鉴 TOD 社区模式，将它们发展成为以农村公路客运主导的农村社区模式，通过农村公路客运站点促成村庄逐渐成为经济发展的强势点。近年来，由于农村公路等基础设施的建设加快，农村地区的交通条件得到了明显的改善，特别是农村公路客运的发展对推动农村地区的发展起到了推波助澜的作用，因此本文将结合农村公路客运站点研究农村 TOD，基于提高可达性探讨以农村公路客运为导向的农村发展模式 RBOD（Rural Bus - Oriented Development）。

6.3　农村公路客运引导农村发展模式（RBOD）构想

6.3.1　以农村公路客运站点为中心的农村单元（村庄）建设模式

我国农村正在发生新的变革，推进农村改革发展具备许多有利条件，但也面对不少困难和挑战，特别是城乡二元结构造成的深层次矛盾突出。因此要统筹城乡发展，推进社会主义新农村建设，建立促进城乡经济社会发展一体化制度，尤其需要在城乡规划、基础设施建设、产业布局、公共服务一体化等方面取得突破，促进生产要素在城乡之间自由流动、公共资源在城乡之间均衡配置，促使城乡经济社会发展融合。本书提出的以农村公路客运为导向的农村发展模式（RBOD），就是要基于提高可达性重新审视农村村庄的空间布局形态，统筹土地利用和城乡规划，在以农村公路客运站点为核心的步行环境里合理安排市乡村社区和新农村建设（图 6 - 4），优化村落分布、业态聚集、农田保护、生态涵养等空间布局，使农村社区空间趋于适当集中、紧凑发展，便于建立农村新型的邻里关系（即“步行邻里社区”），便于建立新型农村社会化服务体系，发展农村服务业和乡村企业，引导城市资金、技术、人才、管理等生产要素向农村流动，引导建立城乡统一的公共服务制度，推进城乡基本公共服务均等化，引导农民有序外出就业，方便农民就近转移就业。

RBOD 是以客运站为核心的新农村发展模式，该发展模式提倡土地利用集约化，以公共服务设施的服务半径决定着村庄建设的最大规模，新模式中在 300 米半径范围内的村庄建设用地为 25 公顷，可以接纳 2000～2500 人居住。村庄主要是由核心服务区和集中居住区构成，在村庄外围可以考虑布设产业区（若有的话），如图 6 - 4 所示。对外交通道路从村庄的内部通过，村庄核心区以客运站为中心主要集中了村庄的行政、教育、医疗、市场、零售、修理等公共服务设施，确保农村公共产品服务的良好可达性[173]。新模式中的村庄主要依靠良好的交通条件进行聚集发展，吸引周边交通不便的村庄都聚集过来，形成相对较大的聚落，即当村庄的发展可以控制到500米半径范围时即可以达到镇的规模，从而可以依托农村公路在一个相对便利的步行环境里就实现了乡村街镇化，同时也会因交通便利而会成为经济发展强势点。本节这里提出的目标是乡村街镇化，而不是乡村城市化，这是因为城市规模一般要求要远远大于街镇，由于我国农村聚落分布很散，很难实现乡村城市化，而要实现乡村街镇化却是切实可行的。

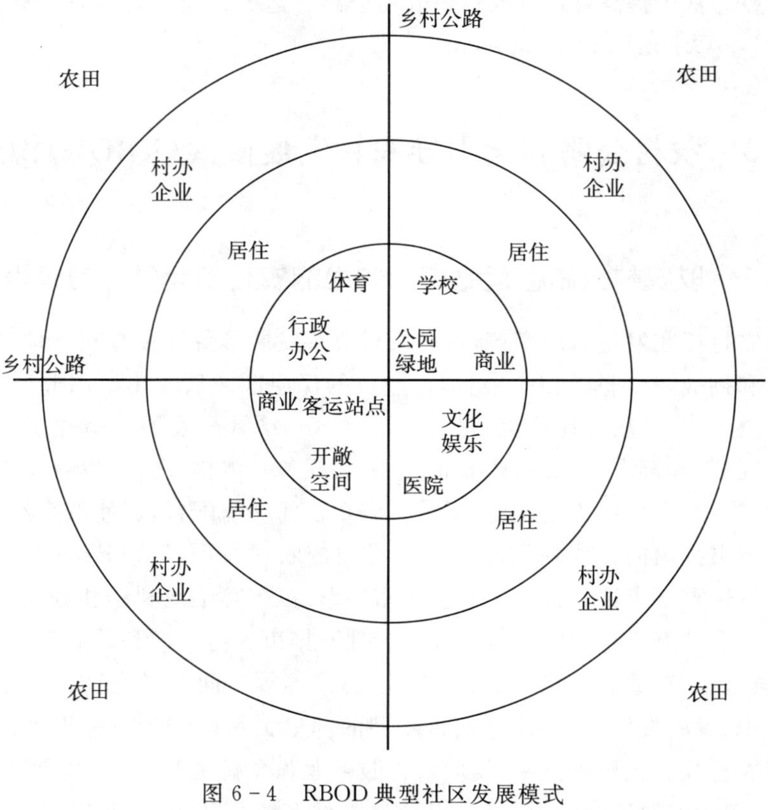

图6-4　RBOD典型社区发展模式

RBOD模式建设思路与意义如下：

(1)充分利用交通条件良好的地段发展新型农村社区，把当地散乱的村庄整合到交通条件良好的地段集中进行发展，从而使村庄据点规模化、强势化。

(2)社区以客运站为核心进行发散式、集约化的发展，核心区实行土地的混合开发，中间层是社区集中居住区，外围为相关产业用地，最外围的土地经过土地整理均可为农业用地，能加速土地经营权流转、提高土地利用率，促进资源节约型、环境友好型的农业生产体系基本形成。

(3)交通对村镇的建设与发展将会起到决定性的作用，客运站点将以良好的交通条件吸引周边村庄的居民搬迁到其周边居住，相关服务配套设施也集聚在客运站附近，能快速引导乡村街镇化。同时可沿客运交通线形成一个带状的发展轴线，带动沿线地区呈串状发展。

(4)整个村庄内部大部分活动和公共产品基本集中在相对便捷的步行环境里，形成和谐的步行邻里社区，这样能提高居民出行效率，节约出行成本，改善邻里关系，使得农村人居和生态环境明显改善，可持续发展能力不断增强。

(5)由于居民集聚在客运站点周围，为居民外出工作、上学、就医、购物、探亲等均提供了交通上的便利，同时也方便外地人进村，从而可以促进城乡流通，推动城乡融合。

由此可见，在 RBOD 模式指导和城乡统筹导向下，随着城乡客运公交资源相互衔接、方便快捷的客运网络的形成，“生产发展、生活宽裕、乡风文明、村容整洁、管理民主”的社会主义新农村会在农村地区全面建成，进而以点带面，很快形成城乡经济社会发展一体化新格局。因而可以说 RBOD 模式是实现城乡统筹发展的有效途径。

6.3.2　基于 RBOD 的村镇体系发展模式

村镇的发展要有科学合理的规划做先导。村镇规划是做好农村地区各项建设工作的基础，对改变农村落后面貌，加强农村地区生产生活服务设施、公益事业等各项建设，推进社会主义新农村建设具有重大意义。制定村庄及乡规划时，应合理确定村庄的发展目标与实施措施，充分考虑农民的生活方式、生产方式和居住方式对规划的要求，节约和集约利用资源，促进生态环境保护，促进可持续发展[174]。

对照国家对村镇规划的要求，本书提出基于 RBOD 的村镇体系发展模式，就是以服务农业、农村和农民为基本目标，以客运交通线路为发展轴，以客运站点为核心，引导农村因地制宜、循序渐进、统筹兼顾和协调发展。该模式将遵循以下几项基本原则：

(1)要能加强对农村基础设施、生产生活服务设施建设以及公益事业建设的引导与管理。

(2)要能从农村实际出发，尊重农民意愿，科学引导，体现农村和地方特色。

(3)要能贯彻“节水、节能、节地、节材”的建设要求，保护耕地与自然资源，促进广大农村地区的可持续发展。

(4)坚持以促进生产发展、服务农业为出发点，处理好社会主义新农村建设与工业化、城镇化快速发展之间的关系，改善农民生活质量与水平，加快农业产业化发展。

基于RBOD的村镇体系发展模式的重点就是要安排村内、村与村之间的农业生产用地布局，以及为其配套服务的各项设施，确定村庄居住、公共设施、道路、工程设施等用地布局，引导村庄合并（如图6－5所示），依托农村公路逐渐实现村庄规模化和乡村街镇化。

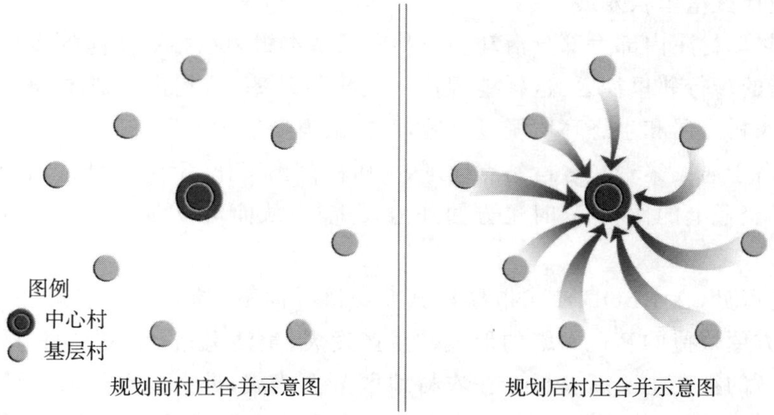

图6－5　村庄合并规划示意

从图6－5可以看出，通过客运交通的引导，将会使交通不便的村庄向交通条件好的村庄集结，这样会使这些村庄拥有相同的经济势，从而获得均等的发展机会，也可享受均等的公共服务。比如原来村庄分布比较分散且规模有限，难以布置一些公共服务设施，经过村庄合并后，有了一定的规模就可以建设较为完善的公共服务设施，从而可以提高农村地区公共服务覆盖率。另外，由于有规模效益，资源可以共享，形成集约化、紧凑型发展模式，从而可以减少村庄的建设用地，以前散落的宅基地经整理后可作为农地，有效增加了农业用地总量，便于农业规模化生产和经营，便于农业机械化生产，提高生产效率和经济效益，提升农村自身造血功能，促进农民生活富裕。

6.3.3　RBOD模式对"三农"的影响

综上所述，RBOD模式是实现城乡统筹发展的有效途径，对三农会产生根本性影响。

（1）对农村的影响

改变了过去村庄分散布置的形式，实行村庄和公共产品集中布设，提高了农村公共产品服务的可达性和普惠性。随着村庄发展条件的进一步改善，建设投资将会得到增加，村庄的公共服务设施和基础设施也会得到进一步完善，这样农村也能提供较高水平的大致均等的公共服务，村庄的面貌和人居环境也会有根本性改观。

同时，RBOD模式可以推动乡村街镇化，加快城乡统筹发展进程，从而能推进城乡经济社会一体化新格局的形成。

（2）对农业的影响

农村土地经过整理以后，由小规模低层次农业生产转向规模化经营，农业机械化程度的提高，也提高了农业的投入产出效率。同时由于规模化生产经营，提高了农业的抗风险能力，给了农民更多的保障。

（3）对农民的影响

农村经济的发展、均等公共服务的惠及、城乡沟通的便利，使农村居民的精神风貌焕然一新。随着土地经营权流转制度的完善，农村居民就业也更加灵活，增加了很多就业渠道，农村居民既可以从事各种服务业和商业实行多元化经营，也可以到农场打工成为农业产业工人或者进城市务工、创业。

6.4　RBOD模式在安徽省繁昌县新港镇的应用分析

2005年，安徽省繁昌县以“村村通”项目建设试点县为契机，着力完善农村公路网络。2007年5月30日繁昌县在全省率先实现了“村村通客运班车”。“村村通”带动了繁昌县经济的巨大发展，同时也使农村地区发生了巨大的变化。为更好地改进村庄的公共服务设施的服务水平，改善村镇落后的生产面貌，增强村庄的经济实力，实行集约化发展，改善民生，2007年该县新港镇启动了村镇体系及村庄布点规划，以规划来引导农村地区的发展。本次规划基本上是按照RBOD模式构建新的村庄布局和建设体系，强调以交通为龙头，以农村公路客运站点为核心，重点发展交通条件良好、经济基础较好的村庄，一些交通条件较差的村庄则通过村庄搬迁来改善村民的生产生活条件，从而带动整个村镇的发展，推进了乡村街镇化。

6.4.1　实行RBOD模式前的新港镇村镇体系概况

安徽省繁昌县新港镇在实行RBOD模式前新港镇域镇村体系由三级构成：中心镇区—行政村—基层村。其中，中心镇区1个，为新港中心镇区；行政村16个，分别为吕山、锕峰、澄桥、山泉、西岭、西峰、孔村、水闸、热爱、双河、峨岭、漳溪、新义、上马、凤凰、牌楼；基层村314个。2007年，新港镇镇域内农业人口为39754人，人口毛密度为230.6人/km^2，镇域居住户数为12676户（表6－1）。

资料表明，新港镇域自然村分布密度最高的是双河行政村，达3.79个/km^2；最低的是吕山行政村，为0.43个/km^2。具体自然村分布及耕地情况见表6－2和图6－6。

表 6-1　实行 RBOD 模式前新港镇域各行政村概况

序号	行政村名	人口数(人)	户数(户)	土地面积(平方千米)	人口密度(人/平方千米)
1	吕山	2907	997	23.03	126
2	辋峰	2203	633	9.6	229
3	澄桥	2907	859	10.76	270
4	山泉	1795	612	10.43	172
5	西岭	1556	628	5.84	266
6	西峰	3135	881	11.96	262
7	孔村	2012	1207	14.22	141
8	水闸	3992	1209	17.99	222
9	热爱	2804	849	8.04	349
10	双河	3376	942	7.37	458
11	峨岭	2140	627	10.42	205
12	漳溪	2511	820	9.96	252
13	新义	2074	625	5.53	375
14	上马	1895	571	10.05	188
15	凤凰	1667	459	9.19	181
16	牌楼	2780	757	7.97	349

资料来源:新港镇建设办公室。

表 6-2　实行 RBOD 模式前新港镇各行政村的自然村概况

序号	行政村名	土地面积(平方千米)	自然村数(个)	自然村分布密度(个/平方千米)	耕地面积(亩)
1	吕山	23.03	10	0.43	4413
2	辋峰	9.6	20	2.08	3416
3	澄桥	10.76	18	1.67	5970
4	山泉	10.43	15	1.45	2371
5	西岭	5.84	15	2.57	—
6	西峰	11.96	28	2.38	7609
7	孔村	14.22	17	1.19	5176
8	水闸	17.99	35	1.95	4945
9	热爱	8.04	25	3.11	5458
10	双河	7.37	28	3.79	6777
11	峨岭	10.42	18	1.73	5672

（续表）

序号	行政村名	土地面积（平方千米）	自然村数（个）	自然村分布密度（个/平方千米）	耕地面积（亩）
12	漳溪	9.96	22	2.21	3127
13	新义	5.53	15	2.71	5122
14	上马	10.05	16	1.59	2283
15	凤凰	9.19	15	1.63	1773
16	牌楼	7.97	17	2.13	2846

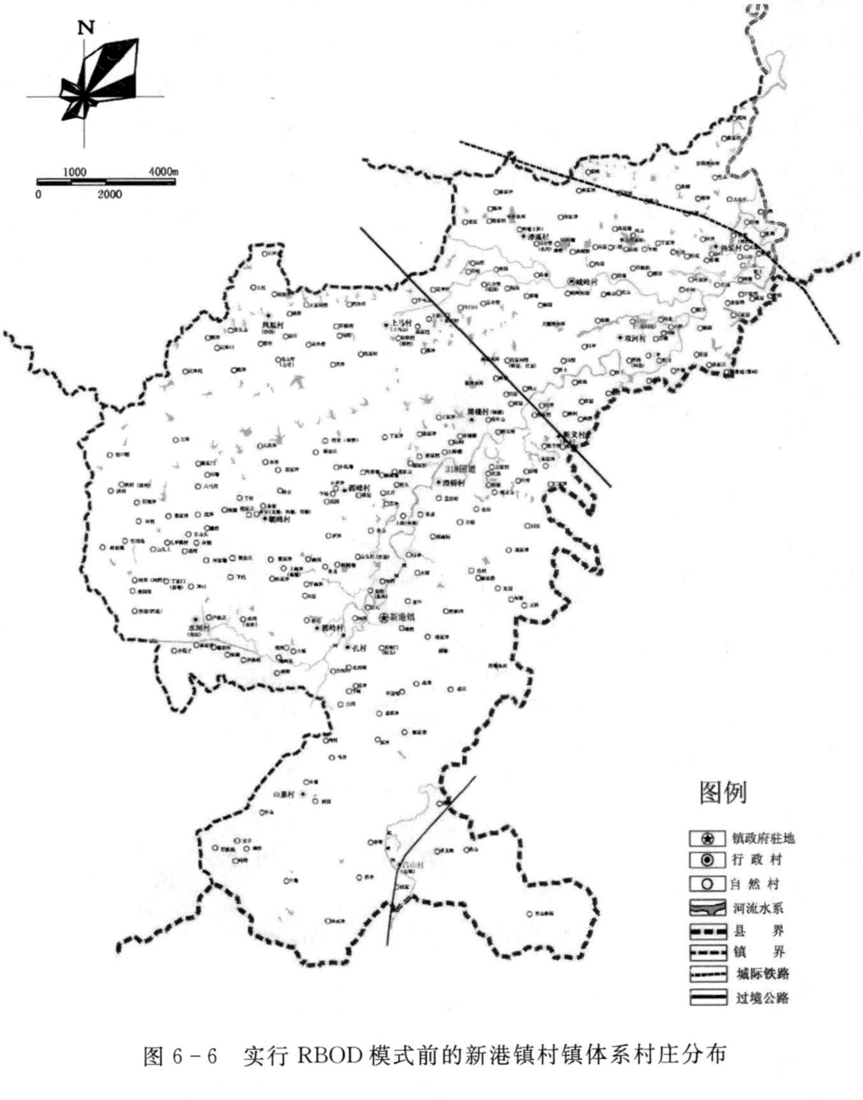

图 6－6　实行 RBOD 模式前的新港镇村镇体系村庄分布

6.4.2 实行 RBOD 模式后的新港镇村镇体系

实行 RBOD 模式的核心作用就是使拥有农村公路客运站点的村庄成为强势点，从而把远离站点的村庄吸引过来，将它们合并在一起，使村庄规模化。新港镇村庄合并的基本思路，就是将方圆 2 公里左右范围内的村庄迁徙至附近有公路客运站点的村庄，使公共服务设施围绕客运站点布置，缩短居民出行距离，方便了乡村之间的沟通。以双河十字路口为例，双河十字路口位于新港镇两条乡道的交汇处，交通便利，而且已经设有公路客运站点，此次按照 RBOD 模式通过扩大村庄规模形成了一个以客运站点为中心的新村庄。由此，规划将双河十字路口周边的 8 个村庄分批有计划地搬迁到双河十字路口村（图 6－7），带动村庄的集聚发展，改善村庄生产生活环境和人们的出行条件。根据该思路，通过对自然村（基层村）合并，新港镇自然村的个数由 314 个减少到 68 个（图 6－8），在新合并的村庄里将围绕客运站点配套一些基本的公共服务设施。村庄具体合并情况见表 6－3。

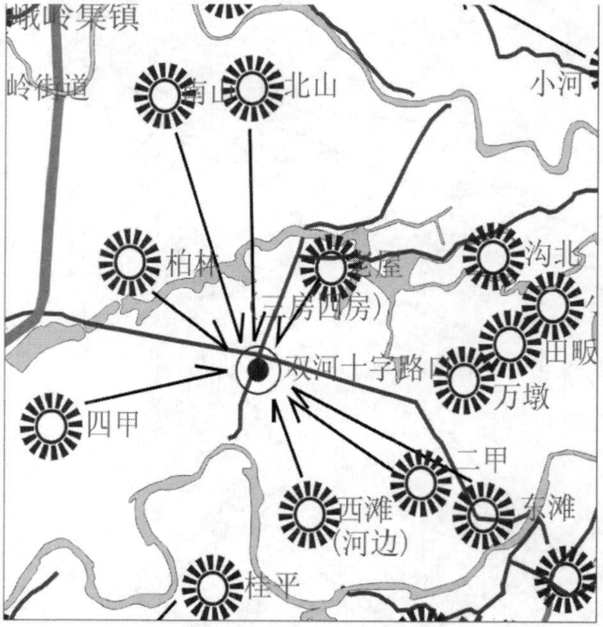

图 6－7　典型村庄合并规划示意

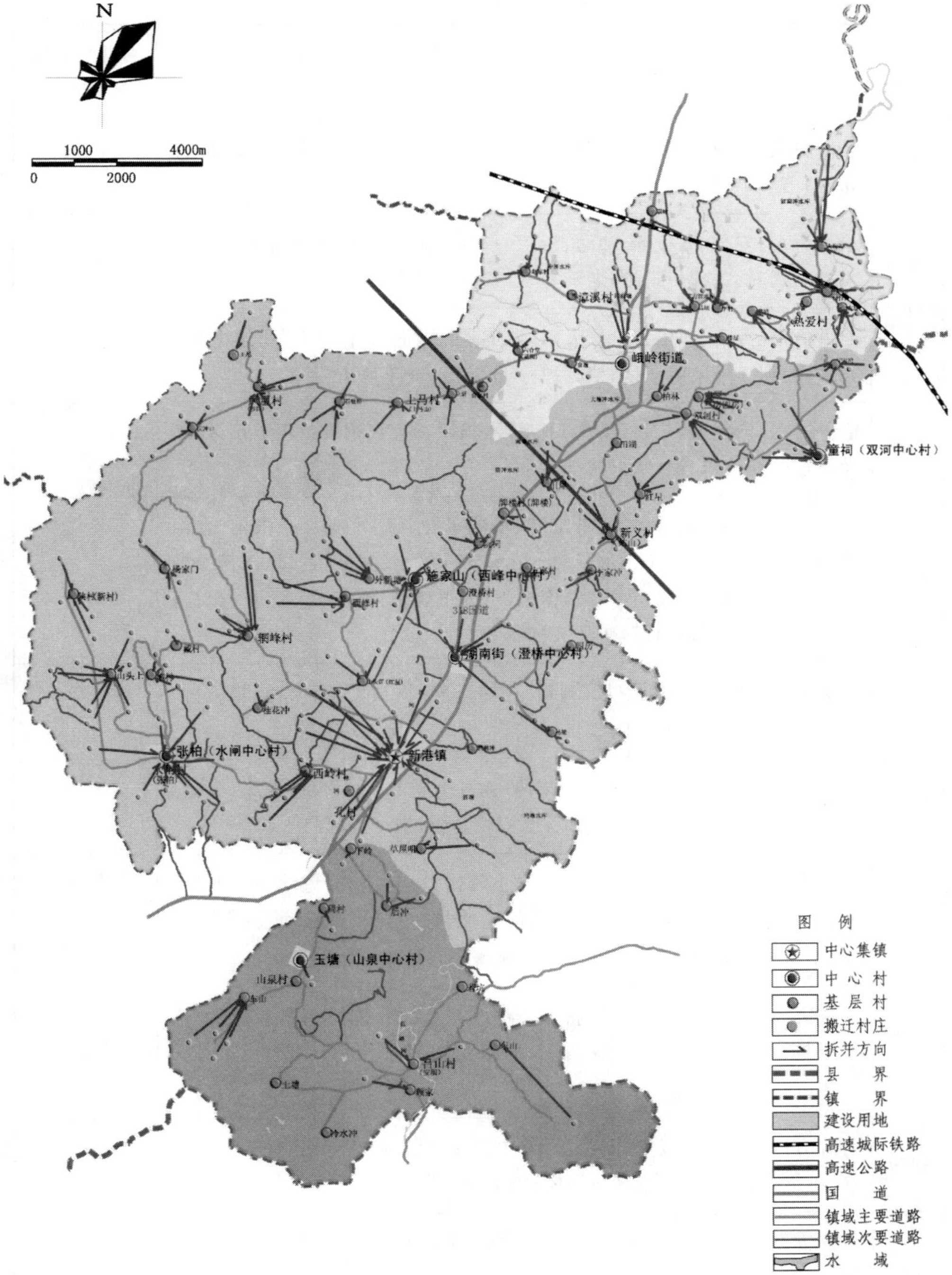

图 6-8　新港镇村庄合并及布点分布变化

表6-3　新港镇域自然村合并规划

行政村名	合并规划	合并后村庄数目(个)
吕山	合并方向:金埂、孝义岭→安坝;东山林场→东山;凉亭→顾家;土塘;冷水冲;若坑	6
山泉	合并方向:安吉、石板汤、油坊、洞湾→车山;树园→玉塘(山泉中心村);马冲→周村;古湾→下岭;老窑冲、杨家垄→后冲	5
孔村	合并方向:万元、河塔、四甲、火窑、青年、油坊、潘家冲、茶庵门、孔村岭、肖冲、合河口→新港镇区;楂林冲;高垄、老庄→草屋咀	2
西岭	合并方向:枫树塘、碗坝、条龙、下南冲、田屋、河西、柏枝→新港镇区;新范、倪冲、塌岭朱、油炸、土城→山头	1
水闸	合并方向:芦麻店、塌里河、李家宕、小院子、水碾、尹庙村→张柏(水闸中心村);下代、童家庄→水闸;长山头、董家冲、汪家塘、冲口、汪榜→施村;东边、桑园→树园;竹园高、榨里姚、九甲姚村、河东、丁家门→山头;仓口程、洪村、汪村、石塘冲→陕村	6
新义	合并方向:桂平、包村、农场、画眉→红星;林村、仪湖、童家村、牧羊村、水桦→姑山;江家冲、山咀、许村→李家冲	3
锕峰	合并方向:上南冲、董家冲→桂花冲;沈冲→戴村;大黄冲、水库、金塘、丁村、燕窝→祝家店;方冲、杨家门、双塘、六弓湾→杨家门	4
西峰	合并方向:花园、卞垅、新屋、杨庄→小罗冲;小礼塘、枫树塘→外新塘;桥头、谢家村、丁家冲→施家山(西峰中心村);村里、肖家冲、林安→四季湖;罗冲、山头红→红星;金山、上坝、大千、万冲→上坝	6
澄桥	合并方向:红旗、松板→方家村;基点、仓房、许柏、范村→湖南街(澄桥中下村);施家冲、观音山→四房;杨家涝、瓦屋、吴桥→吊梁;五房→澄桥	5
牌楼	合并方向:王家冲、汤家冲、上牌楼、中牌楼→阮祠;荷叶山、桥头埂→牌楼;红屋、南塘、鹤云、新屋→旧屋;洲上→田湖	4
双河	合并方向:北山、南山、柏林、二甲、东滩、西滩、四甲→双河十字路口;肖屋、张家店、牛塘、黄埠→童祠(双河中心村);沟北、小园、田畈、万墩→三房四房;箬桥、新屋、童家屋→宁家湾;杨园、金家滩、联合→童屋	5

（续表）

行政村名	合并规划	合并后村庄数目(个)
凤凰	合并意向：王冲口→王尾；杨冲、登头山、蛇冲、庆冲尾→庆冲口；柏枝树、王家祠堂、油榨、前庄、漕坊、毛山圩→杉园	3
上马	合并意向：西冲圩、向阳、泉冲涝、洪冲→石板桥；华阳村、包家村→上马；下马山、高家垱、潘冲→立新；五甲村、斗门口→俞家村	4
漳溪	合并意向：秦家冲、陈冲、老屋→赵家村；榨塘、四合堂→四合；张家冲、油榨→峨岭集镇；山湖、石咀、五合堂→六合堂；麻园、鲍岗→俞塘；高塘→枣园	5
峨岭	合并意向：李家冲、万村、崇岭→方桥；联山、丁家冲、凤山→卞村；荷花塘、昌屋、江村→昌坝；沟边、石板桥、小河、湾塘→楼屋；黄鳝洞→峨岭街道	5
热爱	合并意向：泥河、秦家湾、半山、潘冲、东滩→大房刘；茶林、何冲、汪冲、段埂、夏滩、山口→高塘戴；徐墩、红墩、叶家洲、桂花→朱湾；杨滩、六房、三房、窑上→太屋	4
合计		68

本次规划从长远的角度出发配置村镇的公共服务设施，中心村按照城市居住小区的标准配置公共服务设施，一般村庄配置有基础的公共设施(具体差异见表 6 - 4 中的对比)。随着村庄规模的扩大，村庄的集聚效益慢慢地凸显出来，村庄的投资持续增加，人民的生活环境和生活质量得到了极大的提高，从现实意义上实现了乡村街镇化，也就是实现就地城镇化，从而可以大大加快我国城镇化的进程。

根据规划，在新港镇域内重点建设 6 个中心村(图 6 - 9)，分别为：澄桥中心村、山泉中心村、西峰中心村、水闸中心村、双河中心村、峨岭中心村。因其是中心村，故依托客运站点基于 RBOD 模式布设比基层村更多的、更为齐全的、更为完善的公共服务设施。因这些公共服务设施能惠及方圆 2 公里左右范围内的新合并的村庄，而且新村庄也大多数分布在中心村附近，故公共服务基本上能覆盖镇域全境内农民。中心村配套的公共服务设施如图 6 - 10 所示。

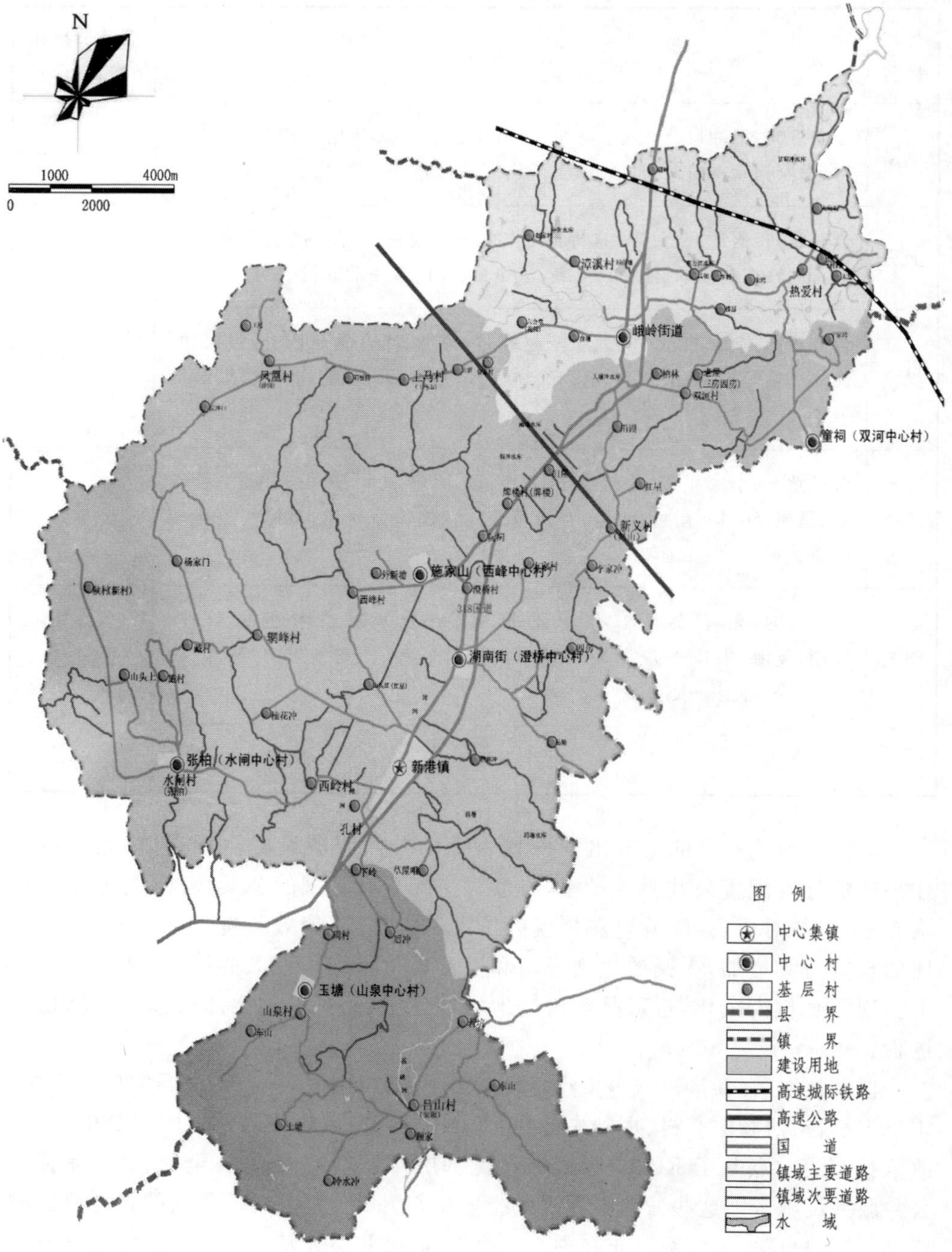

图 6－9　基于 RBOD 模式的新港镇中心村村镇体系规划

表6-4　村镇社会服务设施配建推荐表

类别	项　目	镇区街道	中心村	基层村
行政管理	人民政府、派出所	●	—	—
	建设、土地管理机构	●	—	—
	农、林、水、电管理机构	●	—	—
	工商、税务所、粮管所	●	—	—
	交通管理站	●	—	—
	居委会、村委会	●	●	○
	高级中学	●	—	—
	初级中学	●	○	—
	小学	●	●	○
	幼儿园、托儿所	●	●	●
文体科技	文化站(室)、青少年之家	●	●	●
	体育场所、居民活动广场	●	●	●
医疗保健	中心卫生院	●	—	—
	基层卫生所	●	●	○
	防疫保健站、计划生育指导站	●	○	—
商业	日杂店	●	○	○
	生产资料、建材店	●	○	—
	农产品集市	●	●	○
	煤店、药店、书店	●	○	—
常规服务	银行、信用社、保险机构	●	○	—
	车停靠站	●	●	●
	饭店、旅馆、招待所、照相馆	●	—	—
	理发、浴室、洗染店	●	○	—
	综合修理、加工店	●	○	—

注:●为应设项目,○为可设项目。

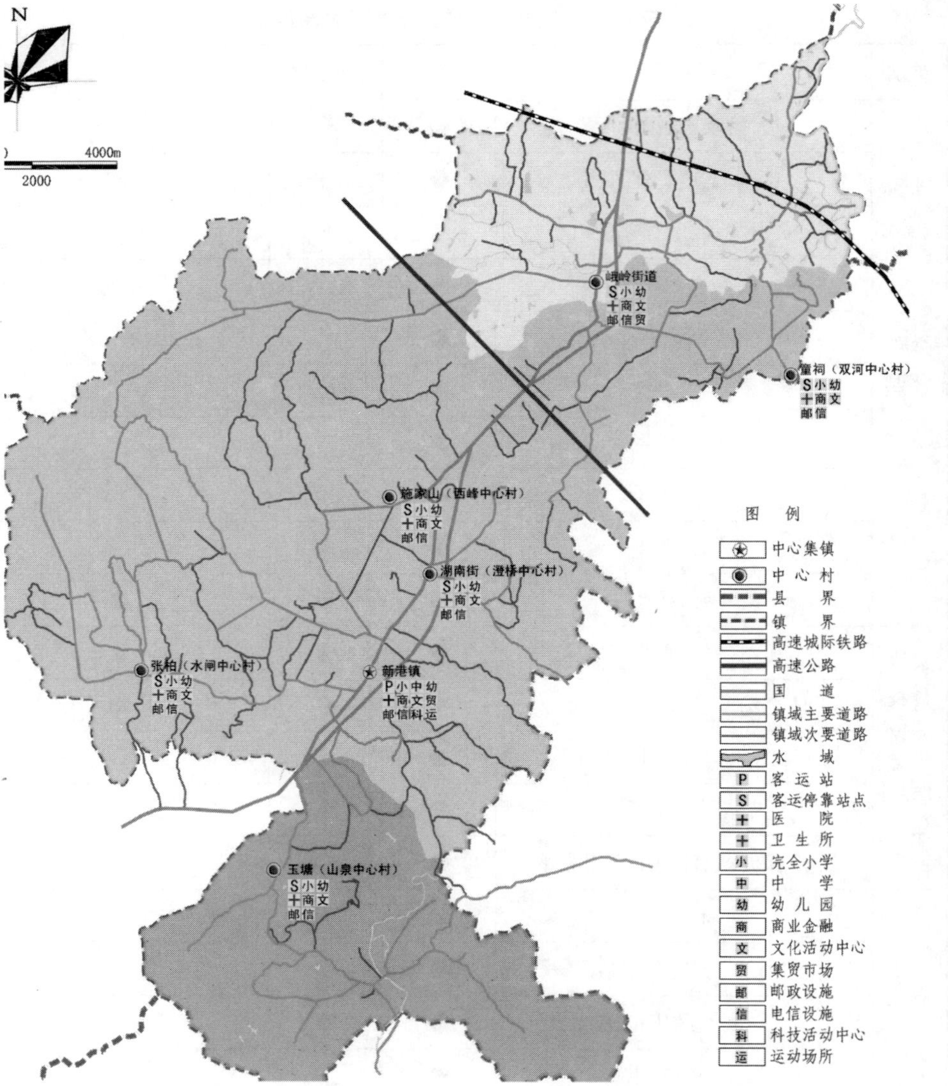

图 6-10　基于 RBOD 模式的新港镇中心村公共服务设施配套

中心村的建设用地主要是由村民宅基地、村庄道路、公共绿地、配套公共设施、乡村工业等 5 类用地构成。参考中华人民共和国《镇规划标准》(GB 50188—2017)和《芜湖市县域新型农村社区居民点布点规划管理办法》(2007 年)，坚持节约集约使用土地的原则，规划新港镇域中心村的人均建设用地指标按 80～100 平方米/人的标准进行控制。基层村的建设用地主要是由村民宅基地、村庄道路、基本服务设施等用地构成。规划参考中华人民共和国《镇规划标准》(GB 50188—2017)和《芜湖市县域新型农村社区居民点布点规划管理办法》(2005 年)，同时考虑到新港镇域的耕地保护和节约集约使用土地的要求，规划新港镇域基层村的人均建设用地指标按 70～75 平方米/人左右进行控制。

根据规划，2020 年新港镇域的农村人口（中心村＋基层村）为 3.24 万人。其中，50％的村民住在中心村，50％的村民住在基层村。

6.4.3　RBOD 模式在新港镇的应用效果

2007 年完成村镇体系及村庄布点规划后，新港镇基本上是按照 RBOD 模式和该规划对村庄进行建设，事实证明取得了较好的效果。

(1)村庄建设用地实现高度集约化，新港镇在总人口增加的同时共节约出近 2000 亩建设用地，拓展了农业用地空间，有效增加了耕地面积。具体各村建设用地变化情况见表 6－5 和图 6－11。

表 6－5　新港镇各行政村现状及规划建设用地统计

序号	村名	现状建设用地总量（公顷）	规划期末建设用地总量（公顷）	可置换建设用地总量（公顷）	农业人口（人）	
					现状	规划
1	西岭村	32.3	9.03	23	1556	1245
2	山泉村	51.9	12.92	38.98	1795	1436
3	辋峰村	13.5	12.77	0.73	2203	1762
4	西峰村	29.5	22.57	6.93	3135	2508
5	吕山村	30.3	16.86	13.44	2907	2326
6	澄桥村	20	20.93	－0.93	2907	2326
7	孔村村	43.1	11.67	31.43	2012	1610
8	水闸村	26.3	28.75	－2.45	3992	3194
9	凤凰村	9.2	9.67	－0.47	1667	1334
10	上马村	6.4	10.99	－4.59	1895	1516
11	双河村	48.8	24.31	24.49	3376	2701
12	漳溪村	14.3	14.57	－0.27	2511	2009
13	牌楼村	40.5	16.12	24.38	2780	2224
14	热爱村	19.9	16.47	3.43	2840	2272
15	峨岭村	47.5	15.41	32.09	2140	1712
16	新义村	14.1	12.03	2.07	2074	1659
17	集镇规划区	210	276	－66	12790	27600
	合计	657.6	531.07	126.53	52544	60000

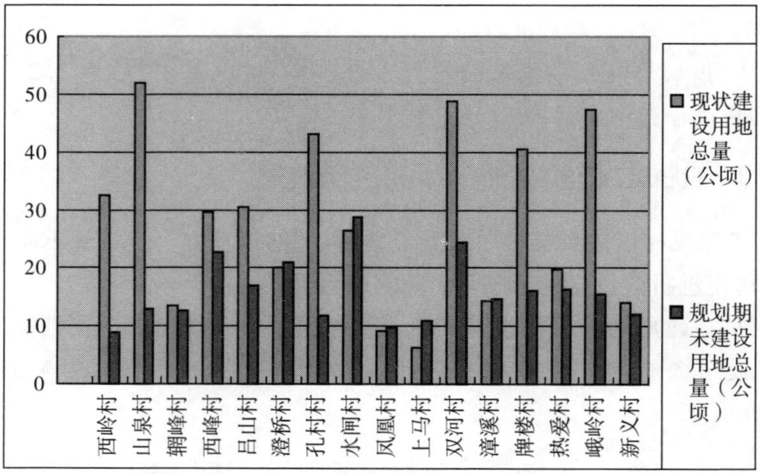

图 6-11　新港镇各行政村建设用地变化图

(2)实行 RBOD 模式后促进了土地价值的提升。由于"村村通"的实施以及随之展开的基于 RBOD 的村庄布局模式改革,使得农村地区居民生活区和土地生产区的可达性得到了极大的改善,提高了农村居民的出行效率和农业生产的效率;由于运输条件的改善,公共服务设施的完善,信息渠道的畅通,对农业用地的价值提升起到了推动作用。对于非农用地,实行 RBOD 模式后土地增值的效果则更加明显。

① 农业用地土地价格的提升。农用土地一般包括城镇、村庄、独立工矿区内可用于农业生产的耕地、园地、林地、养殖水面以及可垦荒地、滩涂等一切土地。土地价格"无非是出租土地的资本化的收入",农用土地亦不例外。但农用土地受交通区位、经济落后、地形地貌、市场辐射等区域因素的影响,呈现多样性和复杂性。农用土地价格有独特的内涵,与城镇土地完全不同,农用土地的生产能力决定了土地价格。

根据陈浮、彭补拙在《农用土地价格初步研究》中的研究,农用土地根据地域分异的类型分为以下四种类型:潜在都市扩张区、城市辐射农业区、一般乡村农业区和偏僻乡村农业区。根据其提供的耕地定级估价评估因素及分级标准,如表 6-6 所示,可见区位状况对农用地价格影响的重要性,所以为简化计算,仅考虑区位状况距公路的距离这一项因素。由表 6-6 中可见,当耕地距离公路大于 1000 米时耕地级别为 5 级,等级较低、受公路的影响已较小,所以公路沿线土地增值的效益可以简化为计算道路两边 1000 米以内的耕地的价值提升效益。

按照以上的简化思路,分别按不同的地域特征对乡村公路两边的农地进行归类,分为潜在都市扩张区、城市辐射农业区、一般乡村农业区和偏僻乡村农业区四种区域，通过对典型村镇的调查了解各地实施“村村通”和 RBOD 模式前后农用土地平均价格，可以获得不同区位情况下的土地增长价格。根据不同地区乡村公路里程分别计算，可以计算得出新港镇实施后距离道路两边 1000 米内土地增值的效益，如表 6－6 所示。

表 6－6 实施 RBOD 后新港镇农用土地增值效益计算

土地类型	潜在都市扩张区	城市辐射农业区	一般乡村农业区	偏僻乡村农业区	增值合计（万元）
平均增长额（万元/公顷）	90	30	21	16	/
乡村公路里程（千米）	137	341	236	243	/
影响面积（按道路两边各 1000 米计算）	275	684	472	487	/
增值效益（万元）	24740	20509	9915	7791	62955

② 非农业用地土地价格的提升。非农业用地在实行 RBOD 模式以后的增值幅度更大，因为客运交通条件的改善使得土地开发强度变大、建筑相对集中、人口相对密集。根据调查实行 RBOD 模式后，新港镇域内农村地区非农业用地每平方米相比 2007 年增值 200 元至 400 元之间，经济发达村非农业用地每平方米从 300 元增至 600 元，经济发展较慢的村非农业用地从原来的每平方米 100 元升至目前的每平方米 200 元。可见土地增值迅速，效益显著。

(3)实行 RBOD 模式促进了农村农业、乡村工业、商业服务业的发展，经济发展刺激了土地需求的增加，从而提高了土地使用强度。具体表现见表 6－7。

表 6－7 新港镇实施 RBOD 模式前后土地使用强度变化对比表

实施前	实施后
土地廉价，甚至无偿给农民耕种，仍少有人问津	每亩土地年承包租金平均增加 400～600 元，农民承包土地积极性很高
企业数量少，规模小	企业数量大幅增加，部分企业由城镇回迁至农村，建房办厂
沿线土地大量闲置	客运通到哪里，小型超市、商店、饭店就开到哪里

(4)通过合并，村庄分布在交通条件更加方便的地段，村庄的公共服务设施的覆盖范围明显提高，广大村民明显能够感觉到给自己带来的切身的好处，促进农村经济、社会、文化习俗、环境等方面的深刻变化和快速发展。主要体现在以下几个方面。

① 提高了农民的消费水平。交通条件的改善，改善了农民的出行条件，特别

是农村公路客运开通后更缩短了城乡的距离。出行条件的改善也影响到人们购物习惯，以前在农村集市可以买的物品现在也可以到城市去，这样农民购物的选择性就会更大，购物的方便刺激了农民消费，进一步提高了农民的消费水平（如图 6 - 12 所示）。

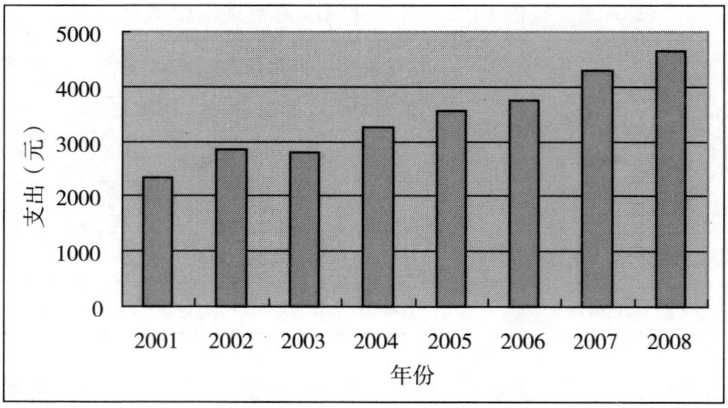

图 6 - 12　新港镇农村居民人均消费性支出变化

② 农民就业结构发生了很大变化。交通运输条件是决定人口流动速度、范围和人口分布的主要因素，农村没有开通公路客运班线以前很多农民由于出行困难就只好选择在家务农，有很多的剩余劳动力都没有得到有效转移和利用。随着农村公路客运的实施缩短了城乡间的时空距离，加强了城乡联系，加快了信息的传播速度，使得农村剩余劳动力可以方便地进入城里务工、就业，从而加速了农村剩余劳动力的转移。同时，村庄也可以吸引企业来投资办厂，就地吸纳了很多剩余劳动力就业。当然，随着当地的服务业的发展，也有很多人转而从事服务业。

在对新港镇 12 个村 145 位农村劳动力的问卷调查中，反映出了实行 RBOD 模式对于农民从业选择的影响，如图 6 - 13 所示，“没有别的打算”占总调查人数的 54.9%，即实行 RBOD 模式对 45.1%的农村劳动力就业产生了影响。调查中有 14.3%的农村劳动力在实行 RBOD 后打算在本地开办工厂，这说明 RBOD 模式和农村交通的改善为乡村企业的发展提供了机遇，创造了条件，反映出了对乡村工业发展的促进作用。从全镇平均来看，有 20.39%的农村劳动力反映实行 RBOD 模式后他们愿意留在本地务工，这说明了当地企业和个体经济发展速度很快，吸纳了不少本地劳动力，而 6.09%的农村劳动力选择外出打工。通过图 6 - 13 可以看出，实行 RBOD 模式后新港镇农村劳动力中从事农业的人口急剧减少，而相反从事工业、建筑业、服务业等其他行业的人数迅速增加。

③ 方便了农村学生上学，提高了教育水平。在对上述新港镇 12 个抽样村的小学调查中，发现老师上班、学生上学花在交通上的时间明显减少的比例达到了

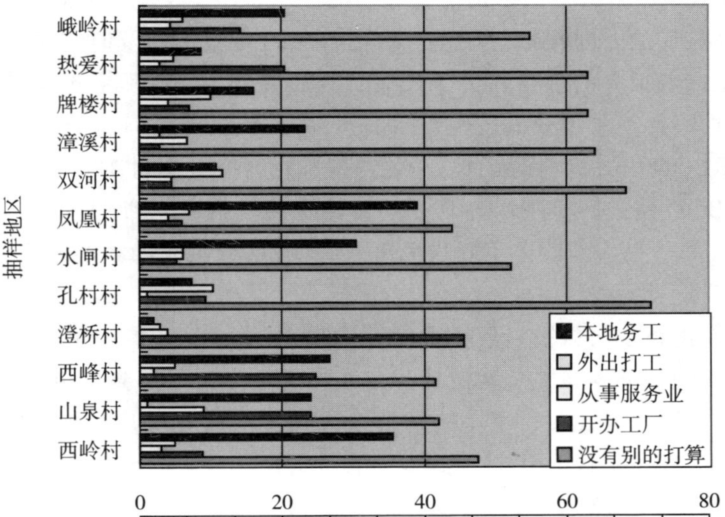

	西岭村	山泉村	西峰村	澄桥村	孔村村	水闸村	凤凰村	双河村	漳溪村	牌楼村	热爱村	峨岭村
■本地务工	35.64	24	26.73	1.94	7.29	30.43	39	10.81	23.3	16	8.74	20.39
□外出打工	4.95	1	4.95	2.91	10.42	6.09	7	11.71	2.91	10	4.85	6.09
□从事服务业	2.97	9	1.98	3.88	1.04	6.09	4	4.5	6.8	4	2.91	4.32
■开办工厂	8.91	24	24.75	45.63	9.38	5.22	6	4.5	2.91	7	20.39	14.3
■没有别的打算	47.52	42	41.58	45.63	71.88	52.17	44	68.47	64.08	63	63.11	54.9

百分比（%）

图 6－12　实行 RBOD 后新港镇农村劳动力从业选择变化的抽样调查情况

90.91%，而且也提高了出行的可靠性和安全性。由此可见，实行 RBOD 模式能惠及绝大部分的学生及教师。

调查中有 72.73%的学校反映实行 RBOD 模式以后很少有因为雨雪天气路难走而影响师生出勤的现象发生。而且调查中 18.18%的学校反映学生上下学都有班车可以乘坐，既方便快捷又安全可靠。

由于目前优质的教育资源大多集中于城镇，农村教育由于经费不足，办学条件差，师资力量差等问题造成了很大的滞后。农村公路客运改善了农民的出行条件，加强了各个村庄以及村庄与乡镇的联系，可以使农村的学生有条件去乡镇、县城上学，也使居住分散的农村学生统一起来集中上学成为可能。学校规模扩大对引进师资也有很大帮助，实现了有限的教育资源的整合优化，对于短期内解决农村教育差的问题起到了立竿见影的良好效果。

实行 RBOD 模式以前新港镇农村小学数量为 18 所，学校数量多但规模小、师资差，教师人才引进困难；实行 RBOD 模式以后新港镇农村小学数量合并为 10 所。新港中心小学校长反映说：由于交通方便，信息不再闭塞，学校规模相对较大，老师在本地工作也安心多了，不再想着往外调，师资力量得到保证，教学质量也得到保证。

④ 方便了农村居民就医，提高了他们的健康水平。交通条件的好坏直接影响到农民看病旅程的时间长短、舒适程度、急性突发病救治的及时与否，对人民群众的身体健康有着很大的影响。实行 RBOD 模式提升了医疗服务的覆盖率，改善了医院服务方式，改变了群众的就医习惯。

实行 RBOD 模式以前医疗服务不能覆盖偏远村，行政村 120 急救覆盖面也很小，实行 RBOD 模式后村庄均可享受到出诊在内的服务，行政村 120 急救覆盖率扩大到了 100%，极大地改善了农村危重病人就医，危重病的救治率也得到了大大的提高。

过去，新港镇农村居民一般住得较为分散，到县里医院看病往往要走上好几个小时，而且交通成本高，本来就没钱看病的农民，就更不愿到医院就诊了。实行 RBOD 模式后可以让那些得了小病的群众能到村庄医务所及时接受治疗，避免小病不治酿出大病。实行 RBOD 模式以前农村居民小病一般都不去治，尤其是偏远地区、山区村民由于路远难行，看病机会很有限。新港镇实行 RBOD 模式后农村居民基本上实现了“小病不出村，大病救治快”的目标。而且很多有条件的农村居民也愿意去医院、卫生所接受定期体检服务，对防病保健的认识也有了很大提高。

⑤ 推动了乡村街镇化进程。RBOD 模式大大缩小了城镇与乡村的时空距离，实现了城乡对接，加强了城镇对农村的辐射带动作用，促进了城乡经济交流，缩小了城乡差距，为统筹城乡发展提供了交通运输支持。其街镇化建设的推动体现在两个方面：一从经济角度来看，新港镇 RBOD 模式推动了农村地区经济的发展，加速了街镇建设所需要的资金积累；二从规划角度来看，新港镇 RBOD 模式引导了人口和经济的合理聚集，对街镇的统筹规划，合理布局起到了示范作用。可以说，RBOD 模式是推动城乡统筹的有效途径。

随着基于 RBOD 模式的村庄规划的实施，新港镇农村的基础设施和公共服务得到了不断的完善，农村居住环境焕然一新，真正走上了乡村街镇化、就地城镇化的道路。

⑥ 促进了农村产业结构的调整。新港镇农村地区发生的变化使原来经济势较弱的村庄变成了经济势较强的村庄，使得农村区域内潜在的自然资源和人力资源得到有效的开发和利用，形成了实实在在的经济能。新的企业特别是第三产业将随之兴起，促进了商品经济的发展，优化了产业结构，为农村地区的持续发展奠定了基础。

⑦ 保证了农村地区可持续发展。新港镇农村公路客运的发展解决了农村地区的出行不便的问题，实施 RBOD 模式使其潜在的发展优势、资源优势转化为现实的经济优势。通过农村客运交通基础设施的建设，改善了村庄内部的发展格局和空间布局，同时引导客运交通沿线的农村地区形成发展轴，充分发挥交通基础设

施在调整农村生产力空间布局上的作用，促进了整个农村地区协调发展，保证了农村地区经济社会的可持续发展。

6.5 本章小结

本章首先基于经济势理论分析了农村公路客运引导农村发展的基本原理，提出应将村庄布局在交通条件好的强势点。其次，通过借鉴 TOD 理论和发展模式，结合农村公路客运站点这一强势点，基于提高可达性提出了以农村公路客运为导向的农村发展模式，即 RBOD 模式。随后，对 RBOD 模式进行了构想，详细探讨了以农村公路客运站点为中心的农村单元（村庄）建设模式和基于 RBOD 的村镇体系发展模式，并分析了 RBOD 模式会对三农带来的影响。最后，以新港镇为例进行了实证分析。实践证明，RBOD 模式是实现城乡统筹发展的有效途径，实行 RBOD 模式有利于解决“三农”问题，促进农村、农民、农业发展，大大提高了公共产品及服务的惠及率和均等化水平，可以推动新农村建设和乡村街镇化，加快城乡统筹发展进程，从而能推进城乡经济社会一体化新格局的形成。

第七章　结　论

7.1　主要结论

本书针对在当前我国道路旅客运输服务体系下，很多农村地区乡（镇）以下级别的公路客运服务水平仍然很低的问题，主要是沿着如何满足农村出行者需求、提高农村公路客运服务水平、增强城乡以及农村内部的客运服务联系这条主线进行深入研究。首先，从宏观、微观上总结和分析了城乡统筹的内涵、基本原理，从系统整体性角度分析了道路客运与城乡发展的互动关系和必然联系。其次，通过构建评价模型分析和评价了城乡道路客运服务的均等化程度，提出了城乡统筹导向下农村公路客运的发展目标及实现途径。再次，将农村公路客运结构、客运秩序、客运线路布设、客运安全、客运站点设置、客运许可证制度、客运补贴政策、客运如何引导农村发展等纳入分析范围，构建相应的理论模型，对在城乡统筹导向下如何构建可持续的、可承担的、可达的、充分可靠的和具有可引导性的农村公路客运服务体系进行了深入的研究，并对所提出的理论模型进行案例分析和验证。主要研究结论如下。

(1)农村公路客运的协调发展需要在城乡统筹导向下加以考虑。从城乡关系发展历程中看出，城乡统筹的关键应是如何促进城乡之间生产要素的自由流动，尤其是人员的自由流动；明确城乡统筹的内涵和本质是在于加强城乡之间的联系，尤其是客运联系；由此提出了城乡统筹的基本模式应是城乡网络化，城乡统筹的基本路线图应是乡村城市化→城乡一体化→城乡融合。从道路客运交通与城乡发展的互动关系分析中，得出城乡客运服务应通过城乡统筹来均衡发展；反过来，经过一定时间的客运引导发展后也能更好地推动城乡统筹，促进城乡相互融合，因此明晰了在城乡统筹中重视客运发展的意义。通过对城乡道路客运服务现状均等化程度进行分析和评价，认识到我国目前城乡之间道路客运基本服务差异显著，提出应在城乡统筹导向下注重实现城乡道路客运公共服务均等化，由此指出城乡统筹导向下农村公路客运发展的目标就是要提高农村公路客运的可承担性、可达性、充分可靠性和可引导性，实现农村公路客运服务可持续发展，并明确了其实现途径是完善农村公路客运结构、改善农村公路客运秩序、优化农村公路客运线路、落实农村公路客运站点、主动保障农村公路客运安全、改革农村公路客运许可证及管理制度、制定农村公路客运公共财政补贴政策、创建农村公路客运引导农村发展模式，同时须协调好技术、体制、功能、效益等因素。

(2)农村公路客运模式结构合理与否，直接关系到农村居民出行的可达性、可承担性和可靠性。从农村居民出行消费和需求特性分析可知，农村居民客运消费能力与其经济状况高度相关。基于出行者需求对农村个体出行模式选择行为分析得出，出行费用和距离是影响农村公路客运结构的主要因素。由此，为突出“以人为本”的发展理念，基于出行者需求从农村居民个人客运出行选择行为和可承担能力的角度对农村公路客运模式结构提出了不同阶段的发展建议，回答了要不要三轮车承担农村客运的问题。即在不考虑现状客运许可条件限制的前提下，对于农村公路客运模式结构，近期应顺势以低端低廉的客运模式即三轮车为主，对三轮车从事客运进行合理引导、纳入管理、加以利用；远期随着出行者需求变化，慢慢会由功能性需求转向舒适性需求，三轮车会逐步被四轮车代替，从而实现农村客运市场的合理升级。这样就能让农村居民在不同阶段都可获得可达的、可承担的和可靠的公路客运服务。

(3)农村公路客运秩序的好坏直接影响着农村公路客运的可持续发展。从农村公路客运秩序现状问题分析可知，农村公路客运市场非法营运现象严重、秩序杂乱。为解决农村公路客运如何从无序走向有序的问题，应用耗散结构的理论对农村公路客运系统进行研究，认为农村公路客运系统满足耗散结构系统的基本特征要求及其形成条件，并对农村公路客运系统耗散结构做了数学描述和熵变分析，为农村公路客运秩序改善研究奠定理论基础；通过构建农村公路客运系统熵变模型和农村公路客运秩序演变模型，为制定农村公路客运秩序改善政策和策略提供定量研究依据；利用这两个模型对农村公路客运秩序改善方案进行分析和验证，一致认为逐步取缔非正规客运车辆比直接完全取缔非正规客运车辆而带来的秩序改善效果更好，矛盾更少，可实施性更强，能保证农村公路客运可持续发展。

(4)为在城乡统筹导向下全面提升现有的农村公路客运服务水平，达到客运服务可持续性、可达性、可承担性和充分可靠性，从组成农村公路客运系统的各要素角度对农村公路客运服务体系进行了系统的研究。对农村公路客运线路优化方法进行了研究，提出农村公路客运应尽量组织循环线，提高可达性；将安全审计法应用到农村公路客运安全优化中去，从主动角度进行农村公路客运安全管理，提高可靠性；从促进农村公路客运有序发展的角度，提出在五级客运站之下增设一种能满足农村客运最低要求的客运站，并探讨了乡村客运站点的设置模式；提出了一套新型的客运经营许可与管理制度，提高客运发展的可持续性；从农村公路客运服务的产品属性和外部经济效益等角度，研究了农村公路客运公共财政补贴的必要性和补贴模式，提出了在当前公共财力不够充裕的情况下交叉补贴是最能促进农村公路客运发展的补贴模式，提高客运参与者的可承担性。

(5)基于经济势理论论证了农村公路客运对农村经济社会发展的可引导性，提出应将村庄布局在交通条件好的强势点。通过借鉴 TOD 理论及其发展模式，基于提高可达性提出了以农村公路客运为导向的农村发展模式(RBOD)，通过农村公路客运站点促成村庄逐渐成为经济发展的强势点。从统筹土地利用和城乡规划、实现公共服务均等化的角度，构想以农村公路客运站点为中心的农村单元(村庄)建设模式和基于 RBOD 的村镇体系发展模式。通过实证分析可知，RBOD 模式能促进农村公共产品空间布局相对集中优化，推动乡村街镇化，提高公共服务的惠及率和均等化水平，能健全农村土地利用机制，从而能有效解决“三农”问题。实践证明 RBOD 模式是实现城乡统筹发展的有效途径。

7.2 本书创新点

(1)建立了道路客运与城乡发展互动关系的分析理论以及城乡道路客运基本公共服务均等化程度评价指标体系和评价模型，构建了城乡统筹导向下农村公路客运协调发展理论方法体系。运用系统基模理论研究了农村与农村客运、城市与城市客运、城乡发展与道路客运发展之间的互动关系；利用递阶模糊综合评价法对我国目前城乡道路客运基本公共服务均等化程度进行了定量评价，分别从城乡道路客运公共属性和基本服务水平两个方面建立了评价指标体系和评价模型，有效地将传统的定性分析转变为定量分析评价；提出了城乡统筹导向下的农村公路发展的目标，并确定了它的实现途径。

(2)建立了基于出行者需求的农村公路客运模式结构分析理论。按照效用最大化、农村居民出行费用可承担性原则，利用随机效用理论，采用基于个体出行行为分析的非集计模型，建立了基于出行者需求的农村居民出行模式选择行为模型，并对模型计算结果进行了敏感性分析。

(3)建立了农村公路客运秩序改善模型。利用熵和耗散结构理论对农村公路客运系统进行研究，建立起了农村公路客运系统熵变模型，尤其是基于耗散结构理论建立了农村公路客运秩序自然演变模型和干扰演变模型，较好地分析了农村公路客运从无序到有序的演变过程。

(4)建立了城乡统筹导向下的农村公路客运服务体系优化方法理论。基于紧凑度理论和经营成本分析建立了农村公路客运线路优化方法;基于主动安全控制设计了农村公路客运安全审计(RBSA)模式;探讨了乡村客运站点设置模式和一套适合于农村的新型的客运经营许可与管理制度;基于经济学原理,从农村公路客运服务的产品属性和外部经济效益等角度,研究了农村公路客运公共财政补贴的必要性和补贴模式,提出了在当前公共财力不够充裕的情况下最能促进农村公路客运发展的补贴模式。

(5)建立了农村公路客运引导农村发展理论。基于经济势理论论证了农村公路客运对农村经济社会发展的可引导性,构建了以农村公路客运为导向的农村发展模式(RBOD),借鉴 TOD 发展模式和基于提高可达性设计了以农村公路客运站点为中心的农村单元(村庄)建设模式和基于 RBOD 的村镇体系发展模式,提出了农村村庄步行邻里社区的发展理念,在农村有效地发展了 TOD 理论。

7.3 有待研究的问题

城乡统筹导向下的农村公路客运发展问题研究对于构建可持续的、可承担的、可达的、充分可靠的和具有可引导性的农村公路客运服务体系,尤其是对促进城乡道路客运基本公共服务均等化、城乡统筹发展与乡村城市化等方面具有一定理论和应用价值。但本书仅对其若干问题开展了初步探讨,许多问题有待进一步深入研究:

(1)农村公路客运会对一些长途公路客运产生影响,影响程度的大小与它们之间的衔接方式有很大关系,从什么角度来分析这种影响,它们如何进行有机衔接有待进一步研究。

(2)城乡道路客运基本公共服务不可能实现绝对的均等化,如何在城乡关系发展中寻求相对均等化,以及政府如何配置城乡道路客运公共产品和资源还需要在本书研究的基础上进行更深入的分析。

(3)农村公路客运系统涉及农村客运班车经营者、班线经营者、客运站经营者等众多客运主体的利益,他们各自对农村公路客运服务体系的影响具体有多大,如何协调他们之间的关系也需要进行更为细致的分析。

(4)道路客运与城乡发展的互动关系、农村公路客运与农村发展的互动关系均涉及社会、经济、政策等多种因素,是一个复杂的过程,需要对这些互动过程持续进行跟踪调研,对互动关系的变化发展规律和机理继续进行更深层次的研究。

参考文献

[1] 李兴华,范振宇．中国农村公路发展历程回顾与展望[J]. 交通世界,2006,(10):26－28.

[2] 中国交通运输部公路水运行业统计公报[R]. http://www.moc.gov.cn/,2017.

[3] 亚洲开发银行,中国交通运输部科学研究院．农村运输服务可持续发展项目[R]. 北京:交通运输部科学研究院,2007.

[4] 夏元,李宏达．统筹城乡道路客运创建交通便捷城市[N]. 重庆日报,2008.

[5] 陈晓华．城乡收入差距还在扩大农民增收不可高估[EB]. 中国新闻网,2009.

[6] 全国城市规划执业制度管理委员会．城市规划原理[M]. 北京:中国计划出版社,2008.9.

[7] 孟兆国．县域城镇体系规划中的城乡交通一体化研究——以山西省洪洞县域城镇体系规划为例[J]. 科技情报开发与经济,2005,(24):60－61.

[8] 刘同理．统筹城乡发展的切入点[J]. 山东省农业管理干部学院学报,2005,22(2):16－17.

[9] 魏建明．统筹城乡发展,交通必须先行[J]. 政策瞭望,2005,(2):38－39.

[10] 马晓蔷,谢涛,唐蔚．基于城乡一体化的温江区公路交通系统建设[J]. 四川建筑,2005,25(3):14－15.

[11] 李盛霖．做好“三个服务”促进社会和谐[EB]. 人民网,2007.7.

[12] 中共十七届三中全会．中共中央关于推进农村改革发展若干重大问题的决定[R]. 北京:人民出版社,2008.

[13] 崔西伟．城乡一体化的理论探索与实证研究[D]. 成都:西南财经大学．2007.

[14] 宣迅．城乡统筹论[D]. 成都:西南财经大学．2005:140－141.

[15] 李玉英．城乡统筹发展问题研究[D]. 长春:东北师范大学．2007.

[16] 中华人民共和国交通部．道路旅客运输及客运站管理规定[S]. 北京：中华人民共和国交通部令 2005 年第 10 号，2005.

[17] 刘鹏飞．美国交通运输政策的演变[J]. 交通企业管理，2003，178(6)：18—19.

[18] 潘海啸，任春洋．美国 TOD 的经验、挑战和展望评价[J]. 国外城市规划，2004，19(6)：61—66.

[19] Calthorpe P. The next American Metropolis [M]. New York：Princeton Architectural Press，1993，199.

[20] 大卫·路德林．营造 21 世纪的家园——可持续的城市邻里社区[M]. 北京：中国建筑工业出版社，2005，79.

[21] 李晔，张红军．美国交通发展政策评析与借鉴[J]. 国外城市规划，2005，20(3)：46—49.

[22] 美国联邦交通运输咨询组(FTAG). 美国 2050 年交通运输发展愿景[R]. 2001.

[23] 相伟．城乡一体化进程中城镇公交规划方法研究[D]. 南京：东南大学．2006.

[24] 陈善亮，毛保华，丁勇．英国交通一体化政策与我国的对策[J]. 交通科技，2004，(1)：63—66.

[25] Commission for integrated transport. Study of European best practice in the delivery of integrated transport[R]. http://www. cfit. gov. uk/docs/2001/ebp/index. htm，2001.

[26] Richard lles. 发展中国家的公共运输[M]. 英国剑桥 Elsevier 科学丛书，2005.

[27] 毛保华，何天健．欧洲交通一体化政策及其对社会发展的影响[J]. 科技导报，2001 (2)：13—15.

[28] Angela Hull. University of the West of England，Bristol BS16 1QY，United Kingdom. Journal of Transport Geography 13，2005：318—328.

[29] May A. D. Integrated transport strategies：a new approach to urban transpot policy formulation in the UK[J]. Transport Reviews，1991，2(3)：233—247.

[30] Kiriazids. T. European Transpot Problems and Policies[J]. Avebury，1994.

[31] Svetlana Bašić，Slobodan Jevtić，Milorad Stefanović. Integration in urban and suburban public tranport [J]. Journal of Faculty of technical sciences，University of Novi Sad，Serbia，2005.

[32] http://www.365jt.com/Html/TechArticleTP/111116212511_6.html．英国交通政策白皮书[M]. 1998.

[33] Velizarov. S, M. A. Reis. Integrated transport and reaetionin anion exchange membrane bioreactor[J]. Desalination, 2002, 149(1－3): 205－210.

[34] 各国交通管理体制．中国交通技术网, http://bbs.tranbbs.com/[OL].

[35] 李泉．中外城乡关系问题研究综述[J]. 甘肃社会科学, 2005, (4): 207－212．

[36] Straszheim, M. R. Researching the Role of Transportation in Regional Development [J]. Land Economics, 1972, (3): 212－219.

[37] 张芬．中国的地区和城乡经济发展差异——从交通基础设施建设的角度来看[J]. 武汉大学学报(哲学社会科学版), 2007, 60(1): 25－30.

[38] 黄序．法国的城市化与城乡一体化及启迪——巴黎大区考察记[J]. 城市问题, 1997, (5): 46－49.

[39] 汤姆逊．城市布局与交通规划[M]. 北京：中国建筑工业出版社, 1982: 10－22.

[40] 韩凤．城市空间结构与交通组织的耦合发展模式研究[D]. 长春：东北师范大学．2007.

[41] 许桂英．"城乡统筹发展"与小城镇总体规划的思考[J]. 工程科学, 2007, (6).

[42] 罗雅丽．区域城乡互动机制与城乡一体化发展研究——以大西安为例[D]. 西安：西北大学．2006.

[43] Bertolini L, Clercq F, Kapoen L. Sustainable accessibility: a conceptual framework to integrate transport and land use plan-making. Two test-applications in the Netherlands and a reflection on the way forward[J]. Transport Policy, 2005, 12: 207－220.

[44] 车将，廖允成．国外农村建设对我国新农村建设的启示[J]. 安徽农业科学, 2007, 35(29): 9381－9382.

[45] HarryTimmermans (Editor). Decision Support Systems in Urban Planning & FN Spon. 1997.

[46] 郭晓林．不宜过多提倡"农村客运公交化"[J]. 运输经理世界, 2007, (2): 82.

[47] 黄莉，李旭宏，何杰．城乡公交一体化若干问题探讨[J]. 规划师, 2006, 22(3): 75－78.

[48] 翁明杰．发展农村客运推进新农村建设[J]. 交通世界, 2007, (10): 36

—37.

［49］ 刘晓萌．重庆农村客运市场需求分析及营销对策研究［D］．重庆：重庆交通大学，2007.

［50］ 王建军，过秀成，吴能萍等．农村客运客流特征及班线组织方式分析［C］．第六届交通运输领域国际学术会议论文集，2006：375—380.

［51］ 汪江波，陈翠萍．农村公交如何走出困境［J］．交通企业管理，2008，(1)：10—11.

［52］ 陈晓峰．农村客运公交化一体化［J］．交通企业管理，2001，(4)：21.

［53］ 冯正霖．交通部副部长冯正霖 2008 年在全国公路大会上讲话［EB/OL］，http://www.moc.gov.cn/，2009/5/9.

［54］ 蒋斌．农村客运交通现状分析及对策思考［J］．公安学刊——浙江公安高等专科学校学报，2005，(5)：72—73.

［55］ 刘艳．重视农村客运站点建设与管理为社会主义新农村建设服务［J］．内蒙古民族大学学报，2007，13(1)：55—56.

［56］ 范季平．城乡公交一体化规划与管理若干问题探讨［J］．交通标准化，2007，(3)：44—47.

［57］ 滕文建．农村客运网络化面临的问题与对策［J］．交通世界，2006(4)：20—21.

［58］ 关中美，王韶辉．小城镇交通特征研究［J］．洛阳工业高等专科学校学报，2007，17(1)：22—24.

［59］ 罗剑．我国城镇公共交通规划研究［D］．西安：长安大学，2006.

［60］ 纪立虎．小城镇交通特征研究［J］．城市交通，2001，(4).

［61］ 武睿，陆建．张家港市城乡公交一体化的线网规划研究［J］．交通运输工程与信息，2008，6(1)：79—85.

［62］ 王庆云．以新发展观来看我国交通发展问题［J］．综合运输，2003，(11)：4—6.

［63］ 宋偶，陈引社．城乡道路客运一体化有关理论问题［J］．综合运输，2004，(9)：41—43.

［64］ 宋偶．城乡道路客运一体化问题研究［D］．西安：长安大学，2003.

［65］ 陈引社，宋金鹏．我国城乡道路客运一体化发展研究［J］．综合运输，2004，(3)：49—51.

［66］ 高成．成都市城乡道路客运一体化发展战略研究［D］．成都：西南交通大学，2005.

［67］ 朱燕惠．城乡客运道路一体化发展研究［D］．西安：长安大学，2003.

[68] 陈锁祥．城乡交通一体化星火燎原[J]．运输经理世界，2006，(2)：30—32.

[69] 李纪恒．路桥经济研究——兼论城乡发展的重要推动力[D]．北京：中国社会科学院研究生院，2003.

[70] 任玉岭．农村道路建设应作为新农村建设第一要务[J]．中国经济周刊，2006，(7).

[71] 刘绍文，王立新．交通业的发展对区域经济结构的影响[J]．兵团教育学院学报，1999，9(2)：15—17.

[72] 陈川，赵妮娜．交通环境变化对农村经济发展的影响——以湖北宜昌为例[J]．农业现代化研究，2007，28(3)：298—302.

[73] 完世伟．区域城乡一体化测度与评价研究—以河南省为例[D]．天津：天津大学，2006.

[74] 曾菊新．现代城乡网络化发展模式[M]．北京：科学出版社，2001：166.

[75] 张艳玲．城乡一体化发展趋势研究[D]．成都：四川大学，2006.

[76] 林巍．对我国城乡一体化协调发展程度的测评及运行机制的构建[D]．保定：河北大学，2006.

[77] 武力．1949—2006年城乡关系演变的历史分析[J]．中国经济史研究，2007，(1)：23—31.

[78] 国家统计局编．2001中国发展报告——中国的“九五”[M]．北京：中国统计出版社，2001：252.

[79] 郑则文．社会主义新农村建设与农村公共服务有效供给思考[D]．南昌：南昌大学，2007.

[80] 卢洪友．“一品两制”的经济分析——兼论公共品成本分摊与收益分享的社会公平[J]．财经问题研究，2004，(10)：50—54.

[81] 杜漪．构建和谐城乡关系的经济学研究——以公平与效率的统一为基点[D]．成都：西南交通大学，2006.

[82] 朱斌．统筹城乡发展制度创新研究[D]．苏州：苏州大学，2006.

[83] 寻广新．统筹城乡视域中社会主义新农村建设研究[D]．北京：中共中央党校研究生院，2007.

[84] 颜华．我国统筹城乡发展问题研究[D]．哈尔滨：东北农业大学，2005.

[85] 赖扬恩．城乡一体化道路研究[J]．福建论坛，2000，(12)：56—58.

[86] 陈志诚，侯雷，兰贵盛．“城乡统筹发展”与小城镇总体规划的应对[J]．规划师，2006，22(2)：69—72.

[87] 江玉林，吴洪洋．中国中心城市可持续交通发展年度报告[M]．北京：人

民交通出版社,2007.

[88] 王娟丽. 城乡统筹发展的系统思考[D]. 成都:西南交通大学,2005.

[89] 林海,张燕,严中华. 基于系统基模的我国社会创业发展分析[J]. 技术经济与管理研究,2009,(3):41—43.

[90] 关冬梅. 基于系统基模的中国创意产业发展研究[J]. 技术经济与管理研究,2009,(5):80—83.

[91] Senge Peter M. The Fifth Discipline Fieldbook Strategies and Tools for Building a Learning Organization[M]. The Marsh Agency, England and The Spieler Agency, New Yark, 1994

[92] 徐红罡. 系统基模分析方法在旅游管理和规划中的运用[J]. 桂林旅游高等专科学校学报,2005,16(1):33—38.

[93] 苏翠华. 马太效应的系统基模分析—基于彼得·圣吉"富者愈富"系统基模[J]. 网络财富,2009,(6):233—234.

[94] 廖文剑. 基本公共服务均等化研究文献综述[J]. 辽宁行政学院学报,2008. 10(9):71—91.

[95] Robert B. Denhardt Janet Vinzant Denhardt. The New Public Service: Serving Rather than Steering, Public Adminisrtation Review, 2000.

[96] 江明融. 公共服务均等化问题研究[D]. 厦门:厦门大学,2007.

[97] 吕炜,王伟同. 我国基本公共服务提供均等化问题研究[J]. 财政研究,2008,(5):10—18.

[98] 亚洲开发银行,安徽交通职业技术学院. 农村客运服务改善示范项目[R]. 合肥:安徽交通职业技术学院,2009.

[99] 张丰焰,周伟,王元庆等. 基于0—1分布的公路机动车起讫点(OD)调查抽样[J]. 长安大学学报(自然科学版),2009,29(1):69—73.

[100] 张丰焰,周伟,王元庆等. 完善公路养护工程投资管理初探[J]. 交通运输系统工程与信息,2006,6(5):98—103.

[101] 张丰焰,周伟,李雪. 公路养护管理系统在公路养护工程造价管理体系中的定位研究[J]. 公路,2007,(4):12—127.

[102] 谷中原,李浩平. 中国城乡居民交通消费差异及特点[J]. 消费导刊,2008,(5):2—5.

[103] 安体富,任强. 公共服务均等化:理论、问题与对策[J]. 财贸经济,2007,(8):48—54.

[104] 邓蓉敬. 公共服务均等化研究综述[J]. 资料通讯,2007,(5):14—18.

[105] 夏锋. 基本公共服务均等化与城乡差距分析[J]. 经济前沿,2007,

(10):38—43.

[106] 杨建亮．城乡基本公共服务均等化实现机制问题研究[D]．南宁：广西民族大学，2008.

[107] 刘灿齐．现代交通规划学[M]．北京：人民交通出版社，2001.

[108] 赵建有．道路交通运输系统工程[M]．北京：人民交通出版社，2004.

[109] 程国权．城市系统工程[M]．武汉：武汉大学出版社，2001.

[110] 周天勇，张弥．现代公共财政与税收学[M]．北京：中国财政经济出版社，2003.

[111] 高晓玲．政府对城市公交行业管制的经济学分析[J]．中国中心城市可持续交通发展年度报告，2007.

[112] 张丰焰，史强，王元庆．公路养护工程分类方法[J]．长安大学学报(自然科学版)，2008，28(4)：39—42.

[113] 张生瑞，周伟等．城市客运结构评价体系及评价方法[J]．长安大学学报(自然科学版)，2004，(4).

[114] 中共中央文献研究室．科学发展观重要论述摘编[M]．北京：中央文献出版社，党建读物出版社，2008.

[115] Michael D. Meyer, Eric J. Miller. Analytical Transportation Planning [M], America, 2001.

[116] 马书红．中心城市与城市新区间交通协调发展理论与方法研究[D]．西安：长安大学．2008.

[117] 孙孝文．和谐交通体系构建研究[D]．武汉：武汉理工大学．2007.

[118] 黄天其．和谐社会与和谐城乡空间：公平性的量化指标研究[J]．规划师，2007，23(9)：9—11.

[119] 闰丙金．基于新农村建设的农村公共品供给模式探析[J]．特区经济，2007，(2)：147—148.

[120] 郭瑞军．交通运输系统工程[M]．北京：国防工业出版社，2008.

[121] 关宏志．非集计模型：交通行为分析的工具[M]．北京：人民交通出版社，2004.

[122] 贾洪飞，龚勃文，宗芳．交通方式选择的非集计模型及其应用[J]．吉林大学学报(工学版)，2007，11(6)：23—28.

[123] 邵昀泓，王炜，程琳．出行方式决策的随机效用模型研究[J]．公路交通科技，2006，23(8)：110—115.

[124] David A Hensher, Kenneth J Button. Handbook of Transport Modeling [Z]．2000.

［125］刘炳恩，隽志才，等．居民出行方式选择非集计模型的建立［J］．公路交通科技，2008，25（5）：117.

［126］Moshe Ben-Akiva，Steven R Lerman. Discrete Choice，Analysis：Theory and Application to Travel.

［127］黄渝祥，邢爱芬．工程经济学（第三版）［M］．上海：同济大学出版社，2005.

［128］曹悠琦．熵及耗散结构理论在企业物流系统中的应用［D］．重庆：重庆大学，2007.

［129］聂伟，邵春福，杨励雅．耗散结构及熵变理论在区域交通系统中的应用探讨［J］．公路交通科技，2006，（10）.

［130］毛亮．城市道路交通系统发展自组织研究［J］．交通标准化，2005，（2/3）.

［131］Helbing D. Derivation and empirical validation of a refined traffic flow model［J］. Physica A Volume，1996，11（2）：53－282.

［132］程阳，张毅，姚丹亚．城市交通系统的耗散结构研究［C］．上海：第一届中国智能交通年会论文集，2005：89－90.

［133］G·尼科利斯，L·普里戈京．非平衡系统的自组织［M］．北京：科学出版社，1986.

［134］张志峰，肖人彬，刘美玲．基于耗散结构的企业系统熵变模型［J］．工业工程与管理，2007，（1）：15－19.

［135］张艳萍．基于耗散结构理论的企业进化识别及管理决策研究［D］．天津：天津大学，2005.

［136］Lin Bingyao. Appraisals of computation methods on urban spatial morphology. Urban Planning Forum，1998，（3）：42－45.

［137］Rechardson H W. The Economics of UrbanSize［M］. Lexington：Mass，1973.

［138］林炳耀．城市空间形态的计量方法及其评价［J］．城市规划汇刊，1998（3）：42－45.

［139］陈彦光，刘继生．城市形态边界维数与常用空间测度的关系［J］．东北师大学报（自然科学版），2006，（2）：126－130.

［140］Galster G，Hanson R，Ratcliffe M R et al. Wrestling sprawl to the ground：Defining and measuring an elusive concept［M］. Housing Policy Debate，2001，12（4）：681－717.

［141］Nguyen Xuan Thinh，Günter Arlt，Bernd Heber et al. Evaluation of urban land-use structures with a view to sustainable development［J］. Environmental Impact Assessment Review，2002，22：475－492.

[142] Yu-Hsin Tsai. Quantifying urban form:Compactness versus “Sprawl”[J]. Urban Studies,2005,42(1):141—161.

[143] Wu Jin. Urban Morphology in China: Structure, Characteristic and Evolution[M]. Nanjing:Phoenix Science Press,1990:197—202.

[144] 张宇星. 城市生态空间理论[D]. 南京:东南大学,1995.

[145] 王新生,刘纪远. 中国城市形状的时空变化[J]. 资源科学,2005,27(5):20—25.

[146] 陈海燕,贾倍思. 紧凑还是分散?对中国城市在加速城市化进程中发展方向的思考[J]. 城市规划,2006,30(3):61—69.

[147] 仇保兴. 紧凑度和多样性:我国城市可持续发展的核心理念[J]. 城市规划,2006,30(11):18—21.

[148] 方创琳,祁巍锋,宋吉涛. 中国城市群紧凑度的综合测度分析[J]. 地理学报,2008,63(10):1011—1021.

[149] 李平,曹小曙,徐旭. 穗港走廊通达性及其空间格局分析[J]. 中山大学学报(自然科学版),2006,45(3):100—104.

[150] Hansen W G. How Accessibility Shapes Land use [J]. Journal of the American Institute of Planners,1959,(25):73—76.

[151] Johnston R J. Dictionary of human geography,3 rd edition [M]. Oxford: Basil Blackwell,1994.

[152] http://web. worldbank. org/WBSITE/EXTERNAL/TOPICS/EXTTRANSPORT/EXTROADSHIGHWAYS/0,, contentMDK: 20483189 ~ menuPK: 1097394~pagePK:148956~piPK:216618~theSitePK:338661,00. html.

[153] 何勇. 谈道路安全审计[J]. 公路,2002 (4):100—102.

[154] 龚文安. 交通安全审计及其应用研究[D]. 西安:长安大学,2002.

[155] IHT. Guidelines for the safety audit of highways [R]. London, England:The Institution of Highways and Transportation,1996.

[156] Road Safety Audit[R]. Australia:Austroads,2002.

[157] Eric Hildebrand,Frank Wilson. Road Safety Audit Guidelines[R]. Canada: University of New Brunswick Transportation Group,1999.

[158] 姬利娜,成卫,陈昱光. 道路安全审计及实例应用[J]. 交通与计算机,2008,5(144):90—93.

[159] 国家安全监管总局、公安部、交通运输部、农业部(安监总管二)〔2008〕118号文. 关于进一步加强治理拖拉机、低速载货汽车和三轮汽车违法载人工作的通知[S]. 中国,2008.

[160] 广晓平,马昌喜．农村公路交通事故分析与交通安全对策研究[J]．公路,2007,(4):128—130.

[161] 张丰焰,周伟,王元庆．安全审计法在农村公路客运安全优化中的应用研究[J]．安全与环境学报,2010,(4).

[162] 王艳艳,霍娅敏,李德刚．农村客运站建设问题初探[J]．公路工程与运输,2005,(6).

[163] 孙黎莹,江玉林等．推进城乡客运一体化对策研究[R]. 中国中心城市可持续交通发展年度报告(2007):中国中心城市交通改革与发展研讨会学术委员会,交通部科学研究院中国城市可持续交通研究中心编,2007.

[164] 欧见秋．公共财政体制下新型财政支农体系的构建[J]. 现代商业,2008,(8):187—189.

[165] 刘斌．建立适应城乡交通统筹发展的财政体制[J]. 今日中国论坛,2008,(6).

[166] 吴德庆,马月才．管理经济学[M]. 北京:中国人民大学出版社,2006.

[167] 李晓峰,单瑞敏,尚晋平．基于微观经济分析的农村客运公共财政补贴模型研究[J]. 公路交通科技,2008,25(8):154—158.

[168] 宋承先．现代西方经济学[M]. 上海:复旦大学出版社,1997.

[169] 王殿海,汪志涛．交通大动脉经济势理论研究[J]. 公路交通科技,1999,(3).

[170] 马书红,周伟,王元庆．基于潜力模型和经济势理论的卫星城发展研究[J]. 城市问题,2008,(1).

[171] 李程垒．城市轨道交通 TOD 开发模式研究[D]. 北京:北京交通大学,2007.

[172] 顾克东．公共交通导向的城市土地开发研究[D]. 南京:东南大学,2006.

[173] 王亭娜．基于可达性的公共产品空间布局研究[D]. 南京:南京师范大学,2007.

[174] 全国城市规划执业制度管理委员会．城市规划实务(试用版)[M]. 北京:中国计划出版社,2008.